Eric Lingens

Der Disziplinarvorgesetzte

Eric Lingens

Der Disziplinarvorgesetzte

EIN GRUNDRISS ZUM WEHRDISZIPLINARRECHT

3., neubearbeitete Auflage

Seit 1789

Verlag E.S. Mittler & Sohn

Hamburg · Berlin · Bonn

Die Deutsche Bibliothek – CIP-Einheitsaufnahme

Lingens, Eric:
Der Disziplinarvorgesetzte : ein Grundriß zum Wehrdisziplinarrecht /
Eric Lingens. – 3., veränderte Auflage
Hamburg : Mittler, 2001
ISBN 3-8132-0781-1

ISBN 3 8132 0781 1;

Produktion: Anita Krumbügel
Druck und Weiterverarbeitung: Hans Kock, Buch- und Offsetdruck, Bielefeld
Printed in Germany

Inhaltsverzeichnis

Vorwort

Dieser Grundriß ist vor allem für den zum Disziplinarvorgesetzten auszubildenden Soldaten sowie für den jungen Disziplinarvorgesetzten und S1Offizier gedacht, um sich in das Wehrdisziplinarrecht einzuarbeiten und in diesem Rechtsgebiet zurechtzufinden. Aus diesem Grund ist das Buch auch so angelegt, daß es zu Unterrichtszwecken benutzt werden kann.
Darüber hinaus soll es aufgrund der gewählten Beispiele und Hinweise auf die geltenden Erlasse jedem Disziplinarrecht anwendenden Offizier eine Hilfe bei der Handhabung der Disziplinarbefugnis sein. Für die höheren Disziplinarvorgesetzten ist speziell das Kapitel »Die Überprüfung einfacher Disziplinarmaßnahmen« geschrieben.
Wie in kaum einem anderen Beruf hat der Disziplinarvorgesetzte, ohne Jurist zu sein, ständig wichtige rechtliche Entscheidungen zu treffen. Sinn der Ausbildung zum Disziplinarvorgesetzten kann nicht sein, den Offizier zum Rechtsexperten zu machen. Vielmehr ist es erforderlich, ihm die Rechtskenntnisse, die er zur Ausübung der Disziplinarbefugnis braucht, einfach und praxisbezogen zu vermitteln. Aus diesem Grund habe ich den Stoff so knapp und verständlich wie möglich dargestellt, vor allem auch von für den Disziplinarvorgesetzten grundsätzlich unerheblichen rechtlichen Differenzierungen (so habe ich z.B. Rechtfertigungs- und Schuldausschließungsgründe nicht voneinander unterschieden, da dies für den Disziplinarvorgesetzten regelmäßig ohne Bedeutung ist), die theoretischen Ausführungen auf das Nötigste beschränkt und sie durch Beispiele verdeutlicht sowie wichtige rechtliche Aussagen an mehreren Stellen wiederholt.
Um den Disziplinarvorgesetzten nicht mit für ihn überflüssigen rechtlichen Erörterungen zu belasten, bin ich auch auf juristische Meinungsverschiedenheiten zu verschiedenen Rechtsfragen nicht eingegangen, habe auf das Zitieren von Schrifttum verzichtet und mich nur auf die - ihn allein interessierenden, weil verbindlichen - Aussagen von Erlassen und Dienstvorschriften, insbesondere der ZDv 14/3, bezogen.
Die zum Abschluß fast aller Kapitel angebotenen Kontrollfragen (mit Lösungen) dienen der Vertiefung und Erfolgskontrolle. Wie meine Erfahrungen als Rechtslehrer zeigen, führt das Üben des Erlernten an praktischen Beispielen zu einem erheblichen Ansteigen des Lernerfolgs.
Der Inhalt des Buches basiert zu einem wesentlichen Teil auf von mir als Rechtsberater in der Praxis sowie als Rechtslehrer im Unterricht immer wieder festgestellten Schwierigkeiten und Fehlern bei der Lösung von Fragen aus dem Wehrdisziplinarrecht.

Hannover, im März 1977
Eric Lingens

Auch 14 Jahre nach Erscheinen der ersten Auflage bestand kein Anlaß zu wesentlichen Änderungen des Buches. Allerdings erwies es sich als angebracht, das Kapitel »Die Ausübung der Disziplinarbefugnis bei Wehrübungen« hinzuzufügen. Denn die Angehörigen der Reserve sind inzwischen zu einem Hauptträger der Landesverteidigung geworden, und der wehrübende Disziplinarvorgesetzte bedarf der besonderen Unterstützung bei der Anwendung des Disziplinarrechts. Ferner habe ich das Soldatenbeteiligungsgesetz berücksichtigt und zur Vertiefung des Dargestellten Literaturhinweise zusammengestellt.

Münster, im Oktober 1991
Eric Lingens

Das Zweite Gesetz zur Neuordnung des Wehrdisziplinarrechts und zur Änderung anderer Vorschriften vom 21. August 2001 mit seinen vielen, gerade auch den Disziplinarvorgesetzten betreffenden Neuerungen sowie die dazu ergangenen neuen Erlasse des Bundesministeriums der Verteidigung machten eine völlige Überarbeitung der vor zehn Jahren erschienenen 2. Auflage notwendig. Dabei habe ich die Gelegenheit wahrgenommen, zu den neuen gesetzlichen Bestimmungen, aber auch zu in letzter Zeit immer wieder festzustellenden Schwierigkeiten der Disziplinarvorgesetzten bei der Ausübung der Disziplinarbefugnis weitere Fragen mit Lösungen einzuarbeiten.

Münster, im Dezember 2001
Eric Lingens

I. Die Disziplinarbefugnis

1. Disziplinarvorgesetzter

1.1

Die Befugnis, Disziplinarmaßnahmen zu verhängen und die sonstigen dem Disziplinarvorgesetzten obliegenden Entscheidungen (z.B. Erteilen von förmlichen Anerkennungen - § 12 WDO -, Vollstreckung einfacher Disziplinarmaßnahmen - § 44 WDO -) bezeichnet die WDO als Disziplinarbefugnis (§ 27 Abs. 1 Satz 1 WDO). Der Inhaber der Disziplinarbefugnis nennt sich Disziplinarvorgesetzter (§ 1 Abs. 6 SG). Wer Disziplinarvorgesetzter ist, ergibt sich aus den §§ 27, 28, 31 WDO in Verbindung mit ZDv 14/3 B 112, B 113.

1.2

Die Disziplinarbefugnis ist an die Dienststellung gebunden. Sie kann nicht übertragen werden. Sie geht von selbst auf den Stellvertreter im Kommando über (§ 27 Abs. 2 Satz 1 und 2 WDO; vgl. auch § 31 Abs. 2 WDO).
Die Vertretung kann im militärischen Bereich von höheren Vorgesetzten und gegebenenfalls auch vom Inhaber der Dienststellung selber geregelt werden. Dabei ist zu unterscheiden, ob ein ständiger Vertreter eingesetzt ist oder nicht. Im ersteren Fall geht bei Abwesenheit des Inhabers der Dienststellung das Kommando von selbst auf den Stellvertreter über. Im letzteren Fall kann ein höherer Vorgesetzter oder der Inhaber der Dienststellung selbst für den Fall seiner Abwesenheit einen Stellvertreter bestimmen. Fallen der Inhaber der Dienststellung und der vorgesehene Vertreter aus, ohne daß eine Regelung über die weitere Vertretung getroffen worden ist, so übernimmt der dienstrangälteste, bei gleichem Dienstrangalter der lebensälteste Offizier die Kommandogewalt, bis von höherer Stelle eine Regelung getroffen worden ist (ZDv 14/3 B 121).
In allen diesen Fällen hat bei Ausfall oder Abwesenheit des Inhabers der Dienststellung der Vertreter, der die Kommandogewalt ausübt, Disziplinarbefugnis. Ein Fall der Vertretung liegt vor, wenn der eigentliche Inhaber der Disziplinarbefugnis die Einheit, die Dienststelle oder den Verband infolge von Krankheit, Urlaub oder Kommandierung nicht selber führen kann. Wenn also der KpChef für einen Tag abwesend ist, weil er sich im 150 km entfernten Divisionsstab um 0845 Uhr zu melden hat, und er am anderen Tag wieder in die Kompanie zurückkehrt, so führt er die Kompanie in dieser Zeit weiter (vgl. ZDv 14/5 B 171 Nr. 12b).

Beispiel:

- Hptm H, KpChef 2./PzGrenBtl 592, nimmt vom 15.09. bis 23.09. Urlaub. In der Kompanie sind zwei Offiziere - Lt X und Lt Y - als Zugführer eingesetzt.

Der BtlKdr kann einen der beiden Leutnants mit der Führung der Kompanie

beauftragen; er kann auch den S4Offz oder einen Offizier der 3./PzGrenBtl 592 als Kpchef der 2./PzGrenBtl 592 während des Urlaubs des Hptm H einsetzen.
Hat der BtlKdr keine Regelung getroffen, so kann Hptm H einen der beiden Leutnants als Stellvertreter bestimmen. Hat auch Hptm H keinen Stellvertreter benannt, so führt der dienstrangälteste Leutnant die Kompanie vertretungsweise.

1.3

1.3.1

Der zuständige Disziplinarvorgesetzte entscheidet alleinverantwortlich; ihm kann nicht befohlen werden, ob und wie er ein Dienstvergehen ahnden soll (§ 35 Abs. 1 WDO). Die Unabhängigkeit und Selbständigkeit des Disziplinarvorgesetzten befreit aber nicht von der Überprüfung der verhängten Disziplinarmaßnahme im Beschwerdeverfahren sowie nach § 46 WDO (vgl. § 35 Abs. 2 WDO).

Beispiele:

- Unzulässig ist der Befehl des BtlKdrs an einen KpChef, die Disziplinarsache vorzulegen, bevor er seine Entscheidung trifft.
- Zulässig ist jedoch, daß der BtlKdr dem KpChef in einer Disziplinarsache einen Rat gibt.

1.3.2

Hält der Disziplinarvorgesetzte ein Dienstvergehen zwar für erwiesen, eine Disziplinarmaßnahme aber nicht für angebracht, oder verhängt er eine einfache Disziplinarmaßnahme, so kann lediglich die Einleitungsbehörde (§ 94 WDO; ZDv 14/3 B 161) diese Entscheidung des Disziplinarvorgesetzten durch ein gerichtliches Disziplinarverfahren zu Fall bringen, wenn sie für das Dienstvergehen eine gerichtliche Disziplinarmaßnahme für erforderlich erachtet (§ 35 Abs. 3, 96 WDO).

Beispiel:

- Fw F war eine Woche der Kompanie unerlaubt ferngeblieben. Der KpChef Hptm H, verhängte wegen dieses Dienstvergehens gegen Fw F einen Verweis. Hier kann die Einleitungsbehörde trotz der Entscheidung des KpChefs gegen Fw F ein gerichtliches Disziplinarverfahren einleiten.

1.4

Die Disziplinarbefugnis ist nach der Dienststellung der Disziplinarvorgesetzten abgestuft.

1.4.1

Es können verhängen - § 28 Abs. 1 WDO -
der ***Kompaniechef*** oder ein Offizier in entsprechender Dienststellung
- gegen Unteroffiziere und Mannschaften bis zu sieben Tage Disziplinararrest (gegebenenfalls in Verbindung mit Ausgangsbeschränkung oder Disziplinarbuße

- vgl. § 22 Abs. 2 WDO -),
- gegen Offiziere Verweis;
  der *Bataillonskommandeur* oder ein Offizier in entsprechender Dienststellung
- gegen Unteroffiziere und Mannschaften alle einfachen Disziplinarmaßnahmen,
- gegen Offiziere alle einfachen Disziplinarmaßnahmen, ausgenommen Disziplinararrest;
  Offiziere vom Regiments- und Brigadekommandeur an aufwärts
- gegen alle Soldaten alle einfachen Disziplinarmaßnahmen.

1.4.2
Ein Disziplinarvorgesetzter hat die Disziplinarbefugnis der nächsthöheren Stufe, wenn der sonst zuständige Disziplinarvorgesetzte nicht erreichbar ist *und* die militärische Disziplin ein sofortiges Einschreiten erfordert (§ 28 Abs. 2 Satz 1 WDO).

Beispiel:
- Gefr G, 4./JgBtl 534, begeht fünf Tage vor seinem Dienstzeitende eine schwere Wachverfehlung und wird anschließend gegen den Wachhabenden tätlich. Der KpChef ist der Auffassung, hier seien zur disziplinaren Ahndung 21 Tage Disziplinararrest nötig. Der BtlKdr befindet sich mit großen Teilen des Bataillons auf Übung in Polen.

Da der Kdr also nicht erreichbar ist und die Disziplin ein sofortiges Einschreiten erfordert, ist der KpChef befugt, den 21tägigen Disziplinararrest - nach Zustimmung des Truppendienstrichters - zu verhängen. Er hat den Fall dem BtlKdr unverzüglich zu melden (§ 28 Abs. 2 Satz 2 WDO).

2. Zuständigkeit

2.1.
Hat der nächste Disziplinarvorgesetzte ein Dienstvergehen eines ihm unmittelbar unterstellten Soldaten festgestellt, so prüft er, ob er für die disziplinare Erledigung zuständig ist.

2.2
Grundsätzlich übt der *nächste Disziplinarvorgesetzte* die Disziplinarbefugnis aus (§ 29 Abs. 1 Satz 1 WDO).

2.3
Statt des nächsten Disziplinarvorgesetzten ist *der nächsthöhere Disziplinarvorgesetzte* zuständig, wenn - § 30 WDO -

2.3.1
der nächste Disziplinarvorgesetzte an dem Dienstvergehen beteiligt ist (§ 30 Abs. 1 Nr. 1 WDO);

Beispiel:

- Die Stubenkameraden hatten auf den PzGren P den »Hl. Geist« herabkommen lassen, indem sie ihn mit Schuhcreme einschmierten und ihm einen Eimer Wasser ins Bett schütteten.

Wenn der KpChef von dieser Aktion zuvor gewußt hat und nicht dagegen eingeschritten ist, ist er an dem Dienstvergehen beteiligt (§§ 10 Abs. 2 und 3, 12 Satz 2, 23 Abs. 1 SG).

2.3.2

das Dienstvergehen im Falle einer vorübergehenden Unterstellung von einem Dienstgradgleichen oder Dienstgradhöheren begangen wurde (§ 30 Abs. 1 Nr. 2 WDO);

Beispiel:

- Die Kompanie wird vertretungsweise von Lt X geführt. Zur Kompanie ist für vier Wochen Lt Y kommandiert, der nach zwei Wochen ein Dienstvergehen begeht. Lt X darf keine Disziplinarmaßnahme gegen Lt Y verhängen und auch nicht von einer Disziplinarmaßnahme gegen ihn absehen.

2.3.3

die Tat von einer Vertrauensperson begangen worden ist (§§ 30 Abs. 1 Nr. 3, 29 Abs. 1 Satz 3 WDO, 14 Abs. 2 SBG - Soldatenbeteiligungsgesetz -; im einzelnen ZDv 14/3 B 122);

2.3.4

der nächste Disziplinarvorgesetzte nicht erreichbar ist *und* die militärische Disziplin ein sofortiges Einschreiten erfordert (§ 30 Abs. 1 Nr. 4 WDO);

2.3.5

nach Ansicht des nächsten Disziplinarvorgesetzten seine Disziplinarbefugnis nicht ausreicht (§ 30 Abs. 2 Nr. 1 WDO).

Hat der nächste Disziplinarvorgesetzte an den nächsthöheren Disziplinarvorgesetzten abgegeben, weil er der Meinung ist, daß seine Disziplinarbefugnis nicht ausreicht, so bleibt der nächsthöhere Disziplinarvorgesetzte zur disziplinaren Erledigung zuständig.

Beispiel:

- Der KpChef gibt ein Dienstvergehen des PzGren P an den BtlKdr ab, da er zur Ahndung der Tat seine Disziplinarbefugnis nicht für ausreichend erachtet.

Der BtlKdr kann die Sache nicht an den KpChef zurückgeben, auch wenn er lediglich einen strengen Verweis für angebracht hält. Er hat die seines Erachtens angemessene disziplinare Entscheidung selber zu treffen.

Der nächsthöhere Disziplinarvorgesetzte ist *ferner zuständig*, wenn

2.3.6
der nächste Disziplinarvorgesetzte *persönlich* durch die Tat verletzt ist (§ 30 Abs. 2 Nr. 2 WDO);

Beispiel:
- PzGren P bezeichnet seinen KpChef als Untergebenenschinder und versetzt ihm einen Faustschlag.

2.3.7
der nächste Disziplinarvorgesetzte sich *für befangen hält* (§ 30 Abs. 2 Nr. 3 WDO). *Befangenheit* liegt vor, wenn eine sachliche und unvoreingenommene Entscheidung des Disziplinarvorgesetzten nicht gewährleistet ist.

Beispiel:
- Der KpChef ist mit dem Soldaten befreundet, nahe verwandt oder verfeindet *und* erklärt sich daher für befangen.

2.4
Der nächste Disziplinarvorgesetzte hat in den Fällen, in denen er nicht zur Ahndung des Dienstvergehens zuständig ist (Ausnahme Nr. 2.3.4.), *das Dienstvergehen dem nächsthöheren Disziplinarvorgesetzten zu melden* (§ 30 Abs. 3 WDO).

3.
Verstöße der *Sanitätsoffiziere* gegen ihre ärztlichen Pflichten werden durch die vorgesetzten Sanitätsoffiziere geahndet (§ 27 Abs. 3 WDO; vgl. ZDv 14/3 B 112, 123).

4. Disziplinarbefugnis nach dem Dienstgrad

Neben der Disziplinarbefugnis, die an die unmittelbaren Vorgesetzten vom KpChef an aufwärts gebunden ist (§ 28 WDO), gibt es die Disziplinarbefugnis nach dem Dienstgrad (§ 31 WDO; sog. *Notdisziplinarbefugnis*). Die örtlichen Befehlshaber, die Führer besonders zusammengestellter Abteilungen und die Offiziere in ähnlichen Dienststellungen haben im Rahmen ihrer Befehlsbefugnis nach dem Dienstgrad Disziplinarbefugnis (§ 31 Abs. 1 Nr. 1 bis 3 WDO), wenn ein sofortiges Einschreiten erforderlich und der an sich zuständige Disziplinarvorgesetzte hierzu nicht erreichbar ist (§ 31 Abs. 3 WDO). Wem im einzelnen hiernach Disziplinarbefugnis zusteht, ergibt sich aus ZDv 14/3 B 112 Abschnitt 6.

Beispiel:

- Dem Führer des Feldjägerdienstkommandos Neustadt, Hptm H, wird am 29.09. Gefr G vorgeführt. Dieser Soldat, am 28.09. zu seinem Entlassungsort in Marsch gesetzt, war einer Feldjägerstreife dadurch aufgefallen, daß er Reisende anpöbelte und Fensterscheiben im Zug einschlug. Der Streife gegenüber wurde er tätlich und weigerte sich, in Neustadt auszusteigen. Die Einheit des Soldaten liegt in Altstadt. Die Entfernung von Neustadt nach Altstadt beträgt ca. 430 km.

Da Gefr G nur noch bis zum 30.09. Soldat ist, eine Disziplinarmaßnahme zur Aufrechterhaltung der Disziplin erforderlich erscheint und der Kompaniechef wegen der großen Entfernung nicht mehr rechtzeitig erreichbar ist, ist Hptm H befugt, gegen den Soldaten eine Disziplinarmaßnahme zu verhängen (§ 31 Abs. 1 Nr. 1 WDO, ZDv 14 /3 B 112 Abschnitt 6 Nr. 15.6).

5. Aufhebungsgründe

5.1

Eine Disziplinarmaßnahme ist aufzuheben, wenn sie von einem unzuständigen Disziplinarvorgesetzten verhängt worden ist (§ 46 Abs. 2 Nr. 1 WDO).

Beispiel:

- Der KpChef verhängt gegen die Vertrauensperson der Mannschaften eine Disziplinarmaßnahme (vgl. 2.3.3), oder er war selber an dem geahndeten Dienstvergehen beteiligt (vgl. 2.3.1).

5.2

Eine Disziplinarmaßnahme ist auch aufzuheben, wenn der Disziplinarvorgesetzte seine Disziplinarbefugnis überschritten hat (§ 46 Abs. 2 Nr. 4 WDO).

Beispiel:

- Hier ist der KpChef zwar nicht unzuständig, da er seine Disziplinarbefugnis offensichtlich für ausreichend hält; aber er übersieht, daß er nach § 28 Abs. 1 Satz 2 Nr. 1 b WDO für diese Disziplinarmaßnahme keine Disziplinarbefugnis besitzt.

Fragen zum Kapitel »Die Disziplinarbefugnis«

1. Wegen einer fünftägigen unerlaubten Abwesenheit der Vertrauensperson der Mannschaften verhängt der KpChef gegen ihn sieben Tage verschärfte Ausgangsbeschränkung und gibt die Sache an die Staatsanwaltschaft ab.
   Handelte der KpChef richtig?

2. Lt L wird in der Lehrgangsarbeit »Taktik« bei einem Täuschungsversuch gestellt. Der Inspektionschef, OTL O, verhängt deswegen gegen den Leutnant 500,- DM Disziplinarbuße.
   Handelte der Inspektionschef richtig?

3. Fw F, Vertrauensperson der Unteroffiziere, hatte einem Soldaten befohlen, ihm in der Mittagspause aus dem Standort ein Pornoheft mitzubringen. Als der KpChef von dem Befehl erfährt, entschließt er sich, die Angelegenheit wegen ihrer Geringfügigkeit nicht dem BtlKdr zu melden.
   Bestand für den KpChef Meldepflicht?

4. Der BtlKdr verhängt gegen den Truppenarzt, StArzt S, eine Disziplinarbuße von 2000,- DM, weil dieser den – wie sich nachher herausstellte – grippekranken Ogefr O nicht behandelt und ihn zugleich als »Drückeberger« bezeichnet hatte.
   War der BtlKdr befugt, die Disziplinarmaßnahme zu verhängen?

5. Der KpChef hatte wegen eines Dienstvergehens gegen einen Gefreiten seiner Kompanie, mit dem er weitläufig verwandt ist, eine Disziplinarmaßnahme verhängt. Der BtlKdr ist der Ansicht, der KpChef habe wegen Befangenheit keine Disziplinarmaßnahme verhängen dürfen.
   Ist die Auffassung des BtlKdrs zutreffend?

Die Lösungen befinden sich auf Seite 150

II. Die förmliche Anerkennung

1.

Besondere Leistungen in Form von *vorbildlicher Pflichterfüllung oder hervorragenden Einzeltaten* können durch förmliche Anerkennungen gewürdigt werden (§ 11 Abs. 1 WDO).

Beispiele:

- OGefr O, W, hat in seiner bisherigen Dienstzeit ständig überdurchschnittliche Leistungen und große Einsatzbereitschaft als Geschäftszimmersoldat gezeigt.
- Durch besondere Wachsamkeit und geschicktes Vorgehen war es Uffz U gelungen, die Sprengung eines Jagdbombers durch Terroristen zu verhindern.
- Fw F hat auf dem Abendgymnasium ein sehr gutes Abitur gemacht. Eine förmliche Anerkennung ist unzulässig, da es am dienstlichen Bezug fehlt.

2.

Bei der Entscheidung über eine förmliche Anerkennung ist ein strenger Maßstab anzulegen (§ 13 Abs. 1 Satz 1 WDO). Der Soldat soll seiner Persönlichkeit nach der Auszeichnung würdig sein; die förmliche Anerkennung soll auch seinen Kameraden gegenüber gerechtfertigt erscheinen (§ 13 Abs. 1 Satz 2 und 3 WDO). Einwandfreie Führung und ordentliche Leistungen allein reichen zum Erteilen einer förmlichen Anerkennung nicht aus.

3.

Gute Leistungen können auch durch Auszeichnung anderer Art - insbesondere erzieherische Maßnahmen (vgl. ZDv 14/3 B 151) - herausgestellt werden (§ 11 Abs. 4 WDO).

4.

4.1

Die förmliche Anerkennung wird durch Würdigung der besonderen Leistung im Kompanie- oder Tagesbefehl oder durch den Bundesminister der Verteidigung im VMBl wirksam (§§ 11 Abs. 2, 12 Abs. 1 WDO).

4.2

Daneben ist dem Soldaten die für ihn bestimmte Ausfertigung des Vordrucks 1 im Anhang der ZDv 14/3 auszuhändigen. Ferner erhält er eine besondere Urkunde (vgl. ZDv 14/3 B 111).

4.3
Die förmliche Anerkennung ist in das Disziplinarbuch einzutragen und in die Personalunterlagen aufzunehmen (§ 7 WDO; aber ZDv 14/3 B 170 Nr. 13 Abs. 1 Satz 2 und 3).

5.
Jeder Disziplinarvorgesetzte ist befugt, eine förmliche Anerkennung auszusprechen. Wird die förmliche Anerkennung von einem höheren Disziplinarvorgesetzten erteilt, *ist der nächste Disziplinarvorgesetzte des Soldaten zuvor zu hören* (§ 13 Abs. 3 WDO). Durch die Anhörungspflicht soll verhindert werden, daß in derselben Sache von mehreren Disziplinarvorgesetzten förmliche Anerkennungen ausgesprochen werden und daß Soldaten förmliche Anerkennungen erhalten, deren sie aufgrund ihrer dem nächsten Disziplinarvorgesetzten bekannten Persönlichkeit nicht würdig sind.

6.
Der Disziplinarvorgesetzte hat die Vertrauensperson vor der Erteilung einer förmlichen Anerkennung zu hören (§§ 4 WDO, 28 Abs. 2 SBG).

7.
Mit einer förmlichen Anerkennung kann *Sonderurlaub* bis zu vierzehn Arbeitstagen verbunden werden (§ 11 Abs. 3 WDO).
Es können gewähren - § 12 Abs. 2 WDO -
der *Kompaniechef* oder ein Offizier in entsprechender Dienststellung
- Sonderurlaub bis zu fünf Tagen,
der *Bataillonskommandeur* oder ein Offizier in entsprechender Dienststellung
- Sonderurlaub bis zu sieben Tagen,
Offiziere von Regiments- und Brigadekommendeur an aufwärts
- Sonderurlaub bis zu vierzehn Tagen.
Den Zeitpunkt des Sonderurlaubs bestimmt der für die Bewilligung des Erholungsurlaubs zuständige Vorgesetzte (§ 13 Abs. 2 WDO). Dem Antrag auf den Zeitpunkt des Urlaubsantritts ist nach Möglichkeit zu entsprechen (VMBl 1973 S. 245).

8.

8.1
Eine förmliche Anerkennung *ist zurückzunehmen*, wenn sich nachträglich herausstellt, daß die Voraussetzungen, unter denen sie erteilt wurde, nicht vorlagen (§ 14 Satz 1 WDO). Über die Rücknahme entscheidet die Einleitungsbehörde (§ 14 Satz 2 WDO; zur Einleitungsbehörde vgl. § 94 WDO sowie ZDv 14/3 B 161). Vorher sind die Vertrauensperson und der betroffene Soldat anzuhören (§§ 4, 14 Abs. 1 Satz 3 WDO).

8.2

Wird eine förmliche Anerkennung unanfechtbar zurückgenommen,
- ist sie zu tilgen (§ 8 Abs. 1 und 7 WDO; ZDv 14/3 B 170 D XIII und XVII),
- ist darüber zu entscheiden, ob in Anspruch genommener Urlaub ganz oder teilweise auf den Erholungsurlaub anzurechnen ist (§ 14 Abs. 3 WDO),
- hat der Soldat die Urkunde zurückzugeben (§ 52 Verwaltungsverfahrensgesetz - VwVfG -, ZDv 14/3 B 111 Nr. 4).

III. Das Dienstvergehen

1.
Eine Disziplinarmaßnahme darf nur verhängt werden, wenn der Soldat ein Dienstvergehen begangen hat (§ 15 Abs. 1 WDO).

2.
Der Soldat begeht ein Dienstvergehen, wenn er schuldhaft seine Pflichten verletzt (§ 23 Abs. 1 SG).

3.
Ein *Dienstvergehen* erfordert also:

3.1
objektiv eine *Pflichtverletzung*
und

3.2
subjektiv *Schuld* des Soldaten.

Zu 3.1
Der Soldat muß gegen seine insbesondere in den §§ 7, 8 10-21 SG festgelegten Dienstpflichten verstoßen haben.

Im einzelnen handelt es sich um folgende Pflichten:

3.1.1
Grundpflicht des Soldaten (§ 7 SG)

3.1.1.1
Diese Pflicht umfaßt als die allgemeine Dienstpflicht sämtliche anderen soldatischen Pflichten. Nach dem Grundsatz, daß die spezielle der allgemeinen Vorschrift vorgeht, wird die Grundpflicht durch die Einzelpflichten ausgeschlossen.

Beispiel:
- Entgegen einem Kompaniebefehl borgt der Gruppenführer, Uffz U, bei einem Soldaten seiner Gruppe, dem PzGren P, in einer Dienstpause 200,- DM und kommt seiner Rückzahlungspflicht nicht vereinbarungsgemäß nach.
Uffz U hat gegen die Pflichten zum Gehorsam (§ 11 SG), zur Fürsorge (§ 10 Abs. 3 SG), zur Kameradschaft (§ 12 Satz 2 SG) und zu achtungswürdigem Verhalten (§ 17

Abs. 2 Satz 1 SG) verstoßen, nicht aber gegen § 7 SG, der durch die spezielleren verletzten Pflichten verdrängt wird.

3.1.1.2

Die Grundpflicht begründet aber auch *unmittelbare* Pflichten für den Soldaten. Dies ist immer dann der Fall, wenn der Grundsatz, daß die konkrete Dienstpflicht die allgemeine Pflicht des § 7 SG ausschließt, nicht zutrifft, weil keine der speziellen Pflichten, insbesondere der §§ 8, 10-21 SG, besteht. Die Grundpflicht in Form der Pflicht zur Tapferkeit verlangt vom Soldaten, gegebenenfalls (z.B. im Wachdienst) Gefahren für Leib und Leben auf sich zu nehmen (vgl. § 6 WStG).

Beispiele:

- Aus der Treuepflicht direkt ergibt sich die Pflicht des Lehrgangsteilnehmers, den zur Durchführung des Unterrichts erforderlichen Anordnungen der zivilen Lehrer Folge zu leisten. Da diese Lehrer keine militärischen Vorgesetzten sind und folglich keine Befehle erteilen können, ergibt sich die Pflicht des Lehrgangsteilnehmers nicht aus § 11, sondern aus § 7 SG.
- PzGren P entwendet am 15.04. Bundeswehrkraftstoff und verursacht am 16.04. auf einer Dienstfahrt infolge zu hoher Geschwindigkeit einen Unfall, bei dem erheblicher Sachschaden an dem Dienstfahrzeug entsteht.

In beiden Fällen hat der Soldat die Pflicht zum treuen Dienen, aber auch nur diese Pflicht verletzt; denn die Pflicht zur Achtung des Eigentums des Bundes ergibt sich nicht aus den konkreten Pflichten der §§ 8, 10-21 SG.

- Kan K war aufgrund seines Einberufungsbescheides verpflichtet, den Dienst in der Bundeswehr am 02.01. anzutreten. Er setzt sich an diesem Tage nach Schweden ab.

Der Soldat hat lediglich die Pflicht zum treuen Dienen verletzt, da er nicht zugleich gegen spezielle Dienstpflichten verstoßen hat (auch nicht gegen die Pflicht zum Gehorsam, da der Einberufungsbescheid nicht von einem militärischen Vorgesetzten erlassen wird, also keine Befehl ist).

3.1.2

Eintreten für die demokratische Grundordnung (§ 8 SG)

Vom Soldaten wird nicht nur gefordert, daß er die freiheitliche demokratische Grundordnung bejaht; er hat sie auch notfalls vor Angriffen zu schützen.

Beispiele:

- Gefr G und Lt L besuchen am 01.10. in Zivil eine Wahlversammlung einer politisch extrem links orientierten und am 17.10. eine Wahlversammlung einer extrem rechts stehenden Partei.

Dazu sind sie berechtigt.

Wenn aber auf diesen politischen Veranstaltungen massiv gegen die freiheitliche demokratische Ordnung opponiert wird - es wird z.B. lauthals die Abschaffung von Wahlen und die Wiedereinführung des Führerprinzips oder die Diktatur des

Proletariats gefordert –, so sind die Soldaten entweder verpflichtet, das Wort zur Verteidigung der Grundordnung zu ergreifen oder aber die Versammlung zu verlassen, um auf diese Weise ihre positive Einstellung zur Verfassung auszudrücken.
- Gefr G verteilt nach Dienst in Zivil vor der Kaserne von ihm selbst verfaßte Flugblätter, in denen es heißt: »Die Notstandsverfassung dient allein dem Zwecke, den Einsatz der Bundeswehr gegen den inneren Feind - das sind die friedlichen Arbeiter, Studenten und Bauern - vorzubereiten. Ich fordere Euch auf, Kameraden, den Befehl zur Ausbildung im Straßenkampf zu verweigern.«
Der Soldat verstößt gegen seine Pflicht nach § 8 SG, da er durch die verleumderische Darstellung der Notstandsgesetzgebung als eines wesentlichen Teils der Verfassung gegen die Grundordnung agitiert.

3.1.3
Pflichten des Vorgesetzten (§ 10 SG)

Im einzelnen:

3.1.3.1
Pflicht zu beispielhaftem Verhalten (§ 10 Abs. 1 SG)

Hier handelt es sich um keine besondere Dienstpflicht. Vielmehr besagt die Bestimmung, daß die von jedem Soldaten zu beachtenden Pflichten vom Vorgesetzten besonders sorgfältig erfüllt werden müssen. Dies bedeutet, daß bei ihm der Pflichtverstoß schwerer wiegt und die Schuld größer ist, als wenn ein Soldat ohne Vorgesetzteneigenschaft das Dienstvergehen begangen hätte; ferner, daß der Pflichtverstoß um so gravierender ist, je größer die Verantwortung als Vorgesetzter ist (vgl. »Die disziplinare Entscheidung« 3.2.15).

Beispiel:
Uffz U erscheint unentschuldigt erst um 0935 Uhr zum Dienst und begibt sich um 1105 Uhr in die Kantine, wo er vier Glas Bier trinkt.
Falsch ist, die von Uffz U begangenen Dienstvergehen damit zu begründen, daß er schuldhaft gegen § 10 Abs. 1 SG verstoßen habe. Uffz U hat vielmehr Dienstvergehen begangen, weil er schuldhaft die Pflichten nach den §§ 11, 17 Abs. 2 Satz 1 SG verletzt hat.
Bei der disziplinaren Würdigung der von ihm begangenen Dienstvergehen wird aber der KpChef zu Lasten des Soldaten nach § 10 Abs. 1 SG berücksichtigen, daß er die Tat begangen hat, obwohl er Vorgesetzter ist.

3.1.3.2
Pflicht zur Dienstaufsicht (§ 10 Abs. 2 SG)

Der Vorgesetzte hat stets darauf zu achten, daß seine Untergebenen ihre Dienstpflichten erfüllen und nicht straffällig werden.

Beispiel:

- Der II.Zug der 5.Bttr ist am 11.11. zum Bereitschaftsdienst eingeteilt. Es besteht Alkoholverbot. Kan K hat an diesem Tag Geburtstag. Aus diesem Anlaß kauft er in der Kantine drei Flaschen Schnaps, die er mit seinen Kameraden vom II.Zug trinkt. Der Zugführer, Fw F, gratuliert Kan K zum Geburtstag und sagt zu den Soldaten im Hinblick auf den Alkohol: » Wohl bekomm's!«

Fw F war gem. § 10 Abs. 2 SG verpflichtet, den Alkoholkonsum zu unterbinden.

3.1.3.3

Pflicht zur Fürsorge (§ 10 Abs. 3 SG)

Der Vorgesetzte hat stets seinen Untergebenen in ihren Sorgen und Nöten zu helfen, ihre Rechte zu wahren, sie vor Schaden zu schützen und sie nicht unnötig in Gefahr zu bringen.

Beispiele:

- Gefr G beantragt beim KpChef einen Tag Sonderurlaub, weil seine Frau schwer erkrankt ist.

Die Fürsorgepflicht gebietet es dem KpChef, dem Gesuch jedenfalls dann stattzugeben, wenn der Soldat an dem beantragten Tage nicht dringend dienstlich benötigt wird und ihm Erholungsurlaub nicht mehr zusteht.

- Am Samstagabend trifft Uffz U, Gruppenführer, zufällig im Lokal »Zum Eck« den seiner Gruppe angehörenden Gefr G, Panzerfahrer. Er stellt fest, daß der Soldat - obwohl erheblich unter Alkohol stehend - mit seinem Pkw noch in die ca. 2 km entfernte Gaststätte »Zum Bock« fahren will und verhindert die Fahrt nicht. Auf dem Wege zu diesem Lokal verunglückt Gefr G infolge seiner alkoholbedingten Fahruntüchtigkeit und zieht sich schwere Verletzungen zu.

Uffz U war aufgrund seiner Pflicht zur Fürsorge verpflichtet, den Soldaten von der Fahrt zurückzuhalten, um ihn auf diese Weise vor Schaden zu bewahren (auch die Kameradschaftspflicht hätte es nötig gemacht einzuschreiten). Zugleich hat der Gruppenführer die Pflicht zur Dienstaufsicht verletzt, weil er nicht verhindert hat, daß Gefr G durch die Trunkenheitsfahrt seine Pflichten zum allgemeinen Wohlverhalten (§ 17 Abs. 2 Satz 2 SG) und zur Gesunderhaltung (§ 17 Abs. 4 Satz 1 SG) unbeachtet gelassen sowie sich wegen Trunkenheit im Verkehr strafbar gemacht (§ 316 StGB) hat.

3.1.3.4

Pflicht zum Erteilen rechtmäßiger Befehle (§ 10 Abs. 4 SG)

Der Vorgesetzte darf Befehle nur
- zu dienstlichen Zwecken
  und
- unter Beachtung des Völkerrechts
  und

- unter Beachtung der Gesetze
  und
- unter Beachtung der Dienstvorschriften
  erteilen.

Beispiele:

- Am Morgen des 29.09. unterbricht der Fahrlehrer, Fw F, die Fahrschulfahrt und begibt sich mit den Gefr X und Y zu einem Umtrunk in die Gaststätte »Zum Fernfahrer«. Als der KpChef am Nachmittag beim Gefr X bemerkt, daß der Soldat nach Alkohol riecht, befiehlt er ihm, sich in einer Stunde zur Vernehmung zu melden. Vor der Vernehmung bespricht sich Gefr X mit Fw F, der zu ihm äußert: »Sie haben auf keinen Fall zu erwähnen, daß wir heute morgen zusammen einige Gläser Bier und Schnaps getrunken haben!«
Fw F hat seine Pflicht nach § 10 Abs. 4 SG verletzt, da er dem Gefr X einen Befehl ohne dienstlichen Zweck erteilte.
- Der KpChef, Hptm H, befiehlt im Krieg Fw F, dem Führer eines Munitionstransportes: »Kennzeichnen Sie die Fahrzeuge mit dem Schutzzeichen des Roten Kreuzes!« Hptm H hat gegen seine Pflicht nach § 10 Abs. 4 SG verstoßen, da er Fw F einen Befehl erteilte, der dem Kriegsvölkerrecht zuwiderlief (vgl. Art. 23f HLKO, Art. 44 des I. Genfer Abkommens).
- Fw F, der von seinem KpChef den Auftrag hat, so schnell wie möglich den eigenmächtig abwesenden PzGren P beim Feldjägerdienstkommando in Altstadt abzuholen, befiehlt seinem Fahrer, Neustadt mit 60 km/h zu durchfahren.
Fw F hat seine Pflicht nach § 10 Abs. 4 SG mißachtet, da er einen Befehl erteilte, der gegen ein Gesetz - § 3 Abs. 3 StVO - verstieß.
- Der ungeschickte PzGren P ist nach einer zweistündigen Waffenausbildung noch nicht in der Lage, das Gewehr G 36 zu zerlegen und zusammenzusetzen. Um diesen Mangel abzustellen, befiehlt ihm sein Zugführer, Lt L, für morgen einen Aufsatz zu schreiben zu dem Thema »Das Zusammenwirken der Teile beim Gewehr G 36«. Lt L hat seine Pflicht nach § 10 Abs. 4 SG verletzt, da er eine Dienstvorschrift - den Erlaß »Erzieherische Maßnahmen« - nicht beachtete: die erzieherische Maßnahme steht in keinem inneren Zusammenhang mit dem aufgetretenen Mangel.

3.1.3.5
Pflicht zur angemessenen Durchsetzung von Befehlen (§ 10 Abs. 5 Satz 2 SG)

Bereits aus der Pflicht zur Dienstaufsicht ergibt sich, daß der Vorgesetzte seine Befehle durchzusetzen hat. Wie er Befehle zu erzwingen hat, regelt § 10 Abs. 5 Satz 2 SG. Dem Vorgesetzten stehen vor allem folgende Mittel zur Durchsetzung von Befehlen zur Verfügung:
- unmittelbare Dienstaufsicht,
- mittelbare Dienstaufsicht,
- Wiederholung eines Befehls,
- Androhung von erzieherischen Maßnahmen, Disziplinarmaßnahmen, strafrechtlicher Verfolgung,

- Verhängung von erzieherischen Maßnahmen, Disziplinarmaßnahmen, Abgabe an die Staatsanwaltschaft,
- vorläufige Festnahme,
- Androhung und Anwendung von unmittelbarem Zwang (z.B. Form von körperlicher Gewalt).

Der Vorgesetzte hat bei dem Einsatz seiner Mittel zur Befehlserzwingung nach dem Grundsatz der Verhältnismäßigkeit zu verfahren.

Beispiele:

- Wie der KpChef, Hptm H, erfahren hat, befindet sich der schon längere Zeit eigenmächtig abwesende PzGren P in der Wohnung seiner Freundin in Neuheim. Dorthin schickt der KpChef ein Abholkommando, bestehend aus StUffz S und OGefr O. Auf Klingeln öffnet PzGren P die Wohnungstür. StUffz befiehlt dem Soldaten, sofort mit zur Kompanie zu kommen. PzGren P gehorcht sogleich. StUffz S nimmt den Soldaten vorläufig fest und befiehlt OGefr O, ihn zu fesseln.

StUffz S hat den Befehl zur Rückkehr zur Einheit nicht in der den Umständen angemessenen Weise durchgesetzt und damit gegen seine Dienstpflicht nach § 10 Abs. 5 Satz 2 SG verstoßen. Sind mehrere Maßnahmen zur Befehlserzwingung möglich, so ist nach dem Grundsatz der Verhältnismäßigkeit die den Untergebenen am wenigsten belastende Maßnahme zu treffen. Da PzGren P willens war zu gehorchen, bestand keine Notwendigkeit zur Festnahme und schon gar nicht zur Fesselung. Eine sorgfältige Bewachung des Soldaten durch das Abholkommando hätte ausgereicht.

- Der KpChef entsendet StUffz S und Uffz U, einen eigenmächtig abwesenden Soldaten, dieses Mal den Gefr G, abzuholen. Der Soldat steigt bereitwillig in das Dienstkfz ein. Kurz vor Altneudorf gelingt es ihm aus dem Fahrzeug zu entkommen. Er rennt in die links der Straße liegenden Kartoffel- und Getreidefelder. StUffz S ruft ihm nach: »Kommen Sie sofort zurück, andernfalls mache ich von der Schußwaffe gebrauch!« Als Gefr G dennoch weiterläuft, gibt Uffz U einen Warnschuß und, als dies auch ohne Erfolg bleibt, einen gezielten Schuß auf die Beine des flüchtenden Soldaten ab.

StUffz S und Uffz U haben den Befehl zur Rückkehr zum Fahrzeug nicht in der den Umständen angemessenen Weise durchgesetzt und damit die Dienstpflicht nach § 10 Abs. 5 Satz 2 SG verletzt. Selbst wenn Nacheile zu Fuß bzw. mit dem Dienstkfz nicht mehr erfolgversprechend gewesen wäre und nur noch durch den Einsatz der Schußwaffe die Flucht des Soldaten hätte verhindert werden können, wäre dieses Mittel unangemessen gewesen. In einem solchen Fall ist zwar der Schußwaffengebrauch die einzige Möglichkeit zur Befehlserzwingung; aber nach dem Grundsatz der Verhältnismäßigkeit darf eine Maßnahme nicht durchgeführt werden, wenn der durch sie zu erwartende Schaden außer Verhältnis zu dem beabsichtigten Erfolg steht. Die Gefahr für Leib und Leben, die mit dem Einsatz der Schußwaffe stets verbunden ist, steht in keinem angemessenen Verhältnis zu dem erstrebten Erfolg, den Soldaten zur Einheit zurückzubringen. Auch die Androhung des Schußwaffengebrauchs war unzulässig, da sie nur erfolgen darf, wenn nach erfolgloser Androhung geschossen werden darf. Im Frieden ist der Gebrauch der

Schußwaffe sowie das Drohen mit dem Gebrauch zur Durchsetzung von Befehlen nach § 10 Abs. 5 Satz 2 SG stets unverhältnismäßig.

3.1.3.6
Pflicht zur Zurückhaltung bei Äußerungen (§ 10 Abs. 6 SG)

Alle Offiziere und Unteroffiziere haben stets in ihren Äußerungen Zurückhaltung zu wahren, um ihr Vertrauen als Vorgesetzte zu erhalten.

Beispiele:
- Lt L äußert abends am Biertisch im Beisein mehrerer Soldaten seines Zuges: »Die Truppenverwaltungsbeamten sind alle Vollidioten und Trottel.«
Verstoß gegen die Pflicht nach § 10 Abs. 6 SG.
- Der Gruppenführer, OGefr UA O, schreit einen Soldaten seiner Gruppe beim Fernmeldeunterricht an: »Sie Kameradenschwein, wenn der Führer noch lebte, würden Sie jetzt zum Duschen gehen.«
Kein Verstoß gegen § 10 Abs. 6 SG, da diese Pflicht nur für Offiziere und Unteroffiziere besteht (aber Verstoß gegen die §§ 10 Abs. 3, 12 Satz 2, 17 Abs. 2 Satz 1 SG).

3.1.4
Pflicht zum Gehorsam (§ 11 SG)

Der Untergebene hat seinen Vorgesetzten zu gehorchen und ihre Befehle nach besten Kräften vollständig, gewissenhaft und unverzüglich auszuführen.

Beispiele:
- Der Gruppenführer, Uffz U, zu einem Soldaten seiner Gruppe: »Sei doch so nett und bring mir ein Käsebrötchen aus der Kantine mit.« Der Untergebene vergißt, das Brötchen für den Gruppenführer zu kaufen.
Kein Verstoß gegen die Gehorsamspflicht, da Uffz U keinen Befehl, d.h. keine Anweisung mit dem Anspruch auf Gehorsam (§ 2 Nr. 2 WStG), sondern lediglich eine Bitte aussprach.
- OFw O, 2./PzBtl 514, sieht auf dem Wege zur Kaserne an einer Bushaltestelle den Gefr G, 3./PzBtl 514, mit offener Uniformjacke und ohne Kopfbedeckung stehen. Er sagt zu ihm: »Knöpfen Sie sofort Ihre Jacke zu und ziehen Sie Ihr Schiffchen auf!« Gefr G kommt der Aufforderung nicht nach.
Der Soldat hat nicht gegenüber OFw O die Pflicht zum Gehorsam verletzt. Denn der Oberfeldwebel hatte mangels Vorgesetzteneigenschaft keinen Befehl erteilt. Gefr G ist aber ungehorsam gewesen, weil er gegen die Anzugsordnung (= Befehl) verstoßen hat.
- Fw F, der von seinem KpChef den Auftrag hat, so schnell wie möglich den fahnenflüchtigen PzGren P beim Feldjägerdienstkommando in Altstadt abzuholen, befiehlt dem Fahrer, Gefr G, Neudorf mit 60 km/h zu durchfahren. Gefr G gehorcht unter Hinweis auf die der Ausführung des Befehls entgegenstehende StVO nicht.
Der Befehl ist zwar rechtswidrig (vgl. 3.1.3.4). Dennoch hat der Soldat zu gehorchen, da der Befehl nicht zu einer Straftat auffordert, also nicht unverbindlich ist.

- Nach Dienst nimmt Gefr G seinen Gruppenführer, Uffz U, in seinem Pkw zum Lokal »Blauer Bock« mit. Beide sprechen dort erheblich dem Alkohol zu. Gegen 2300 Uhr befiehlt Uffz U dem Gefr G: »Wir brechen jetzt auf, und Sie fahren mich nach Hause.« Da Gefr G noch keine Lust hat aufzubrechen und sich auch nicht fahrtüchtig fühlt, gehorcht er nicht.
Der Soldat war nicht ungehorsam, denn der Befehl hatte keinen dienstlichen Zweck und hätte zu einer Straftat (Trunkenheit im Verkehr) geführt und war daher unverbindlich (§ 11 Abs. 1 Satz 2 und Abs. 2 Satz 1 SG).

Merke:
Befehle ohne dienstlichen Zweck und Befehle, die die Menschenwürde verletzen, brauchen nicht befolgt zu werden. Befehle, die zu Straftaten auffordern, dürfen nicht befolgt werden.

3.1.5
Pflicht zur Kameradschaft (§ 12 SG)

Die Pflicht zur Kameradschaft besteht für jeden Soldaten jedem anderen Soldaten gegenüber, nicht also gegenüber Reservisten.

Beispiele:
- Gefr X, 4.Kp, hält sich mehrere Stunden mit Gefr Y, 3.Kp, in der Gaststätte »Zum Hirsch« auf. Gegen 2345 Uhr fährt er mit seinem Pkw in die Unterkunft zurück und nimmt Gefr Y ein Stück des Weges mit. Kurz nach Fahrtantritt erleidet er einen Unfall, bei dem er sich offensichtlich schwer verletzt. Gefr Y, der sich nur geringfügige Verletzungen zugezogen hat, sagt zum Gefr X: »Du dämliches Rindvieh, noch nicht mal richtig Auto fahren kannst Du«, stiehlt ihm den Autoatlas und begibt sich nach Hause.
Gefr Y hat gegen die Pflicht zur Kameradschaft verstoßen, indem er den Gefr X schwer verletzt zurückließ und dessen Rechte auf Ehre sowie auf Eigentum nicht achtete.

3.1.6
Wahrheitspflicht (§ 13 SG)

In dienstlichen Angelegenheiten hat der Soldat die Wahrheit zu sagen.

Beispiele:
- Lt X, Hörsaaldienst, meldet zu Unterrichtsbeginn dem Insepktionschef, der Hörsaal sei vollzählig. Drei Minuten später kommt Lt Y, der noch zur Poststelle war und an den Lt X bei der Meldung nicht gedacht hatte, in den Hörsaal.
X hat mit seiner falschen Meldung gegen § 13 Abs. 1 SG verstoßen.
- OGefr O ist dringend verdächtig, BwKraftstoff entwendet zu haben. Vom KpChef nach vorheriger Belehrung vernommen, bestreitet der Soldat die Tat energisch, wird aber später des Dienstvergehens überführt.

OGefr O hat mit seiner falschen Aussage die Pflicht zur Wahrheit verletzt. Macht der Soldat von seinem Aussageverweigerungsrecht im Rahmen disziplinarer Ermittlungen keinen Gebrauch, hat er die Wahrheit zu sagen (§ 32 Abs. 4 Satz 4 WDO; vgl. auch ZDv 14/3 B 116. Danach keine Verletzung der Wahrheitspflicht als beschuldigter Soldat bei falschen Angaben gegenüber dem Wehrdisziplinaranwalt, den Wehrdienstgerichten, der Polizei und der Staatsanwaltschaft).
- Um seinem Gruppenführer, der ein Anhänger von Borussia Dortmund ist, zu imponieren, erzählt ihm PzGren P der Wahrheit zuwider, letzten Samstag bei dem Bundesligaspiel der Borussia gewesen zu sein.
Kein Verstoß gegen § 13 SG, da der Soldat nicht in *dienstlicher* Angelegenheit die Unwahrheit gesagt hat.

3.1.7
Pflicht zur Verschwiegenheit (§ 14 SG)

Der Soldat hat Stillschweigen über alle nicht jedermann zugänglichen dienstlichen Vorgänge zu wahren. Damit sind nicht nur die mit einer Geheimhaltungsstufe gekennzeichneten, sondern grundsätzlich alle nicht offenkundigen und geheimhaltungsbedürftigen dienstlichen Angelegenheiten gemeint. Bei Auskünften in Disziplinarangelegenheiten ist § 9 WDO in Verbindung mit ZDV 14/3 B 114 zu beachten.

Beispiele:
- Gefr G nennt dem örtlichen Kriegsdienstverweigererverband die Namen aller Mannschaften und Unteroffiziere der Kompanie.
- OGefr O, Protokollführer bei der Vernehmung des PzGren P, der dringend verdächtigt wird, zwei Dienstkfz beschädigt zu haben, erzählt abends auf der Stube, der Soldat habe das Dienstvergehen gestanden und er, OGefr O, habe bereits das Formular für den Disziplinararrest tippen müssen.
Auch im Verfahren vor den Wehrdienstgerichten besteht die Pflicht zur Verschwiegenheit (§ 14 Abs. 2 SG). Will der Soldat vor Gericht in der Pflicht zur Verschwiegenheit unterliegenden Angelegenheiten aussagen, so bedarf er gegebenenfalls der Genehmigung seines nächsten Disziplinarvorgesetzten (vgl. ZDv 14/3 B 166).

3.1.8
Politische Betätigung (§ 15 SG)

3.1.8.1
Im Dienst darf sich der Soldat nicht politisch betätigen (§ 15 Abs. 1 SG).

3.1.8.2
Innerhalb der dienstlichen Unterkünfte hat der Soldat sich so zu verhalten, daß die Gemeinsamkeit des Dienstes nicht ernstlich gestört wird; insbesondere darf er nicht als Werber für eine politische Gruppe auftreten (§ 15 Abs. 2 SG).

3.1.8.3
Bei politischen Veranstaltungen darf der Soldat keine Uniform tragen (§ 15 Abs. 3 SG).

3.1.8.4
Der Vorgesetzte darf seine Untergebenen nicht politisch beeinflussen (§ 15 Abs. 4 SG). Hinzu kommt die Pflicht, als Vorgesetzter im Unterricht politische Fragen nicht einseitig zu behandeln (§ 33 Abs. 1 Satz 2 und 3 SG).

Insgesamt zu § 15 SG:
vgl. Erlaß »Politische Betätigung von Soldaten, insbesondere bei Europa-, Bundestags-, Landtags- oder Kommunalwahlen« VMBl 1980 S. 533 und 1988 S. 25, ferner ZDv 37/10, Anlage 2.

Beispiele:
- Lt L, Zugführer, verteilt in Zivil nach Dienst vor der Kaserne an Soldaten Werbematerial der »Aktion 7. Partei«.
Kein Verstoß gegen § 15 SG, da sich der Soldat in Zivil außerhalb der dienstlichen Unterkünfte und Anlagen politisch betätigen darf. Anders ist es, wenn Lt L den Soldaten seines Zuges befiehlt, das Werbematerial entgegenzunehmen und zu lesen. Denn auf diese Weise versucht Lt L als Vorgesetzter seine Untergebenen unter Ausnutzung seiner Vorgesetztenstellung politisch zu beeinflussen und verstößt folglich gegen § 15 Abs. 4 SG (zugleich Verstoß gegen § 10 Abs. 4 SG).
- Gefr G, Angehöriger einer rechtsextremen Partei, hat auf dem Heck seines Pkws während des Bundestagswahlkampfs Hakenkreuze und ein Porträt von Göring angebracht. Verstoß gegen § 15 Abs. 2 SG, wenn der Soldat mit seinem Fahrzeug in die Kaserne fährt.
- Im Unteroffizierheim diskutieren einige Unteroffiziere über die Wahlprogramme der einzelnen Parteien. In dem Zusammenhang äußert StUffz S, das einzig gute Programm sei das der CSU, die anderen Parteien brächten zahlreiche Phrasen. Zulässige Meinungsäußerung, egal ob im oder außer Dienst, da das Recht, im Gespräch mit Kameraden seine Meinung in Achtung der gegenteiligen Ansicht anderer zu sagen, erlaubt ist (§ 15 Abs. 1 Satz 2 und Abs. 2 Satz 1, 2, 4 SG). Anders ist es, wenn StUffz S gerade im Hinblick auf Uffz U, SPD-Mitglied, äußert, das Programm der SPD sei das von politischen Wirrköpfen und Vaterlandsverrätern und die Parteimitglieder seien von Kommunisten kaum noch zu unterscheiden. Denn diese Bemerkung wird nicht mehr getragen von der Achtung des politisch Andersdenkenden. Sie stellt eine Verstoß gegen § 15 Abs. 2 Satz 1, 2 dar.

3.1.9
Verhalten in anderen Staaten (§ 16 SG)

Dem Soldaten ist es verboten, sich in die Angelegenheiten eines fremden Staates einzumischen. Dazu im einzelnen ZDv 25/1.

3.1.10
Verhalten in und außer Dienst (§ 17 SG)

3.1.10.1
Pflicht zur Disziplin und zur Achtung des Vorgesetzten (§ 17 Abs. 1 SG)

Beispiel:
- Gefr G sieht zufällig auf einem Tanzvergnügen in seinem Heimatort seinen Zugführer. Er schneidet ihm eine Fratze und sagt laut zu der ihn begleitenden jungen Dame: »Diese Kanaille ist mein Vorgesetzter.«
- OGefr O bezeichnet seinen Gruppenführer in einer Beschwerde als »mieses Subjekt«.

3.1.10.2
Allgemeine Wohlverhaltenspflicht (§ 17 Abs. 2 SG)

In § 17 Abs. 2 SG sind *mehrere* - insgesamt vier - *Dienstpflichten* enthalten:
Außer Dienst, außerhalb der militärischen Anlagen und Unterkünfte hat sich der Soldat so zu verhalten, daß er - § 17 Abs. 2 Satz 2 SG -
1. das Ansehen der Bundeswehr nicht *ernsthaft* beeinträchtigt,
2. Achtung und Vertrauen, die seine dienstliche Stellung erfordert, nicht ernsthaft beeinträchtigt.

Im Dienst und innerhalb der militärischen Anlagen und Unterkünfte hat sich der Soldat so zu verhalten, daß er - § 17 Abs. 2 Satz 1 SG -
3. das Ansehen der Bundeswehr nicht beeinträchtigt,
4. Achtung und Vertrauen, die sein Dienst als Soldat erfordert, nicht beeinträchtigt.

An das Verhalten des Soldaten außer Dienst und außerhalb der dienstlichen Anlagen und Unterkünfte werden also wesentlich geringere Anforderungen gestellt als im Dienst und in militärischen Bereichen. Nicht jedes außerdienstliche Fehlverhalten eines Soldaten stellt eine ernsthafte Achtungsschädigung, geschweige denn eine ernsthafte Ansehensschädigung dar. Eine ernsthafte Ansehensschädigung liegt erst vor, wenn das Verhalten des Soldaten geeignet ist, sich auf das Ansehen der Bundeswehr in der Öffentlichkeit *in erheblichem Maße nachteilig* auszuwirken. Häufig wird aber ein außerdienstliches Fehlverhalten von Soldaten aus der Sicht des verständigen, objektiven Beobachters nicht negativ auf die Bundeswehr zurückfallen und ihr nicht zuzurechnen sein. Dies trifft regelmäßig für Straftaten und Ordnungswidrigkeiten geringeren Gewichts zu, wie z.B. geringfügige Vermögens-, Körperverletzungs-, Verkehrs- oder Sittlichkeitsdelikte sowie Verstöße gegen die StVO.

Beispiele:
- Gefr X fährt nach Dienst in Uniform mit seinem Pkw nach Hause. Am Ortsausgang von Altneustadt gerät er infolge überhöhter Geschwindigkeit auf die Gegenfahrbahn und kollidiert mit einem entgegenkommenden Fahrzeug, dessen Fahrer eine Gehirnerschütterung erleidet.

Gefr X hat nicht gegen § 17 Abs. 2 Satz 2 verstoßen. Durch den von ihm verschuldeten Unfall kann insbesondere das Ansehen der Bundeswehr nicht ernsthaft geschädigt werden. Das außerdienstliche Fehlverhalten des Soldaten, ein Versagen, das im Straßenverkehr alltäglich und nicht typisch für Soldaten ist, kann der Bundeswehr von der Allgemeinheit nicht angelastet werden.

- Gefr Y, Panzerfahrer, fährt nach Dienst in Uniform mit seinem Pkw zum Lokal »Zum Löwen«, spricht dort dem Alkohol beträchtlich zu und fährt anschließend weiter zum Soldatenheim. Dort gerät er in eine Verkehrskontrolle. Die auf Veranlassung der Polizei durchgeführte Blutprobe ergibt bei dem Soldaten eine Blutalkoholkonzentration von 1,89 ‰.

Auch hier hat der Soldat trotz der von ihm begangenen Straftat der Trunkenheit im Verkehr aus denselben Gründen wie im ersten Beispiel dem Ansehen der Bundeswehr keinen ernsthaften Schaden zugefügt. Aber er hat durch seine Tat ernsthaft Achtung und Vertrauen beeinträchtigt, die seine dienstliche Stellung erfordert, und aus diesem Grund die Pflicht nach § 17 Abs. 2 Satz 2 SG verletzt. Denn in seiner dienstlichen Stellung als Panzerfahrer, die er bisher innehatte und für die er ausgebildet ist, kann er jetzt nicht mehr verwendet werden.

- Hptm H, KpChef, trinkt in der Mittagspause mehrere Gläser Cognac. Während des Nachmittagsdienstes fährt er mit seinem Privatkfz in den Standort und stößt infolge alkoholbedingter Fahruntüchtigkeit gegen einen ordnungsgemäß abgestellten Lkw.

Was die Trunkenheitsfahrt angeht, so hat Hptm H nicht gegen § 17 Abs. 2 Satz 2 SG verstoßen, da er sich zur Tatzeit im Dienst befand. Aber er hat § 17 Abs. 2 Satz 1 SG verletzt. Hierfür kommt es nur darauf an, ob das Fehlverhalten geeignet war, das Ansehen der Bundeswehr oder Achtung und Vertrauen, die der Dienst als Soldat erfordert, zu beeinträchtigen (also nicht: ernsthaft zu beeinträchtigen). Hptm H ist durch die Trunkenheitsfahrt nicht der Achtung und dem Vertrauen gerecht geworden, die sein Dienst als Soldat erfordert, und hat insoweit seine Pflicht nach § 17 Abs. 2 Satz 1 SG außer acht gelassen. Ein Disziplinarvorgesetzter, der gegebenenfalls gleichartige Dienstvergehen seiner Soldaten disziplinar zu würdigen hat, macht sich bei seinen Untergebenen unglaubwürdig, wenn sie von der Tat erfahren.

- Gefr Z wird dabei ertappt, wie er am Wochenende in einem Warenhaus im Standort eine Flasche Whisky stiehlt.

Der Soldat hat nicht gegen § 17 Abs. 2 Satz 2 SG verstoßen, insbesondere ist die Tat nicht geeignet, das Ansehen der Bundeswehr ernsthaft zu schädigen (selbst wenn Gefr Z in Uniform war). Denn eine derartige, immer wieder vorkommende Straftat kann von der Öffentlichkeit bei verständiger Betrachtung nicht der Bundeswehr zugerechnet werden. *Anders* ist es, wenn Fw F, Zugführer, den Ladendiebstahl begangen hat. Zwar hat auch er durch sein Fehlverhalten nicht ernsthaft das Ansehen der Bundeswehr beeinträchtigt. Aber er hat ernstlich Achtung und Vertrauen geschädigt, die seine dienstliche Stellung gebietet. Die dienstliche Stellung des Vorgesetzten erfordert ein höheres Maß von Achtung und Vertrauen als bei einem Soldaten ohne Vorgesetzteneigenschaft. Wer als Vorgesetzter – wie Fw F – eine solche Tat begeht, erleidet eine erhebliche Einbuße an Vertrauen bei seinen Vorgesetzten und genießt nicht mehr die notwendige Achtung seiner Kameraden und Untergebenen, falls diesen die Tat bekannt wird.

3.1.10.3
Wohlverhaltenspflicht nach Ausscheiden aus dem Wehrdienst (§ 17 Abs. 3 SG)

Offiziere und Unteroffiziere haben sich nach ihrem Dienstzeitende so zu verhalten, daß sie in ihrem Dienstgrad wiederverwendet werden können (vgl. auch § 23 Abs. 2 Nr. 2 SG).

Beispiele:
- Leutnant d.R. Ludwig führt einen Demonstrationszug vor die Kaserne in Niederdorf, wo die Demonstranten unter seiner Leitung gewaltsam das Ausfahren von Dienstfahrzeugen zu einer Übung zu verhindern versuchen.
- Von Hauptmann a.D. Hans wird bekannt, daß er mehrere Bankeinbrüche begangen hat.

3.1.10.4
Pflicht zur Erhaltung der Gesundheit (§ 17 Abs. 4 Satz 1, 2 SG)

Beispiele:
- Aus Enttäuschung darüber, daß er die Offizierprüfung nicht bestanden hat, beschließt Fähnr F, aus dem Leben zu scheiden. Er schneidet sich die Pulsadern auf, kann aber gerettet werden. Ein ernsthafter Selbstmordversuch stellt keinen Verstoß gegen § 17 Abs. 4 Satz 1 SG dar, da der Soldat in einem solchen Fall nicht die Absicht hat, seine Gesundheit zu beeinträchtigen, sondern sein Leben zu beenden (daher machte Fähnr F sich auch nicht wegen Selbstverstümmelung - § 17 WStG - strafbar!).
- Gefr X ist durch den ständigen Konsum von Haschisch und Heroin körperlich derart geschädigt, daß er seinen Dienst nicht mehr ordnungsgemäß versehen kann. Verstoß gegen § 17 Abs. 4 Satz 1 SG.
- Gefr Y verursacht infolge zu hoher Geschwindigkeit auf einer Dienstfahrt einen Unfall, bei dem er mit dem Kopf gegen die Windschutzscheibe prallt und eine schwere Gehirnerschütterung erleidet. Es wird festgestellt, daß der Soldat eine derart schwere Kopfverletzung nicht davongetragen hätte, wenn er den Sicherheitsgurt angelegt hätte.
Gefr Y hat die Pflichten zum Gehorsam (vgl. ZDv 43/2 Nr. 124) und zur Erhaltung seiner Gesundheit verletzt.
- OFw O meldet sich mit starken Rückenschmerzen krank. Der den Soldaten untersuchende Orthopäde ist der zutreffenden Ansicht, daß eine Operation erforderlich sei. OFw O ist nicht verpflichtet, sich operieren zu lassen, da er - § 17 Abs. 4 Satz 3 SG - Eingriffe in seine körperliche Unversehrtheit gegen seinen Willen nur zu dulden hat, wenn es sich um Maßnahmen zur Verhütung und Bekämpfung übertragbarer Krankheiten handelt. Lehnt er die Operation ab, so kann ihm daraus nicht der Vorwurf gemacht werden, er habe gegen seine Pflicht zur Gesunderhaltung

verstoßen; selbst dann nicht, wenn OFw O durch die Operation geheilt werden kann, die von ihm bevorzugte Massagebehandlung aber ohne Erfolg geblieben ist.

3.1.11
Pflicht zum Wohnen in der Gemeinschaftsunterkunft und zur Teilnahme an der Gemeinschaftsverpflegung (§ 18 SG)

Dazu im einzelnen:
- ZDv 70/1 Anlage 1 zu Anhang Teil A.

3.1.12
Verbot der Annahme von Belohnungen (§ 19 SG)

In bezug auf seinen Dienst darf der Soldat, auch nach Ausscheiden aus dem Wehrdienst, Belohnungen und Geschenke grundsätzlich nicht annehmen. Wer im einzelnen unter welchen Voraussetzungen die Annahme von Geschenken und Belohnungen genehmigen kann, ergibt sich aus
- VMBl 1991 S. 270.

3.1.13
Nebentätigkeit (§ 20 SG)

Der Berufssoldat und der Soldat auf Zeit bedürfen im Gegensatz zu dem aufgrund der Wehrpflicht Wehrdienst leistenden Soldaten zu einer Nebentätigkeit der vorherigen Genehmigung des Disziplinarvorgesetzten. In einzelnen:
- VMBl 1999 S. 190.

3.1.14
Vormundschaft und Ehrenämter (§ 21 SG)

Der Soldat bedarf zur Übernahme des Amtes der Vormundschaft, des Pflegers, des Beistandes und einer ehrenamtlichen Tätigkeit der Genehmigung des Disziplinarvorgesetzten.

Zu 3.2.
- Schuld -

Dienstpflichtverletzung und Dienstvergehen sind nicht dasselbe. Ein Dienstvergehen liegt erst vor, wenn der Soldat seine Pflichten *schuldhaft* verletzt (§ 23 Abs. 1 SG). *Schuld* besagt, daß dem Soldaten der persönliche Vorwurf zu machen ist, nicht richtig gehandelt zu haben, obwohl er hätte richtig handeln können, und daß er aus diesem Grund für sein Verhalten zur Verantwortung gezogen werden kann (ohne Schuld keine disziplinare Ahndung!).

Beispiel:
- Gefr G wird auf einer Dienstfahrt plötzlich ohnmächtig. Infolgedessen verliert er die Herrschaft über das Dienstkfz und rast gegen eine Steinmauer. Er sowie sein Beifahrer werden schwer verletzt, an dem Fahrzeug entsteht Totalschaden.
Durch sein objektiv falsches Verhalten hat Gefr G zwar seine Pflichten zum treuen Dienen, zur Kameradschaft sowie zur Gesunderhaltung verletzt. Aber er handelte nicht schuldhaft, da ihm der Unfall und seine Folgen nicht vorgeworfen werden können. Anders wäre es, wenn der Unfall darauf zurückzuführen wäre, daß der Soldat infolge zu hoher Geschwindigkeit mit dem Fahrzeug gegen die Mauer gestoßen wäre. Dann wäre der Fahrfehler vermeidbar gewesen und folglich dem Gefr G anzulasten.

Zur Schuld im einzelnen:
Schuldhaft handelt der Soldat regelmäßig dann, wenn er seine Dienstpflichten *vorsätzlich oder fahrlässig* verletzt.

3.2.1
Vorsatz
Vorsätzlich handelt, wer mit Wissen und Wollen seine Pflichten außer acht läßt. Bei Vorsatz ist also dem Soldaten vorzuhalten: »Du wußtest und wolltest, was Du tatest.«

Beispiele:
- Gefr G schießt mit seinem Gewehr G 36 auf den PzGren P, um ihn zu verletzen. Es liegt Vorsatz vor, da Gefr G den PzGren P verletzen wollte.
- Gefr G schießt mit dem Gewehr auf den PzGren P, ohne genau zu wissen, ob die Waffe geladen ist, und mit der Einstellung »na wenn schon, denn schon«.
Auch hier handelt Gefr G vorsätzlich (sog. bedingter Vorsatz). Zwar weiß er nicht sicher, ob er den PzGren P verletzen wird, rechnet aber mit der Möglichkeit der Verletzung (bedingtes Wissen) und nimmt sie billigend in Kauf. Inkaufnahme ist auch eine Form des Wollens. *Anders* wäre es, wenn Gefr G irrtümlich angenommen hätte, das Gewehr sei ungeladen gewesen. Dann hätte er eine Verletzung auch nicht in Kauf genommen (vgl. aber Lösung des ersten Beispiels zur Fahrlässigkeit).
- Auf einem engen Flur der Unterkunft rennt PzGren P unabsichtlich gegen seinen Gruppenführer, Uffz U. Dieser gibt dem Soldaten in seiner Erregung eine Ohrfeige.
Uffz U handelte mit Vorsatz. Trotz Affekt wußte er, was er tat, und wollte es auch. Er kam zu der Erkenntnis, daß sich PzGren P ihm gegenüber ungehörig verhalten habe und daß er dies nicht dulden könne. Aus diesem Grund ohrfeigte er den Soldaten.

3.2.2
Fahrlässigkeit
Fahrlässig handelt der Soldat, der die im Verkehr erforderliche Sorgfalt außer acht läßt und daher in voraussehbarer und vermeidbarer Weise gegen seine Dienst-

pflichten verstößt. Bei Fahrlässigkeit ist dem Soldaten also vorzuhalten: »Du hättest wissen müssen, was Du tatest.« Regelmäßig liegt schon bei einer fahrlässigen Verletzung von Dienstpflichten Verschulden und folglich ein Dienstvergehen vor (vgl. im Gegensatz dazu Schuld bei der Straftat in »Die Straftat und die Abgabe an die Staatsanwaltschaft« 1).

Beispiele:

- Gefr G zielt mit der Pistole P8 auf den PzGren P in der irrigen Meinung, die Waffe sei nicht geladen, und verletzt ihn erheblich.

Gefr G handelte fahrlässig. Er hätte damit rechnen müssen, daß die Waffe geladen war (vgl. auch ZDv 3/15 Kapitel 13).

- Gefr G hatte bis Montag, 0200 Uhr, Wochenendausgang. Am Sonntagabend gegen 2300 Uhr fährt er mit seinem Pkw von seinem 185 km entfernten Heimatort ab. Auf halber Strecke erleidet er einen Unfall, weil ihm jemand die Vorfahrt nimmt. An seinem Fahrzeug entsteht nahezu Totalschaden. Der Soldat nimmt vom Unfallort den nächsten Zug zum Standort und kommt um 0457 Uhr in der Kompanie an.

Den Soldaten trifft an der Verspätung keine Schuld, auch nicht in Form der Fahrlässigkeit. Er war rechtzeitig von zu Hause aufgebrochen und konnte mit dem Unfall und dem dadurch entstandenen Zeitverlust nicht rechnen. Bei dem Unfall handelt es sich um ein zufälliges, also nicht vorhersehbares Ereignis (Zufall und höhere Gewalt im Gegensatz zur Fahrlässigkeit!).

- OGefr O wohnt etwa 270 km vom Standort entfernt. Er hat Wochenendausgang bis Montag, den 03.11., 0600 Uhr. Wie den ganzen Sommer über fährt der Soldat gegen 0300 Uhr von zu Hause ab. Infolge aufkommenden starken Nebels muß er über eine größere Fahrstrecke seine Geschwindigkeit erheblich herabsetzen und trifft aus diesem Grund erst um 0647 Uhr in der Kompanie ein.

Der Soldat hat sich fahrlässig verhalten. Denn zu dieser Jahreszeit muß er mit solchen Witterungsverhältnissen rechnen und sich darauf durch früheres Abfahren von zu Hause einstellen. Die Verspätung ist also nicht auf Zufall oder höhere Gewalt zurückzuführen.

- Fall wie zuvor. Ferner: OGefr O hatte in den Wetternachrichten am Sonntagabend von starkem Nebel zwischen Heimatort und Standort gehört und bei sich gedacht, die drei Stunden Fahrtzeit müßten dennoch, wie bisher, schon ausreichen. Auch hier liegt Fahrlässigkeit vor, da OGefr O nach den Wetternachrichten erst recht hätte wissen müssen, daß drei Stunden Fahrzeit für 270 km dieses Mal nicht mehr genügen würden. Vorsatz entfällt, da der Soldat nicht zu spät kommen wollte.

- Fall wie zuvor. Aber: Nach den Wettermeldungen sagt sich OGefr O, drei Stunden Fahrzeit seien sehr knapp bemessen, er werde es aber »darauf ankommen lassen«. Ihn trifft der Vorwurf des Vorsatzes, da er die Verspätung für möglich hielt (bedingtes Wissen) und sie in Kauf nahm, also wollte.

- Am Ende einer Dienstfahrt hat Gefr G das Dienstkfz in eine Halle zurückzusetzen. Obwohl ihm die unmittelbare Sicht nach hinten versperrt ist und er weiß, sich jetzt eines Einweisers bedienen zu müssen, fährt er in der Hoffnung zurück, es

werde schon nichts passieren. Dabei übersieht er den zwischen Fahrzeug und Hallentor stehenden PzGren P.
Gefr G hat die Pflicht zum Gehorsam vorsätzlich verletzt, da er sich bewußt und gewollt über den Befehl, einen Einweiser zu benutzen (ZDv 43/2 Nr. 616), hinweggesetzt hat. Die Pflicht zur Kameradschaft hat er dagegen fahrlässig außer acht gelassen, da er niemanden verletzen wollte. Aber er hätte wissen müssen, daß sich beim Rückwärtsfahren ohne Einweiser bei behinderter Sicht ein Unfall mit derartigen Folgen ereignen kann.
- Am Abend des 05.10. findet im Standort eine Wahlversammlung der XYZ-Partei statt. Einige dienstältere Stubenkameraden des zum 01.10. einberufenen PzGren P und ihr Gruppenführer wollen die Veranstaltung besuchen. Sie überreden den PzGren P mitzugehen. Da die Stubenkameraden und auch der Gruppenführer Uniform tragen, geht auch PzGren P in Uniform zu der Veranstaltung. Er war bisher nicht über das Uniformverbot belehrt worden.
PzGren P hat kein Dienstvergehen begangen. Zwar hat er gegen die Pflicht nach § 15 Abs. 3 SG verstoßen. Ihn trifft aber kein Verschulden. Er handelte nicht fahrlässig, da er als junger Soldat, der über seine Pflichten nicht unterrichtet war und sich an seinen älteren Stubenkameraden sowie einem Vorgesetzten orientierte, nicht wissen konnte, daß er etwas Unerlaubtes tat.
Der Satz »Unkenntnis schützt vor Strafe nicht« ist nicht immer richtig. Wenn die Unkenntnis nicht auf Fahrlässigkeit beruht und damit nicht verschuldet ist, darf sie dem Soldaten nicht angelastet werden (vgl. §§ 17 StGB, 22 Abs. 2 WStG; die irrige Annahme, ein Befehl verstieße gegen die Menschenwürde oder sei ohne dienstlichen Zweck, befreit allerdings nur von der Verantwortung, wenn neben der Unvermeidbarkeit des Irrtums dem Soldaten nicht zuzumuten war, sich mit Rechtsbehelfen gegen den Befehl zu wehren - §§ 11 Abs. 1 Satz 2 SG, 22 Abs. 3 WStG -).

3.2.2.1
Arten der Fahrlässigkeit

Es gibt zwei Formen der Fahrlässigkeit:
- *leichte* Fahrlässigkeit
  und
- *grobe* Fahrlässigkeit.

Leicht fahrlässig handelt, wer die gebotene Sorgfalt in gewöhnlichem Maße vermissen läßt. Grob fahrlässig handelt, wer die erforderliche Sorgfalt in ungewöhnlich starkem Maße außer acht läßt. Das ist dann der Fall, wenn jemand etwas nicht beachtet, was im gegebenen Fall jedem ohne weiteres einleuchten muß, oder - anders gesagt - wenn der Fehler nach dem Ausbildungs- und Wissensstand schlechterdings nicht unterlaufen darf.

Beispiele:
- Trotz dichten Nebels setzt HptGefr H auf einer Dienstfahrt die Geschwindigkeit nicht herab und fährt infolgedessen auf ein vor ihm fahrendes Fahrzeug auf: grobe Fahrlässigkeit.

- Gefr G, der erst vor kurzem die Fahrerlaubnis erworben hat, hat ein Dienstkfz in eine schwierige Parklücke zu setzen und stößt dabei gegen ein abgestelltes Fahrzeug: leichte Fahrlässigkeit.

Grundsätzlich genügt als Verschuldensform beim Dienstvergehen bereits leichte Fahrlässigkeit. Die Pflicht zur Gesunderhaltung ist aber erst dann schuldhaft verletzt, wenn der Soldat gegen sie mindestens grob fahrlässig verstößt (§ 17 Abs. 4 Satz 2 SG). Der Unterschied zwischen grober und leichter Fahrlässigkeit ist ferner von Bedeutung für die disziplinare Entscheidung. Denn das Maß der Schuld ist bei grober Fahrlässigkeit größer als bei leichter Fahrlässigkeit (vgl. »Die disziplinare Entscheidung« 3.2.3 und 3.2.14). Schließlich kann die Frage, ob der Soldat grob oder leicht fahrlässig seine Pflichten verletzt hat, wichtig für die Haftung auf Schadensersatz sein (vgl. § 24 Abs. 1 Satz 1 SG sowie »Sonstige Folgen eines Dienstvergehens« 4).

3.2.3
Rechtfertigungs- und Schuldausschließungsgründe

Ausnahmsweise begeht der Soldat trotz vorsätzlicher oder fahrlässiger Verletzung seiner Dienstpflichten kein Dienstvergehen. Dies ist dann der Fall, wenn für sein Verhalten ein Rechtfertigungs- oder Schuldausschließungsgrund vorhanden ist.

Beispiele:
- Der schwächliche Gefr G wird im Waschraum grundlos von dem ihm körperlich erheblich überlegenen OGefr O mit den Fäusten angegriffen. Die einzige Möglichkeit, sich gegen die massiven Faustschläge des Obergefreiten zu wehren, besteht für den Gefreiten darin, dem nächsten Schlag den im Waschraum hängenden Spiegel entgegenzuhalten. OGefr O schlägt - wie vom Gefr G vorhergesehen - infolgedessen gegen den Spiegel, der zerbricht, und zieht sich erhebliche Schnittverletzungen zu.
Gefr G hat zwar objektiv gegen die Pflicht zum treuen Dienen und zur Kameradschaft verstoßen. Er handelte auch vorsätzlich, da er die Verletzung des OGefr O und die Beschädigung des Spiegels in Kauf nahm. Dennoch beging er kein Dienstvergehen, da er gegenüber OGefr O in Notwehr handelte und sich hinsichtlich des Sachschadens auf Notstand berufen kann.

Die wichtigsten Rechtfertigungs- und Schuldausschließungsgründe sind:

3.2.3.1
Notstand (§§ 34, 35 StGB),

3.2.3.2
Notwehr (§ 32 StGB),

3.2.3.3
Handeln auf Befehl (§ 11 Abs. 2 SG, § 5 WStG),

3.2.3.4
Schuldunfähigkeit (§ 20 StGB).

Zu 3.2.3.1
Notstand (§§ 34, 36 StGB)

Beispiele:
- PzGren P, der dem Zapfenstreich unterliegt, kam erst um 2245 Uhr auf seine Stube. Grund für das Zuspätkommen war, daß der Soldat Zeuge eines schweren Verkehrsunfalls wurde und Erste Hilfe leistete.

Zwar hat der Soldat vorsätzlich gegen die Pflicht zum Gehorsam verstoßen, da er in Kauf nahm, aufgrund der Hilfeleistung den Zapfenstreich zu überschreiten. Aber er handelte in einem Notstand - § 34 StGB -, da er sich in dem bestehenden Pflichtenwiderstreit, hier Pflicht zum Gehorsam, dort Pflicht zur Hilfeleistung, zugunsten des höherwertigen Rechtsguts entschied.

- Es ergeht der Befehl zum Sturmangriff. Mehrere Soldaten verweigern den Gehorsam, da die Überlebenschance bei der Durchführung des Angriffs tatsächlich sehr klein ist.

Eigentlich liegt hier ein Fall des schuldausschließenden Notstandes vor, da die Soldaten in einer gegenwärtigen, nicht anders abwendbaren Gefahr für ihr Leben den Ungehorsam begehen, um sich dieser Gefahr zu entziehen (vgl. § 35 Abs. 1 Satz 1 StGB). Ihnen muß aber zugemutet werden, solche Gefahren auf sich zu nehmen; denn Furcht vor persönlicher Gefahr entschuldigt den Soldaten nicht, wenn die soldatische Pflicht verlangt, die Gefahr zu bestehen (§§ 35 Abs. 1 Satz 2 StGB, 6 WStG). Die Pflicht, Recht und Freiheit des deutschen Volkes tapfer zu verteidigen, fordert vom Soldaten äußerste Lebensgefahr. Allerdings kann nicht von ihm verlangt werden, in den sicheren Tod zu gehen (»Kamikazebefehl«); eine - wenn auch nur geringe - Aussicht zu überleben muß gegeben sein.

Zu 3.2.3.2
Notwehr (§ 32 StGB)

Notwehr ist die Verteidigung, die erforderlich ist, um einen gegenwärtigen rechtswidrigen Angriff von sich oder einem anderen (sog. Nothilfe) abzuwehren. Durch Notwehr ist jedes Rechtsgut geschützt, also z.B. Ehre, Eigentum, Hausrecht, Leib und Leben.

Beispiel:
- Gefr X wird Zeuge, wie Gefr Y das Wertfachschloß des Gefr Z aufbricht, einen 50-DM-Schein herausnimmt und in seine Brieftasche stecken will. Ist Gefr Y nicht auf Aufforderung des Gefr X bereit, das Geld zurückzugeben, so ist Gefr X berechtigt, zur Abwehr dieses gegenwärtigen rechtswidrigen Angriffs auf das Eigentum des Gefr Z dem Gefr Y den Geldschein gewaltsam wegzunehmen.

Zu 3.2.3.3
Handeln auf Befehl (§§ 11 Abs. 2 SG, 5 Abs. 1 WStG)

Begeht ein Untergebener auf Befehl eine rechtswidrige Tat, die nicht den Tatbestand eines Strafgesetzes (insbesondere WStG, StGB) verwirklicht, liegt also vor allem ein zwar rechtswidriger, aber verbindlicher Befehl vor, so trifft ihn keine Schuld.

Beispiele:
- PzGren P, der die zivile Fahrerlaubnis Klasse 2, aber keine Bundeswehrfahrerlaubnis besitzt, erhält von seinem KpChef, OLt O, den Befehl, mit einem Lkw 1,5 t gl Unimog eine Dienstfahrt durchzuführen. Der Soldat gehorcht.
PzGren P hat dadurch, daß er den Befehl des KpChefs befolgte, gegen den Befehl verstoßen, Bundeswehrfahrzeuge nur mit der entsprechenden Bundeswehrfahrerlaubnis fahren zu dürfen (ZDv 43/1 Nr. 101). Diese Gehorsampflichtverletzung hat der Soldat aber nicht schuldhaft begangen. Denn der Befehl des KpChefs war zwar rechtswidrig, da er gegen eine Dienstvorschrift gerichtet war. Er war aber verbindlich, da durch das Befolgen dieses Befehls keine Straftat begangen wurde. Anders wäre es, wenn PzGren P auch nicht die zivile Fahrerlaubnis besessen hätte. Der Soldat hätte dann, wenn er gehorcht hätte, eine Straftat - Fahren ohne Fahrerlaubnis (§ 21 StVG) - begangen. Der Befehl des KpChefs wäre also unverbindlich gewesen. Aber auch wenn ein Soldat einen Befehl zu einer Straftat befolgt, handelt er nur dann schuldhaft, wenn er erkennt oder wenn es für ihn unschwer erkennbar ist, daß es sich um eine Straftat handelt (§§ 11 Abs. 2 Satz 2 SG, 5 Abs. 1 WStG).
- Der Spähtruppführer, Uffz U, befiehlt den Soldaten seines Trupps, die schon seit etwa acht Stunden ohne Nahrung sind, sich jeder zwei Äpfel von dem Apfelbaum des Bauern B zu nehmen. Die Soldaten geben zu bedenken, daß durch den Befehl in fremdes Eigentum eingegriffen würde. Uffz U zerstreut aber ihre Bedenken mit dem Hinweis, zu dem Befehl sei er in dieser Situation befugt, ja wegen seiner Fürsorgepflicht sogar verpflichtet. Die Soldaten sind nicht darüber belehrt worden, daß seit dem 01.01.1975 die Entwendung geringwertiger Nahrungsmittel ein Vergehen und nicht mehr eine Übertretung ist. Die Soldaten trifft bei der Wegnahme der Äpfel kein Verschulden. Zwar liegt hier ein unverbindlicher Befehl vor, da durch die Entwendung des Obstes der Straftatbestand des Diebstahls geringwertiger Sachen - § 248a StGB - erfüllt ist. Somit können sich die Untergebenen nicht auf den Schuldausschließungsgrund des Handelns auf verbindlichen Befehl berufen. Die Soldaten wußten aber nicht, daß sie eine Straftat begingen. Da dies auch nach der Antwort des Spähtruppführers auf ihre Gegenvorstellung für sie nicht offensichtlich war, handelten sie nicht schuldhaft (§§ 11 Abs. 2 Satz 2 SG, 5 Abs. 1 WStG).

Zu 3.2.3.4
Schuldunfähigkeit (§ 20 StGB)

Ohne Schuld handelt, wer bei Begehen der Tat wegen einer seelischen Störung unfähig ist, das Unrecht der Tat einzusehen oder nach dieser Einsicht zu handeln. Solche die Schuldfähigkeit ausschließende Störungen können z.B. Ohnmacht, Hirnverletzungen oder ein Rauschzustand sein.

Beispiel:
- Weil er sich unwohl fühlt, begibt sich Lt L zum Truppenarzt. Dieser gibt ihm eine Spritze, die, was der Arzt dem Leutnant zu sagen vergessen hatte, einschläfernde Wirkung haben kann. Lt L schläft ca. zwanzig Minuten später am Steuer seines Wagens plötzlich ein und verursacht dadurch einen schweren Verkehrsunfall. Ihn trifft an dem Unfall keine Schuld, da er zur Tatzeit aufgrund seines - für ihn unvorhersehbaren - Zustandes nicht schuldfähig war.

Trunkenheit und Schuld

1. Vollrausch: Wer infolge der Aufnahme alkoholischer Getränke oder anderer berauschender Mittel (z.B. Haschisch, Opium, LSD) unfähig ist, das Unerlaubte seines Tuns einzusehen oder nach dieser Einsicht zu handeln, ist in dieser Verfassung gem. § 20 StGB nicht schuldfähig. Ein derartiger Rauschzustand ist in der Regel bei einer Blutalkoholkonzentration ab 3 ‰ anzunehmen (zur Blutprobe vgl. »Die Ermittlungen des Disziplinarvorgesetzten« 5.1). Dies bedeutet aber nicht, daß der Soldat, der sich in einem solchen Rausch falsch verhält, für dieses Fehlverhalten nicht verantwortlich gemacht werden kann. Wer sich vorsätzlich oder fahrlässig in einen seine Schuldfähigkeit ausschließenden Rausch versetzt und in diesem Zustand seine Dienstpflichten verletzt, muß sich vorwerfen lassen, sich schuldhaft in diesen Zustand gebracht zu haben (sog. Vollrausch; entsprechende Anwendung von § 323a StGB).

Beispiele:
- OGefr O feiert mit Kameraden seinen Geburtstag. Dabei spricht er bis zum anderen Morgen gegen 0400 Uhr so erheblich dem Alkohol zu, daß er für den ganzen Tag nicht dienstfähig ist. Als er um 0427 Uhr das Kompaniegebäude volltrunken betritt, verweigert er den Gehorsam auf den Befehl der UvD, hier nicht zu grölen, nennt den UvD einen Trottel und droht ihm eine Tracht Prügel an.
Zwar ist OGefr O aufgrund des genossenen Alkohols um 0427 Uhr und auch noch zu Dienstbeginn in einem Vollrausch und damit zu dem Zeitpunkt, als er gegen die Pflichten nach den §§ 11, 12, 17 Abs. 1 SG verstößt, nicht schuldfähig. Sein Verschulden besteht aber darin, daß er sich schuldhaft betrunken hat.
- Unbemerkt wirft Gefr G dem PzGren P ein Mittel in dessen Bierglas. PzGren P trinkt das Bier aus, ohne das Mittel zu schmecken. Das Mittel hat zur Folge, daß sich P nach einer Stunde in einem Vollrausch befindet und gegen den Kantinier und die weibliche Bedienung tätlich wird.
PzGren P hat nicht schuldhaft gehandelt, da er sich weder vorsätzlich noch fahrlässig in den Rauschzustand versetzt hat.

2. Verminderte Schuldfähigkeit (§ 21 StGB)
Vom Vollrausch scharf zu unterscheiden ist die durch den Alkohol oder andere berauschende Mittel auftretende verminderte Schuldfähigkeit. In solchen Fällen ist der Soldat nicht volltrunken, aber angetrunken (in der Regel unter 3 ‰). Er ist dann häufig durch den Alkohol enthemmt. Die Fähigkeit, das Unrecht der Tat ein-

zusehen und nach dieser Einsicht zu handeln, ist zwar vorhanden, aber erheblich vermindert. Der Täter ist zwar schuldfähig; aber das Maß der Schuld ist grundsätzlich nicht so groß, wie wenn er sich in nüchternem Zustand falsch verhalten hätte (§ 21 StGB). Daher wird sein Fehlverhalten regelmäßig milder geahndet werden. Dem steht aber im soldatischen Bereich § 7 WStG entgegen. Danach stellt die selbstverschuldete Trunkenheit bzw. der selbstverschuldete Rausch anderer Art keinen Schuldminderungsgrund dar, wenn die Tat eine militärische Straftat ist, gegen das Kriegsvölkerrecht verstößt oder in Ausübung des Dienstes begangen wird. Diese Vorschrift aus dem strafrechtlichen Bereich *gilt nicht entsprechend* für die Ahndung von Dienstvergehen.

Beispiel:

- Fall des OGefr O. Aber: Der Soldat war nicht volltrunken, sondern nur angetrunken. Er hatte in der Zeit von 1830 Uhr bis 0430 Uhr je sechs Gläser Bier und Schnaps getrunken.

Wenn feststeht, daß OGefr O in nüchternem Zustand nicht gelärmt und sich dem UvD gegenüber korrekt verhalten hätte, sein Fehlverhalten also auf den Alkoholgenuß zurückzuführen ist, muß ihm diese alkoholbedingte verminderte Zurechnungsfähigkeit zugute gehalten werden.

Merke:

Ein *Dienstvergehen* setzt voraus:

1. Verstoß gegen Dienstpflichten (insbesondere die Pflichten nach den §§ 7, 8, 10-21 SG)

und

2. Vorsatz oder Fahrlässigkeit

und

3. das Fehlen von Rechtfertigungs- und Schuldausschließungsgründen.

Fragen zum Kapitel »Das Dienstvergehen«

Prüfen Sie die Fälle bezüglich aller Soldaten auf das Vorliegen von Dienstvergehen!

Dazu:
a) Welche Dienstpflichten wurden gegebenenfalls verletzt?
b) Wurden die Pflichtverletzungen vorsätzlich oder fahrlässig begangen?

1. Im Lokal »Zum Hirsch« wird Gefr G von zwei erheblich angetrunkenen zivilen Gästen grundlos angegriffen. Die am Nachbartisch sitzenden HptGefr X und Y sehen der Auseinandersetzung interessiert zu.

2. Obwohl auch noch gegen 0130 Uhr auf Stube 110 der Geburtstag des OGefr O lautstark gefeiert wird, schreitet der UvD, Uffz U, nicht ein.

3. PzGren P stört trotz des mehrfach gegebenen Befehls, Ruhe zu halten, immer wieder durch sein Dazwischenreden die Fernmeldeausbildung. Nunmehr nimmt ihn der Gruppenführer, Uffz U – der KpChef ist nicht auf der Stelle erreichbar –, fest und läßt ihn fesseln.

4. Gefr G verteilt nach Dienst in Zivil vor der Kaserne Werbematerial der Bayernpartei.

5. Kan K gerät unverschuldet in wirtschaftliche Not. Der Stubenkamerad Gefr G verfügt über größere Barmittel. Dennoch ist er nicht bereit, dem Kan K finanziell zu helfen.

6. Gefr G war lt. Befehl, der am Schwarzen Brett aushing, für Samstag, den 15.02., 0700 Uhr, als GvD eingeteilt. Da er sich verlesen hatte, trat er seinen Dienst erst am 16.02., 0700 Uhr, an.

7. OGefr O äußert nach Dienstschluß lautstark im Soldatenheim: »Unsere Demokratie ist doch Mist. Die einzig richtige Politik war die der NSDAP.«

8. Am Wochenende in seinem Heimatort entwendet Gefr G dem Herrn H im Lokal »Zum Löwen« 50,- DM.

9. Weil Gefr G die befohlene Höchstgeschwindigkeit absichtlich erheblich überschritt, kam er auf einer Dienstfahrt mit einem Dienstkfz ins Schleudern und knallte gegen einen Baum. An dem Fahrzeug entstand ein Schaden in Höhe von 1400,- DM. Er selbst kam mit dem Schrecken davon.

10. Gefr G trifft am Sonntagmorgen im Wartesaal des Bahnhofs in X-Stadt zufällig seinen KpFw, HptFw H. Er geht absichtlich, ohne zu grüßen, an HptFw H vorbei.

11. Weil der Zugführer, OFw O, sich über die dauernden Disziplinwidrigkeiten eines Soldaten während der Ausbildung ärgert, brüllt er ihn an: »Sie verfluchtes Rindvieh, halten Sie gefälligst Ihre dreckige Klappe!«

12. Uffz U befiehlt PzGren P, ihm aus der Kantine eine Sportzeitung mitzubringen.

13. Der KpChef, Hptm H, befiehlt dem Gefr G, den PzGren P nach Dienstschluß mit seinem Privatkfz nach A-Stadt mitzunehmen. Als Gefr G dem KpChef seine Bedenken äußert, da er den Befehl nicht für verbindlich hält, antwortet Hptm H: »Tun Sie, was ich Ihnen sage!« Da Gefr G für den Befehl keinen dienstlichen Zweck erkennen kann, gehorcht er nicht. Wie sich später herausstellte, ging es Hptm H darum, auf diese Weise den schwerkranken PzGren P schnellstens in das nächste Krankenhaus bringen zu lassen, da kein Dienstkfz verfügbar war.

14. Schtz S legt zum Spaß mit dem Gewehr G36 auf den Gefr G an.

15. Wie Fall 14. Er zieht anschließend ab in der irrtümlichen Annahme, das Gewehr sei gesichert. Dabei löst sich ein Schuß. Gefr G wird schwer verletzt, er verliert das Sehvermögen auf dem rechten Auge.

16. OGefr O beschließt, sich nach Schweden abzusetzen. Er verläßt am 15.01., etwa eine halbe Stunde vor Dienstschluß, die Unterkunft und begibt sich zum Bahnhof, um den 1702 Uhr nach Kopenhagen gehenden Zug zu nehmen. Als er am Fahrkartenschalter feststellt, nicht genügend Geld zum Ankauf der Fahrkarte zu haben, gibt er seinen Plan auf und kehrt um 1830 Uhr in die Kaserne zurück.

17. Am 20.01. erhält der KpChef des zum 02.01. einberufenen Fu F eine Feldjägermeldung. Danach war F bei einer gegen die Bundeswehr gerichteten Demonstration am 29.12. in A-Stadt einem Feldjäger gegenüber tätlich geworden und hatte das Feldjägerdienstkfz mutwillig beschädigt.

18. Als Fw F, 3./PzBtl 614, das Schlafzimmer seiner Wohnung betritt, überrascht er dort seine Ehefrau im intimen Kontakt mit dem ihm bekannten Uffz U, 2./PzBtl. 614. In seiner Erregung schlägt Fw F auf den Unteroffizier ein.

19. Kan K blieb am Wochenende in der Unterkunft. Als es ihm auf seiner Stube zu langweilig wurde, nahm er aus dem Schrank des Gefr G dessen Transistorradio heraus, benutzte es das ganze Wochenende über und stellte es am Montagmorgen wieder in dessen Spind zurück.

20. Gefr G war am 15.05. GvD und hatte dem UvD den OGefr O gemeldet, weil dieser um 0645 Uhr immer noch im Bett lag. Am 18.05. trifft OGefr O zufällig den Gefr G im Lokal »Zur Maus« und schlägt ihm mit den Worten ins Gesicht: »So verfahr ich mit Kameradenschweinen.«

21. Flg F und Matr M, am 08.06. auf der Fahrt mit der Bundesbahn in das Wochenende von Hamburg nach Essen, beschimpfen zivile Fahrgäste, spucken sie an, demolieren das Abteil und schlagen auf den Zugführer ein. Beide sind angetrunken.

22. Jg J borgt sich während des Urlaubs von seinem Nachbarn 150,- DM. Er sichert ihm Rückzahlung innerhalb von einer Woche zu, obwohl er weiß, daß er dazu aufgrund seiner miserablen finanziellen Lage nicht fähig ist.

Die Lösungen befinden sich auf Seite 151

IV. Die Ermittlungen des Disziplinarvorgesetzten

1.
Werden dem Disziplinarvorgesetzten - durch Meldung, Beschwerde oder auf sonstige Weise - Tatsachen bekannt, die den Verdacht eines Dienstvergehens eines ihm unmittelbar unterstellten Soldaten rechtfertigen, so ist er *verpflichtet, den Sachverhalt aufzuklären* (§ 32 Abs. 1 Satz 1 WDO).

Beispiele:
- PzGren P ist, wie dem KpChef, Hptm H, bekannt, mit dem Gefr G arg verfeindet und hatte vor zwei Monaten versucht, den Gefr G zu Unrecht zu belasten. PzGren P meldet, daß ihm Gefr G seinen Betrag von 50,- DM seit über drei Wochen entgegen der Rückzahlungsvereinbarung noch nicht zurückerstattet habe.
Hptm H hat der Sache im Hinblick auf die §§ 12, 23 Abs. 1 SG nachzugehen, auch wenn er den PzGren P der falschen Anschuldigungen verdächtigt. Zugleich hat er zu prüfen, ob sich PzGren P durch eine eventuell unwahre dienstliche Meldung eines Dienstvergehens (§§ 12, 13, 23 Abs. 1 SG) schuldig gemacht hat.
- Hptm H erhält von Herrn Meyer, dem Nachbarn des seiner Kp angehörigen Gefr G, ein Schreiben. Darin beschuldigt Herr Meyer den Soldaten, ihm am vergangenen Wochenende im Lokal »Zum Eber« 50,- DM gestohlen zu haben.
Hier besteht für den KpChef keine Aufklärungspflicht, da Gefr G nicht im Verdacht steht, ein Dienstvergehen begangen zu haben. Denn selbst wenn der Soldat die Tat begangen haben sollte, hat er dadurch nicht gegen Dienstpflichten, auch nicht gegen § 17 Abs. 2 Satz 2 SG verstoßen (vgl. » Das Dienstvergehen« 3.1.10.2).

2.
Der Sachverhalt ist so schnell wie möglich aufzuklären (§ 17 Abs. 1 WDO). Denn je eher die Ermittlungen durchgeführt werden, desto größer ist die Chance der Wahrheitsfindung.
Dem Soldaten ist grundsätzlich Akteneinsicht zu gewähren (§ 3 Abs. 1 WDO). Unterlagen, in die er nicht einsehen darf, dürfen weder beigezogen noch verwertet werden (§ 3 Abs. 2 WDO).

3.
Der Disziplinarvorgesetzte kann die Aufklärung des Sachverhalts einem Offizier übertragen (§ 32 Abs. 2 Satz 1 WDO).

4.
Zur Aufklärung des Sachverhalts kommen *folgende Beweismittel* in Betracht:

4.1
Aussagen eines (beschuldigten) Soldaten,

4.2
Aussagen eines Zeugen,

4.3.
Sachverständigengutachten (z.B. zur Schwere einer Mißhandlung Gutachten des Truppenarztes),

4.4
Urkunden (z.B. Krankenmeldeschein, Schießkladde),

4.5
Durchsuchung, Beschlagnahme,

4.6
Augenschein (z.B. Besichtigung des Unfallortes).

5. Für alle Beweismittel gilt

5.1
Die Beweismittel müssen unter Beachtung der gesetzlichen Bestimmungen angewandt werden.

Beispiele:
- PzGren P ist dringend verdächtig, in der NATO-Pause auf seiner Stube Schnaps getrunken zu haben. Da er jeglichen Alkoholkonsum bestreitet, läßt der KpChef durch den Truppenarzt eine Blutprobe durchführen. Ergebnis der Blutprobe: 0,9 ‰ um 0945 Uhr.
Die Blutprobe war unzulässig; denn der Soldat hat ärztliche Eingriffe in seine körperliche Unversehrtheit gegen seinen Willen nur bei Maßnahmen zur Verhütung und Bekämpfung übertragbarer Krankheiten zu dulden (§ 17 Abs. 4 Satz 3 SG). Auch die Strafjustiz (Strafrichter - Staatsanwaltschaft - Polizei) ist nicht berechtigt, eine Blutprobe zur Ermittlung von Dienstvergehen anzuordnen, da ihre Aufgabe in der Aufklärung von Straftaten besteht (vgl. auch ZDv 14/3 B 120).
- Nach einer sehr anstrengenden 24-Stunden-Übung, als alle Soldaten erschöpft in die Unterkunft zurückkehren, vernimmt der KpChef den Gefr G, der verdächtigt wird, einen Kameraden 50,- DM gestohlen zu haben.
Die Vernehmung war unzulässig, da die Freiheit der Willensbetätigung des Soldaten durch Ermüdung beeinträchtigt war (vgl. § 136a Abs. 1 StPO).

5.2

Auf unzulässige Weise zustande gekommene Beweisergebnisse sind grundsätzlich nicht verwertbar (vgl. § 136a Abs. 3 StPO).

Dies bedeutet, daß das Ergebnis der Blutprobe und ein beispielsweise von dem ermüdeten Gefr G gegebenes Geständnis (vgl. Beispiele zu 5.1) nicht zu Lasten des verdächtigen Soldaten verwertet werden dürfen.

5.3

Bei der Aufklärung des Dienstvergehens sind nach § 32 Abs. 3 WDO
- die belastenden Umstände,
- die entlastenden Umstände,
- die für Art und Höhe der Disziplinarmaßnahme bedeutsamen Umstände (§§ 15 Abs. 2, 24 Abs. 2, 33 Abs. 2 Satz 1, 38 WDO; vgl. »Die disziplinare Entscheidung« 3.2.12)

zu ermitteln.

6. Die Beweismittel im einzelnen

6.1

Die Vernehmung eines Soldaten

6.1.1

Der eines Dienstvergehens Verdächtigte heißt Soldat (also nicht Beschuldigter).

6.1.2

Die Vernehmung kann mündlich oder schriftlich erfolgen; erfolgt sie mündlich, ist der Inhalt der Vernehmung in einem Aktenvermerk festzuhalten (§ 32 Abs. 1 Satz 1 und 2 WDO).

6.1.3

Eine schriftliche Vernehmung ist mittels des Vordrucks 14 im Anhang der ZDv 14/3 vorzunehmen.

6.1.4

Zu Beginn der ersten Vernehmung ist der Soldat zu belehren (§ 32 Abs. 4 Satz 2 und 3 WDO):

6.1.4.1

Ihm ist zu eröffnen, welche Pflichtverletzungen ihm zur Last gelegt werden. Er ist gleichzeitig darauf hinzuweisen, daß es ihm freistehe, sich zur Sache zu äußern oder nicht auszusagen. Ist die vorgeschriebene Belehrung unterblieben oder unrichtig erteilt worden, darf die Aussage des Soldaten nicht gegen ihn verwertet werden (§ 32 Abs. 4 Satz 5 WDO).

6.1.4.2
Ihm ist zu eröffnen, daß er nach § 13 Abs. 1 SG und § 32 Abs. 4 Satz 4 WDO verpflichtet ist, in dienstlichen Angelegenheiten die Wahrheit zu sagen, wenn er eine Erklärung abgibt (vgl. ZDv 14/3 B 116).

6.1.4.3
Der Soldat ist über die Ermittlungen zu unterrichten, sobald dies ohne Gefährdung des Ermittlungszwecks möglich ist (§ 32 Abs. 4 Satz 1 WDO).

6.1.5
Die Freiheit der Willensentschließung und Willensbestätigung darf nicht durch Mißhandlung, Ermüdung, Täuschung, Drohung oder Versprechen eines gesetzlich nicht vorgesehenen Vorteils beeinträchtigt werden (vgl. §§ 136a StPO, 48 WStG, 343 StGB).

Unzulässig ist also,
- einen erheblich unter Alkoholeinfluß stehenden Soldaten zu vernehmen,
- einem Soldaten der Wahrheit zuwider zu Beginn der Vernehmung zu eröffnen, der Mittäter habe bereits gestanden,
- einen Soldaten mit Lampen anzustrahlen,
- einem Soldaten für den Fall, daß er gesteht, Dienstbefreiung in Aussicht zu stellen,
- einen Soldaten zu Sonderdiensten einzuteilen, damit er aussagt.

Zulässig ist,
einem Soldaten, falls er gesteht, eine mildernde Disziplinarmaßnahme in Aussicht zu stellen.

6.1.6
Zur *Vernehmungstechnik*:

6.1.6.1
Sich als Vernehmender vor der Vernehmung genau mit dem Gegenstand der Vernehmung vertraut zu machen.

6.1.6.2
Ungezwungene Vernehmungsatmosphäre schaffen (z.B. Soldaten nicht unnötig warten lassen, Schärfen und Ironie vermeiden).

6.1.6.3
Nicht nur mit ja oder nein zu beantwortende Fragen stellen, sondern den Soldaten »kommen lassen«.

6.1.6.4
Kurze, leicht verständliche und eindeutige Fragen stellen.

6.1.6.5
Ruhig und geduldig zuhören.

6.1.7
Nach Abschluß der Ermittlungen, aber *vor der Entscheidung ist der Soldat stets zu befragen,* ob er etwas zu seiner Entlastung vorbringen will (§ 32 Abs. 5 Satz 1 WDO). Dieses Schlußgehör sollte der verhängende Disziplinarvorgesetzte durchführen (vgl. aber ZDv 14/3 B 115).

6.1.7.1
Diese Anhörung ist nicht mit der Vernehmung des Soldaten gleichzusetzen. Dem Soldaten muß die Gelegenheit eingeräumt werden, sich nach Abschluß der gesamten Ermittlungen auf alle für die disziplinare Entscheidung möglicherweise bedeutsamen Tatsachen und Beweisergebnisse zu verteidigen (sog. letztes Wort). Dazu ist erforderlich, dem Soldaten zuvor das gesamte Ermittlungsergebnis zu eröffnen. Dazu gehört auch das Ergebnis der Anhörung der Vertrauensperson (§ 4 Satz 2 WDO).

6.1.7.2
Über die Schlußanhörung ist stets (im Gegensatz zur Vernehmung des Soldaten; vgl. Nr. 6.1.2) eine Niederschrift anzufertigen, die von dem Soldaten unterschrieben sein soll (§ 32 Abs. 5 Satz 2 WDO). Ist der Soldat vernommen worden und ist ihm anschließend das letzte Wort gewährt worden, ist eine zusätzliche Vernehmungsniederschrift im Sinne des § 32 Abs. 5 Satz 2 WDO nicht mehr nötig (vgl. Vordruck 14 im Anhang der ZDv 14/3 zweites Kästchen).

6.1.7.3
Weigert sich der Soldat, die Niederschrift über seine Aussage zu unterschreiben, weil er mit der schriftlichen Wiedergabe seiner Aussage nicht einverstanden ist, muß seinen Änderungswünschen Rechnung getragen werden, soweit sie sich auf Umstände beziehen, die für eine umfassende Sachaufklärung von Bedeutung sind. Verweigert der Soldat aus anderen Gründen die Unterschrift, hat der Vernehmende dies an der für die Unterschrift des Soldaten vorgesehenen Stelle unter kurzer Wiedergabe der Gründe zu vermerken und den Vermerk mit Angabe des Datums zu unterschreiben (ZDv 14/3 B 134).

6.1.7.4
Ist die Schlußanhörung unterblieben, ist die Disziplinarmaßnahme im Wege der Dienstaufsicht aufzuheben (§ 46 Abs. 2 Nr. 7 WDO).

6.2.
Die Vernehmung eines Zeugen

6.2.1
Eine schriftliche Vernehmung ist mittels des Vordrucks 15 im Anhang der ZDv 14/3 vorzunehmen.

6.2.2
Dem Zeugen ist zu Beginn der Vernehmung zu eröffnen:

6.2.2.1
Er ist mit dem Gegenstand seiner Vernehmung bekanntzumachen.

6.2.2.2
Er ist auf die Pflicht zur Wahrheit (§ 13 SG) hinzuweisen.

6.2.2.3
Er ist darauf hinzuweisen, daß er die Auskunft auf solche Fragen verweigern kann, deren Beantwortung ihn selbst oder einen seiner Angehörigen (dazu die §§ 55, 52 Abs. 1 StPO) der Gefahr aussetzen würde, wegen einer Straftat, einer Ordnungswidrigkeit oder wegen eines Dienstvergehens verfolgt zu werden.

6.2.3
Der Disziplinarvorgesetzte kann mit der Vernehmung von Zeugen (also nicht von Soldaten!) auch den Kompaniefeldwebel oder einen Unteroffizier in entsprechender Dienststellung (Inspektionsfeldwebel, Batteriefeldwebel, Staffelfeldwebel) beauftragen, wenn
- ein Fall geringerer Bedeutung vorliegt
  und
- es sich bei den Zeugen um Mannschaften oder Unteroffiziere ohne Portepee handelt (§ 32 Abs. 2 Satz 2 WDO).

6.2.4
Das zur Vernehmung eines Soldaten unter den Nr. 6.1.2, 6.1.5, 6.1.6 Gesagte gilt entsprechend für die Vernehmung eines Zeugen.

6.3.
Durchsuchung, Beschlagnahme

6.3.1
Der Disziplinarvorgesetzte ist berechtigt, zur Aufklärung eines Dienstvergehens auf richterliche Anordnung Durchsuchungen und Beschlagnahmen vorzunehmen (§ 20 Abs. 1 WDO). Der Antrag ist beim zuständigen Truppendienstrichter zu stellen und zu begründen (§ 20 Abs. 1 Satz 1 und Abs. 2 Satz 2 WDO).

6.3.2
Durchsuchungen sind nur bei Soldaten zulässig, die eines Dienstvergehens verdächtigt sind (§ 20 Abs. 1 Satz 2 WDO).

6.3.3
Spindkontrollen lediglich zum Zwecke der Aufklärung eines Dienstvergehens sind unzulässig (ZDv 10/5 Nr. 316, 317).

6.3.4
Ohne richterliche Anordnung ist eine Durchsuchung und Beschlagnahme nur zulässig, wenn Gefahr im Verzug besteht, d.h. wenn der für die Anordnung nach § 20 Abs. 1 Satz 1 WDO zuständige Truppendienstrichter nicht erreichbar und zu befürchten ist, daß bei nicht sofortigem Eingreifen des Disziplinarvorgesetzten der verdächtige Soldat Spuren verwischen oder bei ihm zu vermutende Gegenstände beiseite schaffen wird (§ 20 Abs. 2 Satz 1 WDO). In solchen Fällen ist die richterliche Genehmigung unverzüglich einzuholen (§ 20 Abs. 2 Satz 2 WDO).

6.3.5
Dem Soldaten sind die Gründe für die Maßnahme mündlich zu eröffnen, soweit der Ermittlungszweck nicht gefährdet wird, und ihm ist die Anwesenheit bei ihrer Durchführung zu gestatten (§ 20 Abs. 4 Satz 1 und 2 WDO). Über die Durchsuchung und Beschlagnahme ist unverzüglich eine Niederschrift anzufertigen (§ 20 Abs. 4 Satz 4 WDO). Dazu ist der Vordruck 16 im Anhang der ZDv 14/3 zu verwenden. Dem Soldaten ist auf Verlangen eine Abschrift auszuhändigen (§ 20 Abs. 4 Satz 5 WDO). Er kann sich gegen die Maßnahme beschweren (§ 42 Satz 1 WDO).

6.3.6
Neben dem Recht zur Durchsuchung und Beschlagnahme nach § 20 WDO kommen noch die Möglichkeiten zur Durchsuchung und Beschlagnahme nach den §§ 7, 8 UzwGBw sowie nach den §§ 94ff. StPO durch die Strafjustiz in Betracht; ferner die Befugnis der Kontrolle privater Kraftfahrzeuge nach ZDv 10/6 Anlage 14.

7. Anhörung der Vertrauensperson

7.1
Vor der Entscheidung ist die Vertrauensperson zur Person des Soldaten, zum Sachverhalt und zum Disziplinarmaß anzuhören, sofern der Soldat nicht widerspricht (§§ 4 Satz 1 WDO, 27 Abs. 1 SBG). Die Anhörung soll durch den verhängenden Disziplinarvorgesetzten erfolgen (ZDV 14/3 B 115).

7.2
Die Anhörung der Vertrauensperson ist erforderlich, weil sie eventuell noch Aussagen zu für den Disziplinarvorgesetzten wichtigen Umständen für die disziplinare Entscheidung machen kann (z.B. zu der Schwere des Dienstvergehens aus ihrer Sicht oder zum außerdienstlichen Verhalten des Soldaten).

7.3
Der Sachverhalt ist der Vertrauensperson vor Beginn der Anhörung bekanntzugeben; ein Recht auf Einsicht in Unterlagen und Akten besteht nur mit Einwilligung des Betroffenen (§ 27 Abs. 3 SBG).

7.4
Über die Anhörung der Vertrauensperson ist eine Niederschrift anzufertigen, die zu den Akten zu nehmen ist (§ 27 Abs. 4 SBG).

7.5
Ist die Anhörung der Vertrauensperson zu Unrecht unterblieben, ist dies kein Grund zur Aufhebung der Disziplinarmaßnahme nach § 46 WDO. Allerdings kann die unterbliebene Anhörung mit der Beschwerde erfolgreich beanstandet werden, wenn sich nachträglich herausstellt, daß die Vertrauensperson erhebliche entlastende Umstände vorbringt, die zu einer milderen Entscheidung für den Soldaten führen.

8. Nachweis des Dienstvergehens

8.1
Der Disziplinarvorgesetzte darf nur dann eine *Disziplinarmaßnahme verhängen, wenn der Soldat nachweisbar schuldig ist (§§ 33 Abs. 2 Satz 2, 44 Abs. 1 Satz 1 WDO). Bewiesen ist das Dienstvergehen nur dann, wenn mit an Sicherheit grenzender Wahrscheinlichkeit davon auszugehen ist, daß der Soldat ein Dienstvergehen begangen hat.* Dieser Wahrscheinlichkeitsgrad ist erst erreicht, wenn nach menschlichem Ermessen unter Berücksichtigung der Denkgesetze und der Lebenserfahrung Zweifel an der Tat nicht mehr bestehen. Wird diese Gewißheit nicht erreicht, so gilt der Grundsatz »im Zweifel zugunsten des Soldaten«. Daraus folgt, daß der Soldat seine Unschuld nicht zu beweisen braucht, ihm vielmehr der Disziplinarvorgesetzte seine Schuld nachzuweisen hat. Der Soldat gilt solange als nicht schuldig, bis ihm das Gegenteil bewiesen ist.
Für den Nachweis der Schuld *genügt nicht*, daß der Disziplinarvorgesetzte selbst davon überzeugt ist, daß der Soldat das Dienstvergehen begangen hat. Der Soldat muß nachweisbar schuldig sein (vgl. § 44 Abs.1 Satz 1 WDO). Die Überzeugung des Disziplinarvorgesetzten muß sich also auf nachvollziehbare lückenlose Indizien und logische Argumente gründen. Andernfalls geht der Disziplinarvorgesetzte das Risiko ein, einen unschuldigen Soldaten zu maßregeln (vgl. auch § 39 WStG).

Beispiele:
- Frau F, Schreibkraft der 1.Kp., ist mit Fw F, Kompanietruppführer der 2.Kp, verheiratet. Über Ostern fährt sie eine Woche mit HptFw H, dem Kompaniefeldwebel der 1.Kp. nach Paris. Frau F und HptFw H geben lediglich zu, in demselben

Hotelzimmer genächtigt zu haben. Bewiesen ist in einem solchen Fall regelmäßig aufgrund der Lebenserfahrung, daß beide die Ehe gebrochen haben.
- Die Gefr X und Y hatten den Auftrag, von A-Stadt nach B-Stadt eine Dienstfahrt zu machen. Ausweislich des Fahrbefehls war Fahrerwechsel gestattet. In Altneustadt kommt es infolge zu hoher Geschwindigkeit zu einem Unfall mit erheblichem Schaden an dem BwLkw. Die Soldaten behaupten beide, zum Unfallzeitpunkt gefahren zu sein. Zeugen sind nicht vorhanden.
Es kann nicht bewiesen werden, wer gefahren ist und wer die Unwahrheit gesagt hat.

8.2
Eine unter Verstoß gegen den Grundsatz »im Zweifel zugunsten des Soldaten« verhängte Disziplinarmaßnahme führt im Beschwerdeverfahren zur Aufhebung. Unabhängig von einer Beschwerde ist jeder Disziplinarvorgesetzte verpflichtet, die Aufhebung einer derartigen gegen einen seiner Untergebenen verhängten Disziplinarmaßnahme zu beantragen (§ 44 Abs. 1 Satz 1 WDO; vgl. »Die Überprüfung einfacher Disziplinarmaßnahmen« zu 1.5).

8.3
Oftmals kann zwar der Hauptvorwurf dem Soldaten nicht nachgewiesen werden. Es bleibt aber erwiesenermaßen ein weniger schwerwiegendes Dienstvergehen zurück.

Beispiele:
- Gefr G war für Dienstag, 0800 Uhr, als GvD eingeteilt, trat aber den Dienst nicht an. Ist dem Soldaten nicht zu widerlegen, daß er das Schwarze Brett eingesehen, sich aber verlesen hat, entfällt zwar ein vorsätzlicher Verstoß gegen die Pflicht zum Gehorsam. Übrig bleibt aber ein fahrlässiges Verhalten des Gefreiten.
- PzGren P meldet, daß ihm sein Radiogerät seit drei Tagen fehle. Der KpChef stellt fest, daß OGefr O dem PzGren P das Gerät vor drei Tagen aus dessen Spind genommen und in den Sanitätsbereich gebracht hatte, als er sich dorthin wegen einer Grippe zur stationären Behandlung begab.
Kann dem Soldaten nicht widerlegt werden, daß er das Radio nach Entlassung aus dem Sanitätsbereich dem PzGren P zurückgegeben - also nicht stehlen - wollte, so ist aber erwiesen, daß OGefr O den Apparat unbefugt vorübergehend in Besitz genommen und insoweit gegen § 12 Satz 2 SG vorsätzlich verstoßen hat.

9. Bindung an die tatsächlichen Feststellungen anderer Entscheidungen

9.1
Beweiserhebungen erübrigen sich für den Disziplinarvorgesetzten, wenn in derselben Sache bereits ein rechtskräftiges Urteil im Strafverfahren (nicht Strafbefehl) oder Bußgeldverfahren vorliegt. Denn die tatsächlichen Feststellungen dieses Urteils

sind für den Disziplinarvorgesetzten bindend, soweit das Dienstvergehen denselben Sachverhalt zum Gegenstand hat (§ 34 Abs. 1 WDO).
Sinn dieser Bestimmung ist es, widersprechende Entscheidungen in derselben Angelegenheit zu verhindern, wobei dem Strafrichter der Vorrang eingeräumt ist.

Beispiel:
- PzGren P steht im dringenden Verdacht, dem Gefr G 100,- DM entwendet zu haben. Der KpChef gibt die Sache wegen Verdachts des Diebstahls an die Staatsanwaltschaft ab. Es wird gegen den Soldaten Anklage erhoben. Das Amtsgericht spricht den PzGren P frei, weil es ihn nicht des Diebstahls überführen kann. Das Urteil wird rechtskräftig.
Hptm H darf, auch wenn er zur Überzeugung gelangt, daß PzGren P die Tat begangen hat, wegen der Bindung an den Freispruch gegen den Soldaten disziplinar nicht einschreiten. Hat er gegen den Soldaten bereits vor Rechtskraft des Strafurteils seine Disziplinarmaßnahme verhängt, hat er nunmehr den Antrag auf Aufhebung der Disziplinarmaßnahme gemäß § 44 Abs. 1 Satz 1 WDO zu stellen. Ferner hat der Soldat unabhängig vom Beschwerderecht das Recht auf Aufhebung der Disziplinarmaßnahme (§ 44 Abs. 3 WDO; vgl. »Die Überprüfung einfacher Disziplinarmaßnahmen« zu 1.4).

9.2

Trotz Freispruchs im Strafverfahren können noch Dienstpflichtverletzungen zurückbleiben (§ 16 Abs. 3 WDO; sog. disziplinarer Überhang).

Beispiel:
- OGefr O fiel als Fahrer eines Dienstkfz einem Polizeibeamten dadurch auf, daß er über ca. 30 m auf der linken Straßenseite fuhr. Da der Soldat nach Alkohol roch und sich weigerte, in das Alkoholröhrchen zu pusten, veranlaßte der Beamte eine Blutprobe. Ergebnis der Blutprobe 0,75 ‰. Der Soldat wird im Strafverfahren von dem Vorwurf der Trunkenheit im Verkehr freigesprochen.
Dies ist für den Disziplinarvorgesetzten bindend. Er kann ihn aber disziplinar wegen eines vorsätzlichen Verstoßes gegen die Pflicht zum Gehorsam maßregeln, wenn sich z.B. herausstellt, daß der Soldat kurz vor Fahrtantritt Alkohol getrunken hatte.

9.3

Der Disziplinarvorgesetzte kann die disziplinare Erledigung bis zur Beendigung des sachgleichen Strafverfahren aussetzen (§ 33 Abs. 3 Satz 2 WDO). Das gilt nicht, wenn die Sachaufklärung gesichert ist oder wenn im Strafverfahren aus Gründen nicht verhandelt werden kann, die in der Person oder in dem Verhalten des Soldaten liegen (§ 33 Abs. 3 Satz 3 WDO). Grundsätzlich ist es falsch, die disziplinare Erledigung bis zum Abschluß des sachgleichen Strafverfahrens zurückzustellen; denn der erzieherischen Wirkung wegen ist es erforderlich, für ein ahndungswürdiges Dienstvergehen die Disziplinarmaßnahme umgehend zu verhängen

(§ 17 Abs. 1 WDO). Eine Aussetzung der disziplinaren Erledigung empfiehlt sich aber immer dann, wenn die Ermittlungen für den Disziplinarvorgesetzten schwierig sind und er daher das strafrechtliche Ermittlungsergebnis abwartet.

Beispiel:

- Fall wie Beispiel zuvor. Aber: Das Ergebnis der Blutprobe steht noch nicht fest, und der Soldat hat seinem KpChef gemeldet, daß er - seines Erachtens zu Unrecht - der Trunkenheit im Verkehr von der Polizei verdächtigt werde.

Da die Frage, ob der Soldat tatsächlich alkoholbedingt fahruntüchtig war, nur aufgrund des Gutachtens über den festgestellten Blutalkoholgehalt bei dem Soldaten entschieden werden kann, hat der Disziplinarvorgesetzte mit der disziplinaren Entscheidung bis zum Ergebnis der Blutprobe zu warten.

Ergibt sich für den OGefr O eine Blutalkoholkonzentration von 1,86 ‰ zur Tatzeit, ist der Soldat nunmehr des Dienstvergehens überführt. Es wäre falsch, wenn der KpChef auch noch das Strafurteil abwarten würde.

Fragen zum Kapitel »Die Ermittlungen des Disziplinarvorgesetzten«

1. Der KpChef ermittelt gegen PzGren P, ob der Soldat seinen Nachbarn, Herrn H, wie dieser behauptet, als Dorftrottel bezeichnet hat. Nachdem der Soldat zugibt, die Äußerung getan zu haben, verhängt der KpChef gegen ihn einen strengen Verweis.
   Handelte der KpChef richtig?

2. Gefr G steht im dringenden Verdacht, im technischen Bereich Werkzeuge entwendet zu haben. Da der Soldat von seinem Aussageverweigerungsrecht in der Vernehmung Gebrauch macht, befiehlt ihm sein KpChef, in der Angelegenheit eine – selbstverständlich gem. § 13 SG wahrheitsgemäße – dienstliche Meldung abzugeben.
   Handelte der KpChef richtig?

3. OGefr O steht im erheblichen Verdacht, das Radiogerät eines Kameraden entwendet zu haben und es in seinem vor der Kaserne abgestellten Pkw aufzubewahren. Da der KpChef den Truppendienstrichter – es ist Freitag 1555 Uhr – nicht mehr erreicht und der Wochenendausgang für den Soldaten unmittelbar bevorsteht, ordnet er eine Durchsuchung des Fahrzeugs an.
   Handelte der KpChef richtig?

4. Gefr G meldet seinem KpChef am 15.10., von seinem Gruppenführer, Uffz U, am 12.10. Faustschläge in das Gesicht und Fußtritte erhalten zu haben. Der Gruppenführer bestreitet die Tat auch nach Gegenüberstellung mit dem Gefreiten. Zeugen sind nicht vorhanden.
   Sind noch weitere Ermittlungen zur Sachverhaltsaufklärung erforderlich?

5. Kan K steht in dringendem Verdacht, Wehrmittel beschädigt zu haben. Der BttrChef vernimmt den Soldaten. Als der Kanonier, ein starker Raucher, nach ca. drei Stunden Vernehmung den BttrChef um eine kurze Zigarettenpause bittet, lehnt dieser die Bitte ab.
   Handelte der BttrChef richtig?

6. Kurz nach Verlassen der Kaserne verursacht HptGefr H auf der Fahrt mit einem Dienstkraftfahrzeug einen Unfall mit erheblichem Sachschaden. Vermutlich hatte er kurz vor Fahrtantritt Alkohol getrunken. Der KpChef möchte eine Blutprobe veranlassen.
   Hat er rechtliche Möglichkeiten dazu?

7. PzGren P, der schon mehrfach den Dienst vorsätzlich versäumt hatte, kehrte erst eine Woche nach Ende seines Erholungsurlaubs zur Kompanie zurück. Er gab an, infolge einer schweren Erkrankung nicht reisefähig gewesen zu sein. Zwei Wochen später legte er ein seine Aussage bekräftigendes Attest seines Hausarztes vor.
   a) Ist der Soldat unerlaubt abwesend gewesen?
   b) Darf der KpChef gegen den Soldaten eine Disziplinarmaßnahme verhängen?
   c) Wäre der KpChef befugt gewesen, die Vernehmung des PzGren P dem KpFw zu übertragen?

8. Die Gefreiten X, Y und Z der 2.Bttr hatten am Morgen des 11.03. Behandlungstermine im städtischen Krankenhaus des Standortes. Sie kehrten gegen 1200 Uhr in Abständen von wenigen Minuten in die Unterkunft zurück. Kurze Zeit darauf meldete der der 3.Bttr angehörende Fw F dem BttrChef der Soldaten, er habe drei ihm zwar namentlich unbekannte, aber vom Ansehen her bekannte Soldaten der Einheit gegen 1115 Uhr im Kaufhof gesehen und ihnen befohlen, schleunigst zur Bttr zurückzugehen. Wie lange die Soldaten beim Arzt waren, kann dort nicht mehr festgestellt werden. Die Gefreiten erklären übereinstimmend, sofort nach Verlassen der Arztpraxis auf schnellstem Wege in die Kaserne zurückgekommen zu sein. Bei dieser Einlassung bleiben sie auch nach Gegenüberstellung mit Fw F, der sie offensichtlich mit anderen Soldaten verwechseln müsse. Fw F ist dagegen nach der Gegenüberstellung weiterhin der Ansicht, im Kaufhof gerade diese drei Soldaten angetroffen zu haben. Er gibt an, er habe sich die Truppenausweise der Soldaten deshalb nicht vorzeigen lassen, weil die Gefreiten ihm von Ansehen gut bekannt gewesen seien.
   Ist den Soldaten nachzuweisen, sich pflichtwidrig verhalten zu haben?

Die Lösungen befinden sich auf Seite 154

V. Die einfachen Disziplinarmaßnahmen

1.
Vom Disziplinarvorgesetzten können zur Ahndung eines Dienstvergehens folgende Disziplinarmaßnahmen verhängt werden (§ 22 WDO):

1.1
Verweis,

1.2
strenger Verweis,

1.3
Disziplinarbuße,

1.4
Ausgangsbeschränkung,

1.5
Disziplinararrest,

1.6
Ausgangsbeschränkung und Disziplinarbuße,

1.7
Disziplinararrest und Disziplinarbuße,

1.8
Disziplinararrest und Ausgangsbeschränkung.

2. - 7. Die einfachen Disziplinarmaßnahmen im einzelnen

2. Verweis

2.1
Der Verweis ist im Gegensatz zur Belehrung, Ermahnung, Zurechtweisung, Warnung ein förmlicher Tadel eines bestimmten pflichtwidrigen Verhaltens des Soldaten (§ 23 Abs. 1 und 3 WDO). Dies bedeutet, daß für das Verhängen eines Verweises - anders als für erzieherische Maßnahmen - die Bestimmungen der WDO (z.B. Verhängung erst nach Ablauf einer Nacht seit Kenntnis vom Dienstvergehen,

schriftliche Bekanntgabe der Disziplinarmaßnahme, Eintragung in das Disziplinarbuch und Aufnahme in die Personalunterlagen) zu beachten sind.

2.2
Für die Verhängung des Verweises ist der Vordruck 2 im Anhang der ZDv 14/3 zu verwenden.

2.3
Beim Verweis fallen Verhängung und Vollstreckung zusammen (§ 50 Abs. 1 WDO).

3. Strenger Verweis

3.1
Der strenge Verweis unterscheidet sich vom Verweis dadurch, daß er vor der Truppe bekanntgemacht wird (§ 23 Abs. 2 WDO).

3.2
Für die Verhängung des strengen Verweises ist der Vordruck 3 im Anhang der ZDv 14/3 zu verwenden.

3.3
Der strenge Verweis wird - als einzige Disziplinarmaßnahme - durch Bekanntmachung vor den Soldaten der Einheit oder des Truppenteils vom Dienstgrad des Soldaten an aufwärts *vollstreckt* (§ 50 Abs. 2 Satz 1 WDO).

3.4
Die Bekanntmachung beschränkt sich auf die Namensnennung des gemaßregelten Soldaten sowie auf die Mitteilung, daß gegen diesen Soldaten ein strenger Verweis verhängt worden ist (§ 50 Abs. 2 Satz 2 WDO). Die Mitteilung des Tenors der Disziplinarverfügung ist also unzulässig (ZDv 14/3 B 133).

3.5
Die *Verhängung* ist scharf zu trennen von der *Vollstreckung*. Wie jede andere einfache Disziplinarmaßnahme darf der strenge Verweis erst vollstreckt werden, d.h. bekanntgemacht werden vor der Truppe, wenn der Soldat auf dem auf die Verhängung folgenden Tage ausreichende Zeit und Gelegenheit zur Beschwerde hatte und davon keinen Gebrauch gemacht hat (§ 47 Abs. 1 Satz 1 WDO). Dies bedeutet, daß die Vollstreckung in der Regel frühestens nach der Mittagspause des auf die Verhängung folgenden Tages zulässig ist (vgl. »Die Vollstreckung einfacher Disziplinarmaßnahmen« 1-4).

4. Disziplinarbuße

4.1
Für die Verhängung der Disziplinarbuße ist der Vordruck 4 der ZDv 14/3 zu verwenden.

4.2
Die Disziplinarbuße darf den *einmonatigen Betrag* der Dienstbezüge oder des Wehrsoldes nicht überschreiten (§ 24 Abs. 1 Satz 1 WDO; zum Begriff der Dienstbezüge und des Wehrsoldes vgl. Verordnung für Durchführung der Wehrdisziplinarordnung vom 26. März 1999 in ZDv 14/3 B 102). Es ist daher unzulässig, bei der Bemessung der Disziplinarbuße das Entlassungsgeld mitzuberücksichtigen.

4.3
Bei einem Soldaten, dessen Wehrdienstverhältnis weniger als einen Monat dauert (Wehrübender), darf die Disziplinarbuße den Betrag nicht übersteigen, der ihm für die Dauer des Wehrdienstverhältnisses zusteht (§ 24 Abs. 1 Satz 2 WDO).

4.4
Eine Disziplinarbuße, die über dem zulässigen Höchstbetrag liegt, ist im Wege der Dienstaufsicht aufzuheben (§ 46 Abs. 2 Nr. 2 WDO).

4.5
Neben den Bemessungsgründen für eine Disziplinarmaßnahme nach § 38 WDO sind bei der Disziplinarbuße ferner die persönlichen und wirtschaftlichen Verhältnisse des Soldaten zu berücksichtigen (§§ 24 Abs. 2 und 32 Abs. 3 WDO; vgl. auch »Die disziplinare Entscheidung« 3.2.9).

4.6
Die Vollstreckung der Disziplinarbuße erfolgt durch Einzahlung oder Einbehalten des entsprechenden Betrages (im einzelnen ZDv 14/3 B 136). Dem Soldaten sind die Mittel zu belassen, die zum Unterhalt für ihn und seine Familie notwendig sind (§ 51 Abs. 4 WDO).

4.7
Eine Disziplinarbuße kann auch *nach dem Entlassungstag vollstreckt* werden (§ 56 Abs. 1 WDO). Von der Vollstreckung nach Dienstzeitende soll abgesehen werden, wenn hieraus kein Nachteil für die Disziplin zu besorgen ist (§ 56 Abs. 3 WDO; ZDv 14/3 B 137).

4.8
Die Disziplinarbuße kann von den Dienstbezügen oder dem Wehrsold oder, wenn das Dienstverhältnis endet, von dem Entlassungsgeld oder dem Ruhegehalt – dazu

gehört z.B. die Übergangsbeihilfe (vgl. § 67 Abs. 1 WDO) - abgezogen werden (§ 51 Abs. 1 Satz 1 WDO).

5. Ausgangsbeschränkung

5.1

Die Ausgangsbeschränkung besteht in dem Verbot, die dienstliche Unterkunft ohne Erlaubnis zu verlassen (§ 25 Abs. 1 Satz 1 WDO). *Dienstliche Unterkunft ist der gesamte Kasernenbereich* (ZDv 14/3 B 132). Das Schiff gilt nur als Unterkunft, wenn sich der Liegeplatz außerhalb einer militärischen Anlage befindet.

5.2

Für die Verhängung der Ausgangsbeschränkung ist der Vordruck 5 im Anhang der ZDv 14/3 zu verwenden.

5.3

Die Ausgangsbeschränkung kann von einem Tag bis zu drei Wochen verhängt werden (§ 25 Abs. 2 Satz 1 WDO).

5.4

Die Ausgangsbeschränkung darf nur gegen Soldaten verhängt werden, die rechtlich verpflichtet sind, in einer Gemeinschaftsunterkunft zu wohnen (§ 25 Abs. 2 Satz 2 WDO; ZDv 70/1 Anlage 1 zu Anhang Teil A). Schläft ein nicht kasernenpflichtiger Soldat im Kasernenbereich, kann gegen ihn keine Ausgangsbeschränkung ausgesprochen werden. Hat ein eigentlich zum Wohnen in einer Gemeinschaftsunterkunft verpflichteter Soldat Befreiung von dieser Pflicht erhalten, so kann gegen diesen Soldaten Ausgangsbeschränkung verhängt und vollstreckt werden. Zuvor muß aber die Befreiung von der Verpflichtung zum Wohnen in einer Gemeinschaftsunterkunft widerrufen werden (vgl. ZDv 14/3 B 132).

5.5

Die Ausgangsbeschränkung kann durch das Verbot *verschärft* werden, für die ganze Dauer oder an bestimmten Tagen Gemeinschaftsräume zu betreten und Besuch zu empfangen (verschärfte Ausgangsbeschränkung); die Verschärfungen können auch einzeln angeordnet werden (§ 25 Abs. 1 Satz 2 und 3 WDO). Sonstige Verschärfungen - z.B. ein Alkoholverbot - sind unzulässig.

5.6

Betreuungseinrichtungen im weitesten Sinne wie Kfz-Pflegehallen, Bastelräume, Kegelbahnen, Fotolabors u.s.f. sind Gemeinschaftsräume, die ein mit verschärfter Ausgangsbeschränkung gemaßregelter Soldat während der Vollstreckung nicht betreten darf. Sportstätten sind keine Gemeinschaftsräume im Sinne des § 25 Abs. 1 Satz 2 WDO (vgl. ZDv 10/5 Nr. 308).

5.7
Für die verschärfte Ausgangsbeschränkung ist der Vordruck 7 im Anhang der ZDv 14/3 zu verwenden.

5.8
Die Ausgangsbeschränkung ist an aufeinanderfolgenden Tagen zu vollstrecken (§ 52 Abs. 1 Satz 1 WDO). Sie ist vom Beginn des ersten Tages bis zum Ablauf des letzten Tages des befohlenen Zeitraumes zu vollstrecken (§ 52 Abs. 1 Satz 1 WDO). Daraus - in Verbindung mit § 47 Abs. 1 Satz 1 WDO - folgt, daß die Ausgangsbeschränkung frühestens mit Beginn des übernächsten Tages nach der Verhängung vollstreckbar ist.

5.9
Dem Soldaten kann zur Überwachung befohlen werden, sich in angemessenen Abständen bei Vorgesetzten zu melden (§ 52 Abs. 3 WDO).

6. Disziplinararrest

6.1
Der Disziplinararrest besteht in einfacher Freiheitsentziehung von mindestens drei Tagen und höchstens drei Wochen (§ 26 WDO).

6.2
Für die Verhängung des Disziplinararrests ist der Vordruck 9 im Anhang der ZDv 14/3 zu verwenden.

6.3
Disziplinararrest *darf erst verhängt werden, nachdem der Truppendienstrichter zugestimmt hat* (§ 40 Abs. 1 Satz 1 WDO). *Ausnahme*: An Bord von Schiffen gem. § 40 Abs. 5 Satz 1 WDO.

6.4
Die Zustimmung zum beabsichtigten Disziplinararrest hat der Disziplinarvorgesetzte unmittelbar beim Truppendienstrichter mittels des Vordrucks 13 im Anhang der ZDv 14/3 einzuholen. Beizufügen hat er einen Auszug aus dem Disziplinarbuch (Vordruck 18) sowie sämtliche Ermittlungsvorgänge (§ 40 Abs. 2 WDO; ZDv 14/3 B 131; vgl. auch Anhang Anlage 4).

6.5
Lehnt der Truppendienstrichter es ab, dem beantragten Disziplinararrest zuzustimmen, kann der Disziplinarvorgesetzte innerhalb einer Woche nach Bekanntgabe der richterlichen Entscheidung das Truppendienstgericht anrufen (§ 40 Abs. 4 WDO).

6.6
Ein ohne die erforderliche Zustimmung des Richters verhängter Disziplinararrest ist aufzuheben (§ 46 Abs. 2 Nr. 9 WDO).

6.7
Der Disziplinarvorgesetzte kann zugleich mit dem Antrag auf Zustimmung zum beabsichtigten Disziplinararrest einen Antrag auf *sofortige Vollstreckbarkeit* stellen, den er zu begründen hat und zu dem der Soldat zu hören ist (§ 40 Abs. 2 Satz 3 und 4 WDO; ZDv 14/3 B 145 Nr. 3; vgl. Vordruck 13). Der Richter wird die sofortige Vollstreckbarkeit anordnen, wenn dies *zur Aufrechterhaltung der militärischen Ordnung geboten* ist (§ 40 Abs. 1 Satz 4 WDO). Dies wird nur ausnahmsweise der Fall sein (z.B. bei Soldaten, die beharrlich gegen die Pflicht zum Gehorsam verstoßen oder bei Soldaten, die immer wieder unerlaubt abwesend sind). Sofortige Vollstreckbarkeit bedeutet, daß sogleich nach der Verhängung der Disziplinararrest vollstreckt werden kann und der Soldat also nicht die Möglichkeit hat, Beschwerde mit aufschiebender Wirkung einzulegen (§ 40 Abs. 1 Satz 5 WDO). An Bord von Schiffen kann gem. § 40 Abs. 5 Satz 1 und 2 WDO Arrest sofort vollstreckt werden.

6.8
Neben der Möglichkeit der sofortigen Vollstreckbarkeit nach § 40 Abs. 1 Satz 4 und Abs. 5 WDO kann der Truppendienstrichter ferner die sofortige Vollstreckbarkeit anordnen, wenn ansonsten Disziplinararrest *mit Rücksicht auf den Entlassungstag* nicht mehr vollstreckt werden könnte (§ 56 Abs. 2 Satz 1 WDO).

Beispiel:
- OGefr O begeht vier Tage vor seinem Dienstzeitende noch ein schweres, sieben Tage Disziplinarrest erforderndes Dienstvergehen. Bei Zustimmung zum Arrest und angeordneter sofortiger Vollstreckbarkeit kann der KpChef am Tage des Dienstvergehens sieben Tage Disziplinararrest verhängen (selbst wenn für den Soldaten erst am nächsten Tag Datum des Inmarschsetzens zum Entlassungsort wäre!) und sogleich danach mit dem Vollzug beginnen (§ 56 Abs. 2 Satz 1 und 2 WDO). Der Entlassungstag verschiebt sich um die Dauer des noch nicht verbüßten Disziplinarrests (§ 56 Abs. 2 Satz 3 WDO). Von der Vollstreckung nach dem Entlassungstag soll abgesehen werden, wenn hieraus kein Nachteil für die Disziplin zu besorgen ist (§ 56 Abs. 3 WDO; ZDv 14/3 B 137).

6.9
Der Soldat soll während der Vollstreckung des Disziplinararrests in der *Regel am Dienst teilnehmen* (§ 53 Abs. 2 WDO).

6.10
Die Vollstreckung des Disziplinararrests im einzelnen ist in der Bundeswehrvollzugsordnung und den Ausführungsbestimmungen dazu geregelt (ZDv 14/10).

7.

Nebeneinander können
- Ausgangsbeschränkung und Disziplinarbuße (Vordrucke 6, 8 im Anhang der ZDv 14/3),
- Disziplinararrest und Disziplinarbuße (Vordruck 10),
- Disziplinararrest und Ausgangsbeschränkung (Vordrucke 11,12)

verhängt werden (§ 22 Abs. 2 WDO).

7.1

Die *Koppelung mit Disziplinarbuße ist nur zulässig, wenn das Dienstvergehen in unerlaubter Abwesenheit von mehr als einem Tag* (= voller Kalendertag) *besteht* (§ 22 Abs. 2 Nr. 2 WDO).

7.2

Sind mehrere Disziplinarmaßnahmen nebeneinander zulässig, dürfen sie nur gleichzeitig verhängt werden (§ 37 Abs. 4 WDO).

Fragen zum Kapitel »Die einfachen Disziplinarmaßnahmen«

1 OGefr O war schon wiederholt vorsätzlich zu spät zum Dienst erschienen. Als er am Montag, dem 02.12., erst um 1450 Uhr aus dem Wochenende zurückkehrt, ahndet der KpChef dieses Dienstvergehen mit 14 Tagen Ausgangsbeschränkung und 100,- DM Disziplinarbuße.
War der KpChef zu dieser Disziplinarmaßnahme befugt?

2. Der KpChef verhängt gegen PzGren P wegen eines Dienstvergehens zehn Tage verschärfte Ausgangsbeschränkung. Zu Beginn der Vollstreckung belehrt er den Soldaten, daß er sich während der Verbüßung der Disziplinarmaßnahme nur im Kompanieblock – ausgenommen die Gemeinschaftsräume – aufhalten dürfe.
Ist die Belehrung korrekt?

3. Drei Tage vor dem Ablauf seiner Dienstzeit begeht OGefr O, W, ein schweres Dienstvergehen. Da der Soldat bereits seinen letzten Wehrsold empfangen hat, aber die Auszahlung des Entlassungsgeldes noch aussteht, verhängt der KpChef gegen ihn eine Disziplinarbuße in Höhe von 1000,- DM.
Handelte der KpChef richtig?

4. PzGren P hatte, nachdem er seinen gesamten Wehrsold schon einige Tage nach Auszahlung in Alkohol umgesetzt hatte, aus der Kompaniekasse 75,- DM entwendet. Der KpChef ahndet das Dienstvergehen mit 21 Tagen verschärfter Ausgangsbeschränkung. Dabei verbietet er dem Soldaten, Gemeinschaftsräume zu betreten sowie Besuch zu empfangen, und veranlaßt, daß dem Soldaten der Wehrsold im nächsten und übernächsten Monat in Teilbeträgen jeweils zum Wochenbeginn auszuzahlen ist.
Handelte der KpChef richtig?

5. Uffz d.R. U leistet eine dreiwöchige Wehrübung ab. Wegen eines schweren Dienstvergehens will der KpChef gegen ihn die höchstzulässige Disziplinarbuße verhängen.
Was hat er bei der Bemessung der Disziplinarbuße zu beachten?

6. Welche Disziplinarmaßnahme ist die höchste der Art und Höhe nach, die ein Disziplinarvorgesetzter verhängen darf?

7. Flg F, bereits einmal wegen eigenmächtiger Abwesenheit mit Disziplinararrest gemaßregelt, blieb kurz danach erneut – diesmal über mehrere Wochen bis zum 23.10. – seiner Einheit unerlaubt fern. Der Staffelchef vernimmt den geständigen Soldaten am 26.10. und gibt die Sache am 03.11. an den BtlKdr ab. Dieser beantragt am 08.11. die Zustimmung zur Verhängung von 21 Tagen Disziplinararrest und die Anordnung sofortiger Vollstreckbarkeit.
Wird der Truppendienstrichter die sofortige Vollstreckbarkeit anordnen?

Die Lösungen befinden sich auf Seite 155

VI. Die disziplinare Entscheidung

1. Ermessensgrundsatz

Hat der Disziplinarvorgesetzte ein Dienstvergehen festgestellt, hat er die Tat disziplinar zu würdigen.
In der WDO sind nicht für bestimmte Dienstvergehen bestimmte Disziplinarmaßnahmen ausgeworfen. Die Gründe, die für die disziplinare Entscheidung mildernd oder verschärfend von Bedeutung sein können, sind zu vielschichtig, als daß dies möglich wäre. Der Disziplinarvorgesetzte entscheidet vielmehr nach *pflichtgemäßem Ermessen*, ob er wegen des Dienstvergehens überhaupt eine Disziplinarmaßnahme verhängen will, und wenn ja, welcher Art und Höhe nach (§ 15 Abs. 2 WDO; sog. Opportunitätsprinzip). Er hat also die Möglichkeit, von den allgemeinen erzieherischen Maßnahmen bis hin zum Disziplinararrest die angemessene Maßnahme auszuwählen.

2. Sinn und Zweck des Disziplinarrechts

Bei der Frage nach der gerechten Entscheidung über ein Dienstvergehen ist zu beachten, daß das Disziplinarrecht nicht der Vergeltung eines Gesetzverstoßes, sondern ausschließlich der *Sicherung der Funktionsfähigkeit der Truppe* dient. Die Disziplinarmaßnahme ist also ein Mittel zur Aufrechterhaltung der militärische Ordnung. Sie soll den Soldaten zur korrekten Erfüllung seiner Dienstpflichten anhalten, ihn also *erziehen*. Die entscheidende Frage für den richtigen Entschluß des Disziplinarvorgesetzten lautet demnach: Welches erzieherische Mittel (erzieherische Maßnahme - Disziplinarmaßnahme) erscheint am geeignetsten, um gerade auf diesen Soldaten erfolgversprechend erzieherisch einzuwirken? Die Persönlichkeit des Soldaten hat für die Ermessensbetätigung des Disziplinarvorgesetzten im Vordergrund der Überlegungen zu stehen; dabei hat er das gesamte dienstliche und außerdienstliche Verhalten des Soldaten zu berücksichtigen (§ 15 Abs. 2 Halbsatz 2 WDO). Wegen der Erziehungsfunktion der Disziplinarmaßnahme haben Gründe wie Abschreckung anderer Soldaten oder Wiederherstellung des durch ein Dienstvergehen gestörten Vertrauens der Öffentlichkeit zur Bundeswehr für die disziplinare Entscheidung grundsätzlich nur zweitrangige Bedeutung.
Um die beabsichtigte erzieherische Wirkung zu erzielen, ist die gebotene Disziplinarmaßnahme so schnell wie möglich zu verhängen (§ 17 Abs. 1 WDO).

Beispiel:
- In der Kompanie haben sich in den letzten Wochen die Fälle gehäuft, daß Soldaten durch eigenes Verschulden zu spät aus dem Wochenende zurückkehrten. Am vergangenen Montag kam der bisher nur positiv aufgefallene Gefr G ca. 45 Minuten

zu spät zur Einheit, weil er übersehen hatte, daß der von ihm ausgemachte Zug von Sonntag auf Montag nicht fuhr. Der KpChef, Hptm H, verhängt gegen den Soldaten eine 21tägige Ausgangsbeschränkung, um - wie er sagt - ein Exempel zu statuieren, damit ein für allemal derartige Dienstvergehen Einhalt geboten wird. Falsch, da Hptm H mit der Disziplinarmaßnahme vor allem abschreckende Wirkung erzielen wollte und nicht gebührend die Person berücksichtigt hat.

3. Entscheidungsmöglichkeiten

Hat der Soldat ein Dienstvergehen begangen, so prüft der Disziplinarvorgesetzte nach pflichtgemäßem Ermessen, ob er - § 33 Abs. 1 WDO -

3.1
es bei einer erzieherischen Maßnahme beläßt,

3.2.
eine einfache Disziplinarmaßnahme verhängen will,

3.3
das Dienstvergehen zur Verhängung einer einfachen Disziplinarmaßnahme an den nächsthöheren Disziplinarvorgesetzten weiterzumelden hat,

3.4
die Entscheidung der Einleitungsbehörde herbeizuführen hat.

Zu 3.1
Der Disziplinarvorgesetzte ist also nicht verpflichtet, ein Dienstvergehen mit einer Disziplinarmaßnahme zu ahnden. Er entscheidet vielmehr nach pflichtgemäßem Ermessen, ob er wegen eines Dienstvergehens lediglich eine erzieherische Maßnahme oder eine Disziplinarmaßnahme aussprechen will. Bei dieser Ermessensprüfung hat der Disziplinarvorgesetzte zu beachten, daß er regelmäßig erst dann disziplinar einschreiten soll, *wenn andere Maßnahmen erfolglos geblieben sind* (§ 33 Abs. 2 Satz 1 WDO). Verstößt der Disziplinarvorgesetzte gegen diesen Grundsatz, so hat er sein Ermessen fehlerhaft betätigt. Die verhängte Disziplinarmaßnahme ist rechtswidrig.
Sie ist auf Beschwerde und - unabhängig von einer Beschwerde - auf Antrag nach § 44 Abs. 1 und 2 WDO aufzuheben, da eine unter Verstoß gegen § 33 Abs. 2 Satz 1 WDO verhängte Disziplinarmaßnahme *nicht angebracht* ist (vgl. »Die Überprüfung einfacher Disziplinarmaßnahmen« 1.5).

Beispiele:
- Ein bislang untadeliger Unteroffizier, Gruppenführer, sagt in seiner Erregung zu PzGren P, nachdem dieser zum wiederholten Male den Formaldienst massiv gestört hatte: »Sie blöder Schwätzer, halten Sie endlich Ihre Klappe!«

- Ein bisher weder positiv noch negativ aufgefallener Rekrut vergißt, bevor er am Freitagabend nach Hause fährt, seinen Stahlhelm im Spind zu verschließen.

In beiden Fällen ist eine Disziplinarmaßnahme zur Ahndung des Dienstvergehens noch nicht angebracht.

Zu 3.2

Ist der Disziplinarvorgesetzte der Ansicht, daß eine Disziplinarmaßnahme angebracht ist, prüft er *nach pflichtgemäßem Ermessen*, wie die Disziplinarmaßnahme zur angemessenen Ahndung des Dienstvergehens ausfallen soll.

Es ist demnach nicht nur eine bestimmte Disziplinarmaßnahme auf ein bestimmtes Dienstvergehen richtig. Vielmehr können aufgrund des Ermessensspielraumes mehrere disziplinare Entscheidungen vertretbar sein; aber nur dann, wenn sich der Disziplinarvorgesetzte mit seinem disziplinaren Entschluß innerhalb des pflichtgemäßen Ermessens bewegt, also nicht ermessensmißbräuchlich entscheidet.

Bei seiner Ermessensbetätigung hat der Disziplinarvorgesetzte die in § 38 WDO enthaltenen Richtlinien für das Bemessen der Disziplinarmaßnahme zugrundezulegen. Tut er dies nicht - berücksichtigt er z.B. nicht gebührend die gute Führung und die guten Leistungen des Soldaten -, so handelt er ermessensfehlerhaft, die verhängte Disziplinarmaßnahme ist rechtswidrig.

Die bei Art und Maß der Disziplinarmaßnahme nach § 38 WDO zu berücksichtigenden Umstände sind:

- Eigenart, Schwere und Auswirkungen *des Dienstvergehens,*
- Maß der Schuld, Persönlichkeit, bisherige Führung (wobei das gesamte dienstliche und außerdienstliche Verhalten zu beachten ist; § 15 Abs. 2 Halbsatz 2 WDO) und Beweggründe des *Soldaten,*
- Grundsatz der Verhältnismäßigkeit (§ 38 Abs. 2 und 3 WDO),
- beim Bemessen der Disziplinarbuße die persönlichen und wirtschaftlichen Verhältnisse des Soldaten (§ 24 Abs. 2 WDO).

Die Bemessungsgründe im einzelnen

3.2.1

Eigenart und Schwere des Dienstvergehens

Hier geht es um die Art des Begehens der Tat in Hinblick auf die militärische Ordnung. Ein Dienstvergehen wiegt z.B. schwerer,

- wenn ein Soldat während des Wachdienstes schläft, als wenn er im technischen Dienst schläft;
- wenn ein Soldat ein Maschinengewehr stiehlt, als wenn er ein Paar Kampfstiefel entwendet;
- wenn ein Soldat seinen Kompaniechef tätlich angreift, als wenn er gegen einen Stubenkameraden tätlich wird.

Bei der Bemessung der Disziplinarmaßnahme ist zunächst stets von Eigenart und Schwere des Dienstvergehens auszugehen.

3.2.2
Auswirkungen des Dienstvergehens

Die Auswirkungen eines Dienstvergehens sind beispielsweise größer,
- wenn ein Soldat auf einer Dienstfahrt infolge zu hoher Geschwindigkeit einen Unfall mit beträchtlichem Sach- und Personenschaden verursacht, als wenn er nur geringen Sachschaden herbeiführt;
- wenn ein Feldwebel in der Funktion eines Militärkraftfahrlehrers in der Dienstzeit mit seinem Privatkfz in alkoholbedingt fahruntüchtigem Zustand fährt, als wenn ein Portepeeunteroffizier in der Verwendung als S3Feldwebel eine derartige Trunkenheitsfahrt macht;
- wenn ein Vorgesetzter einem Untergebenen, beide sind in Uniform mitten auf dem belebten Marktplatz des Standortes, mehrere Ohrfeigen und Fußtritte verpaßt, als wenn er die Mißhandlungen in der Unterkunft begeht, wo ansonsten niemand zugegen ist.

3.2.3
Maß der Schuld

Hier ist das *Maß des persönlichen Vorwurf* zu prüfen, der dem Soldaten wegen seines Fehlsverhaltens zu machen ist.
Die Schuld ist z.B. größer,
- wenn ein Soldat absichtlich morgens eine Stunde zu spät zum Dienst kommt, als wenn die Verspätung darauf zurückzuführen ist, daß er sich verschlafen hat;
- wenn der Zugführer mit der Ehefrau eines Soldaten seines Zuges die Ehe bricht, als wenn ein Gefreiter des Zuges mit der Ehefrau eines anderen Gefreiten des Zuges dies tut;
- wenn ein Soldat seinen Gruppenführer beschimpft, weil er Vorgesetzte nicht ausstehen kann, als wenn er ihn in seiner Erregung beleidigt, nachdem dieser ihn zuvor schikaniert hatte;
- wenn ein Soldat vorsätzlich einen Befehl nicht befolgt, als wenn er nicht gehorcht, weil er sich fahrlässigerweise in dem Irrtum befindet, der Befehl sei unverbindlich.

3.2.3.1
Schuldmildernd wirkt sich aus, wenn ein Soldat ein *Dienstvergehen in selbstverschuldeter Trunkenheit* oder in einem schuldhaften Rausch anderer Art begeht (keine entsprechende Anwendung von § 7 WStG; vgl. »Das Dienstvergehen« 3.2.3.4).

Beispiel:
- PzGren P, der von ca. 1730 Uhr bis 2145 Uhr vier Gläser Bier (0,3 l) und fünf Gläser Korn getrunken hatte, fiel dem UvD nach Zapfenstreich dadurch auf, daß er auf der Stube lauthals Karnevalsschlager sang. Auf den Befehl des UvD, Ruhe zu geben, antwortet der Soldat: »Sieh zu, daß Du Land gewinnst, sonst knallt's gleich!« Wenn sich PzGren P in nüchternem Zustand korrekt verhalten hätte, er also durch

den Alkohol enthemmt die Dienstvergehen begangen hat, ist der Alkoholeinfluß mildernd zu bewerten.

3.2.4
Persönlichkeit

Hier sind Charakter (z.B. Verlogenheit, Zuverlässigkeit, Kameradschaftlichkeit), Herkommen, häusliche Verhältnisse des Soldaten, sein Ansehen bei Vorgesetzten, Untergebenen, Kameraden oder jugendliche Unausgereiftheit zu berücksichtigen; allerdings nur insoweit, als derartige Umstände bei der Tat zum Ausdruck gekommen sind.

3.2.5
Bisherige Führung

Bei der Frage nach der bisherigen Führung des Soldaten ist sein *gesamtes dienstliches und außerdienstliches* Verhalten zu berücksichtigen. Es ist zu prüfen, ob der Soldat bereits Disziplinarmaßnahmen, Strafen, negative erzieherische Maßnahmen, positive erzieherische Maßnahmen oder förmliche Anerkennungen erhalten hat; ferner ob er gute, durchschnittliche oder schlechte Leistungen gezeigt hat.

3.2.6
Beweggründe

Es ist für die Bemessung der Disziplinarmaßnahme beispielsweise von erheblicher Bedeutung,
- ob ein Soldat wegen familiärer Sorgen, aus Gleichgültigkeit oder wegen grundsätzlicher Ablehnung der Wehrpflicht seiner Einheit unerlaubt ferngeblieben ist,
- ob ein Vorgesetzter eine Untergebenen aus Freude am Schmerz anderer schlägt oder weil der Untergebene ihn durch disziplinloses Verhalten provoziert hat.

3.2.7
Bei der Bemessung der Disziplinarmaßnahme ist ferner zu beachten, daß *in der Regel mit den milderen Disziplinarmaßnahmen zu beginnen* und erst bei erneuten Dienstvergehen, wenn also die vorherige Disziplinarmaßnahme ohne erzieherischen Erfolg geblieben ist, zu schwereren Disziplinarmaßnahmen überzugehen ist (§ 38 Abs. 2 WDO; Grundsatz der Verhältnismäßigkeit). Aus der Reihenfolge der in § 22 Abs. 1 WDO aufgeführten Disziplinarmaßnahmen ergibt sich die Rangfolge der Schwere der Disziplinarmaßnahmen.

3.2.8

Beim Disziplinararrest ist zu beachten, daß er regelmäßig erst verhängt werden soll, wenn vorausgegangene erzieherische Maßnahmen oder Disziplinarmaßnahmen ihren Zweck nicht erreicht haben; gebietet jedoch die Aufrechterhaltung der militärischen Ordnung eine disziplinare Freiheitsentziehung, kann sogleich auf Disziplinararrest erkannt werden (§ 38 Abs. 3 WDO; Grundsatz der Verhältnismäßigkeit).

Beispiele:

- Der bisher nicht negativ aufgefallene PzGren P besucht trotz Belehrung eine Wahlversammlung der DKP in Uniform.

Es wäre falsch, gegen den Soldaten wegen dieses Dienstvergehens Disziplinararrest zu verhängen.

- Gefr G, bislang nicht negativ in Erscheinung getreten, legt sich während des Wachdienstes auf seinem befohlenen Streifengang in einem Gebüsch schlafen und wacht nach ca. 50 Minuten auf.

Hier erfordert die Aufrechterhaltung der militärischen Ordnung wegen der Schwere des Dienstvergehens eine disziplinare Freiheitsentziehung (dabei ist allerdings zu überlegen, ob die Vollstreckung des Disziplinararrests nicht zur Bewährung ausgesetzt werden sollte; vgl. § 49 Abs. 1 Satz 2 WDO).

3.2.9

Will der Disziplinarvorgesetzte eine Disziplinarbuße verhängen, so hat er bei der Entscheidung über die Höhe der Disziplinarbuße auch die persönlichen und wirtschaftlichen Verhältnisse des Soldaten zu beachten (§ 24 Abs. 2 WDO).

Beispiel:

- Begehen zwei Gefreite, die nach Persönlichkeit und bisheriger Führung etwa gleichzusetzen sind, von denen aber der eine Soldat im Gegensatz zu dem anderen erhebliche Zahlungsverpflichtungen hat, gemeinsam ein Dienstvergehen, ist es falsch, gegen beide eine Disziplinarbuße in gleicher Höhe zu verhängen.

3.2.10

Bemessung der Disziplinarmaßnahme und Abgabe an die Staatsanwaltschaft

Nicht als Bemessungsgrund ist zu berücksichtigen, daß der Soldat bei zugleich an die Staatsanwaltschaft abgegebenen Straftaten zusätzlich eine Strafe zu erwarten hat. Denn die disziplinare Entscheidung über das Dienstvergehen ist scharf zu trennen von dem sachgleichen Strafverfahren (vgl. § 33 Abs. 3 Satz 1 WDO: Ist das Dienstvergehen eine Straftat, gibt der Disziplinarvorgesetzte die Sache *unabhängig von der Prüfung nach Abs.1* an die zuständige Strafverfolgungsbehörde ab, wenn...). Der Disziplinarvorgesetzte weiß nicht, ob der Soldat im sachgleichen Strafverfahren überhaupt verurteilt wird, und wenn eine Bestrafung erfolgen wird, wie sie ausfallen wird. Daher sind seine Überlegungen, die zu erwartende Strafe bei der

Bemessung der Disziplinarmaßnahme zugunsten des Soldaten zu berücksichtigen, ohne Grundlage. Hinzu kommt, daß das Strafgericht - unter den Voraussetzungen des § 51 StGB - die Disziplinarmaßnahme auf die Strafe anzurechnen hat. Wegen der Anrechnungspflicht des Strafgerichts hat der Disziplinarvorgesetzte die von ihm in derselben Sache verhängte Disziplinarmaßnahme der Staatsanwaltschaft im Falle der Abgabe mitzuteilen (vgl. ZDv 14/3 B 117 Nr. 6).
Schließlich handhabt der Disziplinarvorgesetzte seine Disziplinarbefugnis bei Berücksichtigung einer zu erwartenden Strafe auf die Disziplinarmaßnahme auch deshalb falsch, weil er sich die - im Vergleich zum Strafverfahren - schnellere Möglichkeit nimmt, mit der wegen der Tat erforderlich gewordenen Disziplinarmaßnahme unverzüglich die notwendige erzieherische Wirkung auf den Soldaten auszuüben.

3.2.11
Verhältnis der Bemessungsgründe zueinander

Die einzelnen in § 38 Abs. 1 WDO genannten Bemessungsgründe lassen sich nicht immer voneinander trennen; es bestehen häufig Wechselwirkungen. So gehören bisherige Führung und Persönlichkeit des Soldaten eng zusammen. Auch läßt sich das Maß der Schuld nicht losgelöst von der Schwere der Tat und von den Beweggründen betrachten.

Beispiel:
- Wenn ein Soldat seinem Gruppenführer deswegen einen Schlag ins Gesicht versetzt, weil dieser ihn zuvor schikaniert hat, wiegt die Tat nicht so schwer, die Schuld ist geringer und der Beweggrund ist verständlicher, als wenn der Soldat deswegen zugeschlagen hätte, weil er Vorgesetzte nicht ausstehen kann.

3.2.12
Ermittlungspflicht

Die disziplinaren Ermittlungen haben sich auf alle gem. den §§ 24 Abs. 2, 38 WDO für die Bemessung der Disziplinarmaßnahme bedeutsamen Umstände zu erstrecken (§ 32 Abs. 3 WDO).

Beispiele:
- Der zur Kompanie versetzte OGefr O kommt einige Tage nach der Versetzung um ca. drei Stunden zu spät unentschuldigt zum Dienst.
Bevor der KpChef seine disziplinare Entscheidung trifft, hat er anhand der Personalunterlagen und des Disziplinarbuchs sorgfältig die bisherige Führung des Soldaten festzustellen.
- Gefr G ist überführt, einem Stubenkameraden 50,- DM gestohlen zu haben. Der Soldat trägt zu seiner Entlastung vor, er habe das Dienstvergehen deshalb begangen, weil sich seine Familie in unverschuldeten finanziellen Schwierigkeiten

befände und er zuvor vergeblich bei Kameraden und Vorgesetzten Hilfe erbeten habe.
Der KpChef hat zu prüfen, ob die Einlassung des Soldaten zutrifft.

3.2.13
Abwägung der Zumessungsgründe

Um eine gerechte Disziplinarmaßnahme zu verhängen, hat der Disziplinarvorgesetzte alle für die Bemessung wichtigen Gründe ihrer Bedeutung und ihrem Gewicht nach gegenseitig daraufhin abzuwägen, ob sie für oder gegen den Soldaten sprechen.

Beispiele:
- Gefr G stellte am Morgen des 23.08. fest, daß ihm sein eigener elektrischer Rasierapparat anscheinend gestohlen worden war. Da er seinen letzten Wehrsold bereits ausgegeben hatte und auch sonst ohne finanzielle Mittel war und ihm niemand einen Rasierer auslieh, beschloß er, einem Stubenkameraden den Elektrorasierer zu entwenden. Er entschloß sich, nicht den finanziell schwachen Gefr X, sondern den offensichtlich vermögenden Gefr Y zu bestehlen und nahm den Rasierapparat (Wert ca. 50,- DM) aus dessen unverschlossenem Spind.
Bei der Vernehmung weigerte sich der Soldat auszusagen. Nachdem er aufgrund einer Durchsuchung seines Wagens, in dem der Apparat gefunden wurde, des Dienstvergehens überführt wurde, entschuldigte er sich beim Gefr Y.
Gefr G ist Grundwehrdienstleistender, seit fast sechs Monaten Soldat, erbringt gute Leistungen, ist ohne Disziplinarmaßnahmen und Strafen, unverheiratet, ohne finanzielle Verpflichtungen, nach Aussage der Vertrauensperson im Kameradenkreis sehr angesehen.
Der KpChef hat für seine disziplinare Entscheidung im einzelnen zu berücksichtigen:
- *zu Eigenart und Schwere des Dienstvergehens:*
  daß der Soldat den Rasierapparat dem Gefr Y nicht vorübergehend - etwa bis zum nächsten Wehrsoldempfang -, sondern für dauernd wegnahm (strafrechtlich gesehen Diebstahl und nicht straflose Gebrauchsanmaßung), (zuungunsten des Soldaten);
- *zu Auswirkungen des Dienstvergehens:*
  daß dem Gefr Y zwar ein materieller Schaden entstand (zuungunsten des Soldaten),
  daß der Schaden aber nicht so beträchtlich ist, wie wenn Gefr G den Gefr X bestohlen hätte (zugunsten des Soldaten),
  daß die Tat den kameradschaftlichen Zusammenhalt in der Einheit negativ betroffen hat (zuungunsten des Soldaten);
- *zum Maß der Schuld:*
  daß der Soldat vorsätzlich handelte (zuungunsten des Soldaten),
  daß er den finanziell besser gestellten Gefr Y bestahl (zugunsten des Soldaten),
  daß er sich beim Gefr Y entschuldigte (zugunsten des Soldaten);

- *zur Persönlichkeit:*
  daß der Soldat sich bisher sehr kameradschaftlich gezeigt hat (zugunsten des Soldaten),
  daß der Soldat bislang ohne Disziplinarmaßnahmen und Strafen ist (zugunsten des Soldaten),
  daß er gute Leistungen zeigt (zugunsten des Soldaten);
- *zum Beweggrund:*
  daß er plötzlich ohne Rasierapparat war und niemand ihm in dieser Situation half (dies läßt die Tat zunächst in einem milderen Licht erscheinen), daß er den Apparat dem Gefr Y aber nicht nur vorübergehend - bis er zum Ankauf eines neuen Gerätes in der Lage war - wegnahm, sondern ihn stahl (zuungunsten des Soldaten).

Nicht zur Entlastung des Soldaten darf berücksichtigt werden, daß es sich hier zugleich um eine nach Anhang 2 des Abgabeerlasses regelmäßig abgabepflichtige Straftat - Diebstahl (§ 242 StGB) - handelt (vgl. 3.2.10).

Nicht zur Belastung des Soldaten darf berücksichtigt werden, daß der Soldat die Aussage verweigert hat. Denn er hat insoweit nur von einem ihm zustehenden Recht Gebrauch gemacht (§ 32 Abs. 4 Satz 3 WDO), und dies darf sich daher für ihn nicht nachteilig auswirken.

Die für und gegen den Gefr G sprechenden Gesichtspunkte sind nunmehr für das Bemessen der angebrachten Disziplinarmaßnahme gegeneinander abzuwägen: Das Dienstvergehen wiegt so schwer, daß es trotz des bisher positiven Leumunds des Soldaten unangemessen wäre, lediglich eine erzieherische Maßnahme, einen Verweis oder einen strengen Verweis auszusprechen. Daher ist für die Regelfälle der §§ 33 Abs. 2 Satz 1 und 38 Abs. 2 WDO hier kein Raum.

Trotz der Schwere der Tat wäre es aber in Anbetracht der positiven Persönlichkeit und der bisherigen guten Führung des Soldaten unbillig, Disziplinararrest auszusprechen. Dies wäre auch ein Verstoß gegen § 38 Abs. 2 und Abs. 3 WDO. Gerade bei dem bis jetzt guten Bild des Gefr G ist es erforderlich, da erfolgversprechend, erst einmal mit einer geringeren Disziplinarmaßnahme erzieherisch auf den Soldaten einzuwirken und nicht sogleich mit der der Art nach härtesten einfachen Disziplinarmaßnahme zu beginnen. Die Tat ist auch nicht so gravierend (nicht zuletzt deswegen, weil sich Gefr G als »Opfer« den finanziell gut gestellten Gefr Y ausgesucht hat), als daß die Aufrechterhaltung des militärischen Ordnung Disziplinararrest gebietet.

Im Rahmen pflichtgemäßen Ermessens liegt es also, wenn der KpChef sich für Disziplinarbuße oder für Ausgangsbeschränkung (auch verschärfte Ausgangsbeschränkung) entscheidet.

Will der Disziplinarvorgesetzte eine Disziplinarbuße verhängen, hat er noch die persönlichen und wirtschaftlichen Verhältnisse des Soldaten zu berücksichtigen; also hier, daß der Soldat zwar bis zum nächsten Wehrsoldempfang ohne Geld ist, daß er andererseits aber keine Schulden hat. Die finanzielle Situation steht mithin einer empfindlichen Disziplinarbuße nicht entgegen.

- Flg F blieb seiner Einheit vom 20.07. bis zum 18.08. unerlaubt fern. Er hielt sich in dieser Zeit mit seiner Freundin in Mallorca auf. Der Staffelkapitän ahndete das

Dienstvergehen mit zehn Tagen Ausgangsbeschränkung, da der Soldat bisher noch nicht negativ in Erscheinung getreten war.
Diese Disziplinarmaßnahme wird der Schwere der Tat und Schuld in keiner Weise gerecht. Anwesenheit und Dienstleistung gehören zu den fundamentalen soldatischen Pflichten und sind unbedingte Voraussetzung eines geordneten militärischen Dienstbetriebs. Das Fehlverhalten berührt die Grundlagen der militärischen Ordnung und der Einsatzbereitschaft der Truppe. Flg F ist über einen längeren Zeitraum eigenmächtig abwesend gewesen, ohne daß ein ihn entlastender Beweggrund gegeben ist. Daher gebietet die Aufrechterhaltung der militärischen Ordnung eine disziplinare Freiheitsentziehung (§ 34 Abs. 3 WDO), und zwar eine solche, die die Disziplinarbefugnis des nächsten Disziplinarvorgesetzten übersteigt.
Zwar kann die verhängte Disziplinarmaßnahme nicht mehr verschärft werden. Dennoch ist sie eklatant rechtswidrig, da sie außerhalb pflichtgemäßen Ermessen liegt und zudem gegen den Gleichheitsgrundsatz - Art. 3 Abs. 1 GG - verstößt; gemäß § 34 Abs. 1 und 3 WDO wird in ständiger Praxis ein Soldat bei vergleichbarer Tat mit mehr als zwei Wochen Disziplinararrest gemaßregelt.

3.2.14

Beispiele für belastende und entlastende Zumessungsgründe:

Gründe für den Soldaten		Gründe gegen den Soldaten
Gute Leistungen		schlechte Leistungen
förmliche Anerkennungen, positive erzieherische Maßnahmen		negative erzieherische Maßnahmen, Disziplinarmaßnahmen (nicht aber getilgte oder tilgungsreife Disziplinarmaßnahmen – § 8 Abs. 2, 7 und 8 WDO –), Strafen
wirtschaftliche Notlage		Habgier
Fahrlässigkeit	im Vergleich zu	Vorsatz
leichte Fahrlässigkeit	im Vergleich zu	grober Fahrlässigkeit
Ersttat	im Vergleich zu	Wiederholungstat
Bewährung nach der Tat; insbesondere Reue und Bemühungen, den Schaden wiedergutzumachen		keine günstige Zukunftserwartung durch Verhalten nach der Tat, z.B. durch Uneinsichtigkeit
kein oder nur geringer Schaden		erheblicher Schaden
keine Vorgesetzteneigenschaft	im Vergleich zu	Vorgesetzteneigenschaft (vgl. 3.2.15)
charakterliche Vorzüge		charakterliche Mängel
Entwendung von Bundeseigentum ohne Obhutspflicht	im Vergleich zu	Entwendung von Bundeseigentum unter Ausnutzung der Obhutspflicht

3.2.15
Vorgesetzteneigenschaft als Zumessungsgrund

Vom Vorgesetzten wird nach § 10 Abs. 1 SG beispielhafte Erfüllung seiner Dienstpflichten gefordert. Daraus folgt, daß ein Dienstvergehen eines Vorgesetzten schwerer wiegt als das eines Soldaten, der nicht Vorgesetzter ist, und ferner, daß die Tat um so gravierender ist, je größere Verantwortung der Vorgesetzte trägt. Es genügt ein Vorgesetztenverhältnis aufgrund des Dienstgrades; d.h., daß alle Offiziere und Unteroffiziere an § 10 Abs. 1 SG zu messen sind.

Beispiel:
- Wenn im Beispiel zu 3.2.13 nicht Gefr G, sondern der Gruppenführer dem Gefr Y den Rasierer entwendet hätte, würden Tat und Schuld des Gruppenführers schwerwiegender sein als beim Gefr G. Hätte das Dienstvergehen der Zugführer oder gar der KpChef begangen, so wären Schwere der Tat und Schuld noch beträchtlicher.

3.2.16
Abänderung zu hoher Disziplinarmaßnahmen

3.2.16.1
Der Soldat kann sich gegen eine Disziplinarmaßnahme beschweren, weil sie ihm zu hart erscheint. Im Beschwerdeverfahren ist dann zu prüfen, ob der verhängende Disziplinarvorgesetzte die Bemessungsrichtlinien - §§ 15 Abs. 2 Halbsatz 2, 24 Abs. 2, 38 WDO - gebührend beachtet hat. Ist dies nicht der Fall, hat also der Disziplinarvorgesetzte sein Ermessen bei der Festsetzung der Disziplinarmaßnahme nicht pflichtgemäß ausgeübt, ist die Disziplinarmaßnahme aufzuheben und an ihrer Stelle (soweit überhaupt eine Disziplinarmaßnahme angebracht ist; vgl. 3.1) eine geringere zu verhängen (§ 42 Nr. 4 und 5 WDO; vgl. »Die Überprüfung einfacher Disziplinarmaßnahmen« 1.1.7.4).

3.2.16.2
Ferner kann der Disziplinarvorgesetzte, der die Disziplinarmaßnahme verhängt hat, oder bei einem Wechsel sein Nachfolger, beantragen, eine von ihm verhängte Disziplinarmaßnahme herabzusetzen, wenn sie ihm nachträglich zu hoch erscheint (§§ 44 Abs. 2 Satz 2, 45 WDO; vgl. »Die Überprüfung einfacher Disziplinarmaßnahmen« 1.5.5).

3.3
Ist der nächste Disziplinarvorgesetzte zur Ahndung nicht zuständig, hat er das Dienstvergehen dem nächsthöheren Disziplinarvorgesetzten zu melden (§ 30 Abs. 3 WDO; im einzelnen vgl. »Die Disziplinarbefugnis« 2.3).

3.4

3.4.1
Hält der zuständige Disziplinarvorgesetzte die Einleitung eines gerichtlichen Disziplinarverfahrens für geboten, führt er die Entscheidung der Einleitungsbehörde herbei (§ 41 WDO).

3.4.2
Wer Einleitungsbehörde ist, ergibt sich aus § 94 WDO in Verbindung mit ZDv 14/3 B 161.

3.4.3
Ein Antrag auf Einleitung eines gerichtlichen Disziplinarverfahrens ist dann geboten, wenn der Disziplinarvorgesetzte der Auffassung ist, für das Dienstvergehen reiche eine einfache Disziplinarmaßnahme nicht aus, es sei vielmehr eine gerichtliche Disziplinarmaßnahme erforderlich.

3.4.4
Gerichtliche Disziplinarmaßnahmen sind (§ 58 WDO):
- Gehaltskürzung,
- Beförderungsverbot,
- Dienstgradherabsetzung,
- Herabsetzung in der Besoldungsgruppe,
- Entfernung aus dem Dienstverhältnis,
- Kürzung des Ruhegehalts,
- Aberkennung des Ruhegehalts,
- Aberkennung des Dienstgrades.

3.4.5
Begeht ein Offizier oder Unteroffizier ein schweres Dienstvergehen, ist stets zu prüfen, ob ein gerichtliches Disziplinarverfahren erforderlich ist.

Beispiele:
- Gegen Berufssoldaten und Soldaten auf Zeit, die Offiziere oder Unteroffiziere sind, ist bei Trunkenheit am Steuer im Dienst stets ein gerichtliches Disziplinarverfahren notwendig (ZDv 14/3 B 162);
- Dienstvergehen von Offizieren und Unteroffizieren, die zugleich nach dem Abgabeerlaß abgabepflichtige Straftaten sind, gebieten regelmäßig die Durchführung eines gerichtlichen Disziplinarverfahrens;
- Einbrüche in die Ehe eines Soldaten durch Offiziere oder Unteroffiziere machen grundsätzlich ein gerichtliches Disziplinarverfahren erforderlich.

3.4.6
Der Disziplinarvorgesetzte hat den Antrag auf Einleitung eines gerichtlichen Disziplinarverfahrens zu begründen. Dem Antrag sind sämtliche Ermittlungsunterlagen beizufügen.

Fragen zum Kapitel »Die disziplinare Entscheidung«

1. Was besagt der Grundsatz der Verhältnismäßigkeit bei der disziplinaren Entscheidung?

2. OGefr O war am 11.04. fahrlässigerweise zwanzig Minuten zu spät zum Dienst erschienen. Am nächsten Tag nannte er seinen Zugführer einen Schleifer. Muß der KpChef wegen der beiden Dienstvergehen nach der WDO einschreiten?

3. Gefr G, sein Gruppenführer und sein Zugführer kommen gemeinsam am Montagmorgen unentschuldigt fast vier Stunden zu spät zum Dienst. Da die drei Soldaten nach Führung und Leistung etwa gleich einzustufen sind, beabsichtigt der KpChef, gegen alle eine empfindliche Disziplinarbuße in gleicher Höhe zu verhängen.
   Ist es richtig, so zu verfahren?

4. Hptm H hat in seiner Kompanie einen »Maßnahmekatalog« aufgestellt. Danach werden z.B. für jeden Tag unerlaubter Abwesenheit ein Tag verschärfte Ausgangsbeschränkung und für jeden dem Bund schuldhaft herbeigeführten Schaden Disziplinarbuße in Höhe des Schadens angedroht.
   Handhabt der KpChef, wenn er nach dem »Katalog« verfährt, seine Disziplinarbefugnis richtig?

5. Gefr G hatte während des Dienstes seinem Gruppenführer einen Schlag in das Gesicht gegeben. Der KpChef gab die Sache an die Staatsanwaltschaft ab. Wegen der im Strafverfahren zu erwartenden Strafe ahndete er das Dienstvergehen lediglich mit einer Disziplinarbuße von 80,– DM.
   Handelte der KpChef richtig?

6. Am 07.12.2001 entwendete HptGefr H, W, im technischen Bereich mehrere Werkzeuge. Bei der Bemessung der Disziplinarmaßnahme für dieses Dienstvergehen berücksichtigt der KpChef nicht zu Lasten des Soldaten, daß dieser bereits wegen Zapfenstreichüberschreitung am 12.11. 2000 ausweislich des Disziplinarbuchs eine Disziplinarbuße erhalten hatte.
   Ist diese Überlegung richtig?

7. Matr M war vom 02.03. bis zum 10.04. seiner Kompanie unerlaubt ferngeblieben. Der KpChef vernahm den Soldaten am 13.04. M war geständig und widersprach der Anhörung der Vertrauensperson. Am 02.05. gab der KpChef die Sache an den BtlKdr ab. Dieser beantragte am 29.05. die Zustimmung zur Verhängung von 21 Tagen Disziplinararrest.
   Handelten die Disziplinarvorgesetzten richtig?

Die Lösungen befinden sich auf Seite 156

VII. Die Verfahrensbestimmungen

Die Verhängung einer einfachen Disziplinarmaßnahme erfordert die Beachtung folgender Verfahrensbestimmungen:

1. Zeitablauf

1.1

Eine einfache Disziplinarmaßnahme darf nicht mehr verhängt werden, wenn *seit dem Dienstvergehen sechs Monate verstrichen* sind (§ 17 Abs. 2 WDO).

Beispiele:

- Nach dem am 06.02. durchgeführten Schießen fehlten 50 Schuß Munition. Erst am 07.08. ermittelte der KpChef, daß PzGren P diese Munition am 06.02. entwendet hatte. Das Dienstvergehen kann vom KpChef nicht mehr geahndet werden, da seit dem Dienstvergehen sechs Monate verstrichen sind. Es kommt also für die Verjährungsfrist nach § 17 Abs. 2 WDO auf den Zeitpunkt des Dienstvergehens und nicht darauf an, wann der Disziplinarvorgesetzte von der Tat Kenntnis erhalten hat.
- Als Gefr G nach siebenmonatigem Krankenhaus- und Kuraufenthalt am 15.09. seinen Dienst wieder antritt, stellt er den Verlust seiner Kampfjacke fest. Die vom KpChef durchgeführten Ermittlungen ergeben, daß PzGren P während der Krankheit des Gefr G diesem die Jacke aus dem Spind entwendet hatte. Die Tatzeit läßt sich nicht mehr feststellen; es ist nicht auszuschließen, daß PzGren P vor mehr als sechs Monaten die Tat begangen hat.

Das Dienstvergehen ist nach dem Grundsatz »im Zweifel zugunsten des Soldaten« gem. § 17 Abs. 2 WDO verjährt.

1.2

Die Abgabe an die Staatsanwaltschaft ist unabhängig davon, ob das Dienstvergehen wegen Zeitablaufs disziplinar geahndet werden darf.

1.3

Die *Sechsmonatsfrist wird ausnahmsweise im Auflauf gehemmt,* wenn vor ihrem Ablauf *derselbe Sachverhalt* Gegenstand

1.3.1

eines Strafverfahrens,

1.3.2

eines Bußgeldverfahrens,

1.3.3
eines gerichtlichen Disziplinarverfahrens,

1.3.4
eines Beschwerdeverfahrens,

1.3.5
einer Flugunfalluntersuchung,

1.3.6
einer Taucherunfalluntersuchung oder

1.3.7
eines Havarieverfahrens wird (§ 17 Abs. 5 WDO).

Beispiele:
- Am 20.01. gerät PzSchtz P, Panzerfahrer, mit seinem Privatkfz in eine Verkehrskontrolle. Da der kontrollierende Polizeibeamte den Soldaten der Trunkenheit im Verkehr verdächtigt, wird ihm noch am selben Tag eine Blutprobe (Ergebnis: 1,89 ‰ zur Tatzeit) entnommen. Am 05.08. wird der Soldat wegen der Trunkenheit vom 20.01. durch das Amtsgericht rechtskräftig zu einer Geldstrafe verurteilt.
Da vom 20.01. bis zum 05.08. das sachgleiche Strafverfahren andauerte, beginnt die Frist für die Ahndung des Dienstvergehens erst ab 06.08. zu laufen.
- Dem Gefr X wurden am 19.03. 150,- DM gestohlen. Der KpChef, Hptm H, verdächtigt den Gefr Y der Tat und gibt die Sache wegen Verdachts des Diebstahls mit am 22.03. dort eingehendem Schreiben an die Staatsanwaltschaft ab. Zugleich setzt er wegen der schwierigen Ermittlungen die disziplinare Erledigung bis zur Beendigung des sachgleichen Strafverfahrens aus. Am 02.11. wird Gefr Y wegen des am 19.03. begangenen Diebstahls vom Amtsgericht rechtskräftig verurteilt. Von dem Strafurteil erfährt Hptm H am 30.11.
Von der Sechsmonatsfrist für die Ahndung des Dienstvergehens ist erst die Zeit vom 19.03. bis 21.03. (ab 22.03. Beginn des Strafverfahrens) und vom 03.11 (bis 02.11. dauerte das Strafverfahren an) bis zum 30.11. verstrichen.

1.4
Eine Disziplinarmaßnahme für ein Dienstvergehen, das wegen Zeitablaufs nicht mehr geahndet werden durfte, ist aufzuheben (§ 46 Abs. 2 Nr. 6 WDO).

2. Absehen von einer Disziplinarmaßnahme

2.1
Hat der Disziplinarvorgesetzte von einer Disziplinarmaßnahme abgesehen - weil er kein Dienstvergehen festgestellt hat oder eine Disziplinarmaßnahme nicht für

zulässig oder angebracht hält –, darf er den Fall nur dann erneut verfolgen, wenn erhebliche neue Tatsachen oder Beweismittel bekanntwerden (§ 36 WDO).

Beispiele:

- PzGren P steht im dringenden Verdacht, die Aushänge am Schwarzen Brett beschädigt zu haben. Er bestreitet die ihm zur Last gelegte Tat energisch. Da beim KpChef, Hptm H, gewisse Zweifel an der Täterschaft des PzGren P zurückbleiben, gibt er dem Soldaten bekannt, er werde von einer Disziplinarmaßnahme gegen ihn absehen. Am Tage darauf brüstet sich PzGren P vor seinen Stubenkameraden damit, den Chef ganz schön »übers Ohr gehauen« zu haben. Der Stubenälteste, OGefr O, meldet dem KpChef die Äußerung des PzGren P.
Die Stubenkameraden des PzGren P stellen als Zeugen erhebliche neue Beweismittel für den KpChef bei der Aufklärung der Beschädigung des Schwarzen Bretts dar. Die Äußerung des PzGren P vor den Stubenkameraden ist als erhebliche neue Tatsache anzusehen. Hptm H ist also berechtigt, den Fall erneut zu verfolgen.
- Der KpChef, Hptm H, stellte fest, daß PzGren P einen Stubenkameraden, den Gefr X, Z-Sau genannt hatte. Er beließ es bei einer Zurechtweisung des PzGren P. Nachher stellt sich heraus, daß PzGren P nicht den Gefr X, sondern den Gefr Y auf der Stube als Z-Sau bezeichnet hatte.
Hier liegt keine erhebliche neue Tatsache vor, so daß Hptm H den Fall nicht neu aufgreifen darf.
- Der vor zwei Wochen zur Kp versetzte Gefr G kam vorgestern unentschuldigt zwei Stunden zu spät zum Dienst. Da der Soldat auf seinen neuen Chef, Hptm H, bisher einen guten Eindruck gemacht und glaubhaft versichert hatte, er habe sich in seiner Dienstzeit ansonsten nichts zuschulden kommen lassen, sprach Hptm H lediglich eine Warnung gegen den Soldaten aus. Als kurze Zeit später die Personalunterlagen des Gefr G und das Karteiblatt aus dem Disziplinarbuch von der alten Einheit eingehen, ersieht Hptm H, daß Gefr G bereits zwei Disziplinarmaßnahmen wegen schuldhafter Dienstversäumnisse erhalten hatte.
Die neue Erkenntnis, daß Gefr G bereits zweimal einschlägig negativ aufgefallen ist, stellt sich als wesentliche neue Tatsache dar (vgl. §§ 32 Abs. 3, 33 Abs. 2 Satz 1, 38 Abs. 1 und 2 WDO), die zur Verhängung einer Disziplinarmaßnahme wegen der zweistündigen Verspätung berechtigt.

2.2.

Hat der Disziplinarvorgesetzte eine Disziplinarmaßnahme verhängt, nachdem er dem Soldaten bekanntgegeben hatte, daß er von einer Disziplinarmaßnahme absehe, ohne daß erhebliche neue Tatsachen oder Beweismittel nachträglich bekannt geworden sind, ist die Disziplinarmaßnahme aufzuheben (§ 46 Abs. 2 Nr. 5 WDO).

2.3

Hält die Einleitungsbehörde (vgl. § 94 WDO, ZDv 14/3 B 161) eine gerichtliche Disziplinarmaßnahme für geboten, kann sie das gerichtliche Disziplinarverfahren auch einleiten, wenn ein Disziplinarvorgesetzter die Tat vorher ungeahndet gelassen oder eine einfache Disziplinarmaßnahme verhängt hat (§§ 35 Abs. 3 Satz 2, 96 Abs. 1 WDO).

Beispiel:
- Da PzGren P ständig den Formaldienst störte, versetzte der Zugführer, Fw F, dem Soldaten eine Ohrfeige und einen Tritt ins Gesäß. Der KpChef sprach gegen Fw F eine Warnung aus.
Ist die Einleitungsbehörde der Auffassung, daß für die Tat des Fw F eine gerichtliche Disziplinarmaßnahme geboten ist, kann sie trotz der Entscheidung des KpChefs das gerichtliche Disziplinarverfahren gegen den Zugführer einleiten. Dasselbe gilt für den Fall, daß der KpChef eine einfache Disziplinarmaßnahme gegen Fw F verhängt hat und die Einleitungsbehörde ein gerichtliches Disziplinarverfahren für notwendig hält.

3. Verhältnis der Disziplinarmaßnahmen zu Strafen und Ordnungsmaßnahmen

3.1.

Ist durch ein Gericht oder eine Behörde eine Strafe oder Ordnungsmaßnahme unanfechtbar verhängt oder ein *Strafverfahren nach Erfüllung von Weisungen und Auflagen endgültig eingestellt worden,* kann wegen desselben Sachverhalts eine *einfache Disziplinarmaßnahme* - ausgenommen Disziplinararrest - *nicht mehr ausgesprochen werden;* Disziplinararrest, Kürzung der Dienstbezüge oder des Ruhegehaltes kann nur verhängt werden, wenn dies zusätzlich erforderlich ist, um die militärische Ordnung aufrecht zu erhalten oder wenn das Ansehen der Bundeswehr durch das Fehlverhalten ernsthaft beeinträchtigt wurde (§ 16 Abs. 1 WDO).
Diese Regelung beruht auf der Überlegung, daß häufig die dienstlichen Aspekte des Fehlverhaltens eines Soldaten schon bei der Strafbemessung, der Auflage bzw. Weisung oder durch die Ordnungsmaßnahme berücksichtigt worden sind und Disziplinarmaßnahmen demnach überflüssig werden, wenn die mit ihnen bezweckte erzieherische Einwirkung auf den Soldaten bereits durch strafrechtliche Sanktionen oder Ordnungsmaßnahmen vorweggenommen wurde. Bei leichteren und mittelschweren Dienstvergehen ist daher regelmäßig nach einer Strafe, Auflage oder Ordnungsmaßnahme für eine einfache Disziplinarmaßnahme, Gehaltskürzung oder Kürzung des Ruhegehalts kein Anlaß gegeben.

Beispiele:
- Gegen den Gefr G besteht der dringende Verdacht, aus der Waffenkammer ein Gewehr G36 entwendet zu haben. Der KpChef, Hptm H, gibt die Sache wegen Verdachts auf schweren Diebstahl an die Staatsanwaltschaft ab. Das Amtsgericht überführt den Gefr G der Tat und verurteilt ihn zu einer Geldstrafe.
Der Disziplinarvorgesetzte hat sich zu fragen, ob durch das Ausbleiben einer Disziplinarmaßnahme in Form von Disziplinararrest die militärische Ordnung gefährdet wird.

Unter militärischer Ordnung ist zu verstehen:
Der sich bei Beachtung der für die Bundeswehr geltenden Rechtsnormen, Befehle und Grundsätze ergebende Bestand von Personal und Material, dessen die Bundeswehr zur Erfüllung ihres Verteidigungsauftrags bedarf. Die militärische Ordnung kann sowohl durch unzureichende Ausbildung, mangelnde Verteidigungsbereitschaft und Disziplinlosigkeit einer Truppe einerseits als auch durch Beeinträchtigung des Bestandes an Wehrmitteln und ihrer Verwendungsfähigkeit andererseits berührt werden (Bundesverwaltungsgericht - II WD 41/72 - vom 10. April 1973).
Selbst bei diesem schwerwiegenden Dienstvergehen des Entwendens eines wichtigen Wehrmittels ist zur Aufrechterhaltung der militärischen Ordnung nach der strafrechtlichen Strafe ein Arrest grundsätzlich nicht mehr erforderlich. Anders wäre die Rechtslage aber, wenn eine konkrete Wiederholungsgefahr bestünde, da sich die Strafe dann nicht als ausreichend zur Wiederherstellung der militärischen Ordnung erwiesen hätte.
- Die OGefr X und Y ziehen nach Dienst, das Horst-Wessel-Lied gröhlend, mit »Heil Hitler« grüßend und mit Hakenkreuzen an ihren Uniformen durch den Standort. Sie werden strafgerichtlich mit einer Geldstrafe belangt. Aufgrund der schwierigen Ermittlungen hatte der KpChef die disziplinare Erledigung bis zum Abschluß des Strafverfahrens zurückgestellt.
Er ist trotz der vorangegangenen Bestrafung berechtigt, gegen die Soldaten noch zusätzlich einen Disziplinararrest auszusprechen. Die OGefr X und Y haben durch ihre Tat das Ansehen der Bundeswehr ernsthaft beeinträchtigt.
- PzGren P war einer Feldjägerstreife gegenüber im Lokal »Zum Löwen« ausfallend geworden, indem er den Streifenführer als »Bullen« und »Untergebenenschinder« bezeichnet hatte. Das Strafverfahren wegen Beleidigung wurde vom Amtsgericht eingestellt, nachdem der Soldat die Auflage - Zahlung von 200,- DM an das DRK - erfüllt hatte.
Hier ist wegen der Erziehungsfunktion der Auflage zur Aufrechterhaltung der militärischen Ordnung keine Disziplinarmaßnahme zusätzlich möglich (§ 16 Abs. 1 Nr. 1 WDO).
- HptGefr H hatte den Auftrag, mit seinem Lkw 1,5 t gl. Unimog eine Dienstfahrt von X-Stadt nach Y-Stadt zu machen. Kurz vor Y-Stadt auf einer Straße, auf der als Höchstgeschwindigkeit 70 km/h vorgeschrieben ist, wird der Soldat von der Polizei mit einer Geschwindigkeit von 90 km/h gestellt. Er erhält einige Wochen später wegen dieser Geschwindigkeitsüberschreitung einen Bußgeldbescheid.
Nach dieser Ordnungsmaßnahme ist eine Disziplinarmaßnahme wegen des gleichzeitig begangenen Dienstvergehens (§§ 11, 23 Abs. 1 SG; vgl. auch ZDv 43/2 Nr. 108 und Anlage 2) nicht mehr zulässig, da die Voraussetzungen nach § 16 Abs. 1 WDO dafür nicht gegeben sind.

3.2

Andere Disziplinarmaßnahmen als einfache Disziplinarmaßnahmen, Gehaltskürzung oder *Kürzung des Ruhegehalts* - also z.B. Beförderungsverbot, Dienstgradherabsetzung, Entfernung aus dem Dienstverhältnis - *sind ohne die Einschränkungen des § 16 WDO nach einer vorangegangenen Strafe, Auflage oder Ordnungsmaßnahme zulässig.*

3.3
Wird gegen eine Soldaten nach strafgerichtlicher Bestrafung oder nach einer Ordnungsmaßnahme eine einfache Disziplinarmaßnahme verhängt, ohne daß die Voraussetzungen des § 16 Abs. 1 WDO vorliegen, ist die Disziplinarmaßnahme auf Antrag aufzuheben (§ 44 Abs. 1 Satz 1 WDO; vgl. »Die Überprüfung einfacher Disziplinarmaßnahmen« 1.5).

3.4
Ist gegen einen Soldaten bereits eine strafgerichtliche Freiheitsentziehung (Freiheitsstrafe, Strafarrest, Jugendarrest, auf Freiheitsstrafe angerechnete Untersuchungshaft) verhängt worden und hält der Disziplinarvorgesetzte gem. § 16 Abs. 1 Nr. 2 WDO zusätzlich eine disziplinare Ahndung in Form von Disziplinararrest für angebracht, ist die strafgerichtliche Freiheitsentziehung anzurechnen; die Dauer des Disziplinararrests darf zusammen mit der strafgerichtlichen Freiheitsentziehung drei Wochen nicht überschreiten (§ 16 Abs. 2 WDO). Das Anrechnungsgebot besteht auch für den Fall, daß die verhängte Freiheitsstrafe zur Bewährung ausgesetzt worden ist.

Beispiele:
- Ein Soldat wurde mit zwei Wochen Strafarrest bestraft.
Der Disziplinarvorgesetzte darf - unter den Voraussetzungen des § 16 Abs. 1 WDO - höchstens eine Woche Disziplinararrest verhängen.
- Ein Soldat wurde mit sechs Wochen Strafarrest bestraft.
Disziplinararrest darf nicht mehr verhängt werden. Eine andere einfache Disziplinarmaßnahme ist auch nicht mehr zulässig (§ 16 Abs. 1 Nr. 1 WDO).

3.5
Eine Disziplinarmaßnahme, die gegen § 16 Abs. 2, 2. Halbsatz WDO verstößt, ist von Amts wegen aufzuheben (§ 43 Abs. 2 WDO).

3.6
In der Regel wird der Disziplinarvorgesetzte die Disziplinarmaßnahme verhängt haben, bevor das Strafgericht wegen desselben Sachverhalts eine Strafe ausgesprochen oder das Verfahren nach Erfüllung von Auflagen oder Weisungen eingestellt hat. Denn der erzieherischen Wirkung wegen muß die Disziplinarmaßnahme so schnell wie möglich auf das Dienstvergehen folgen (§ 17 Abs. 1 WDO). Daher ist nur *ausnahmsweise richtig, die disziplinare Erledigung bis zum Abschluß des sachgleichen Strafverfahrens auszusetzen* (vgl. § 33 Abs. 3 Satz 3 WDO). Dieser Ausnahmefall ist dann gegeben, wenn die Ermittlungen für den Disziplinarvorgesetzten derart schwierig sind, daß er das strafgerichtliche Ermittlungsergebnis abwartet (vgl. »Die Ermittlungen des Disziplinarvorgesetzten« Beispiel zu 9.3.).
Setzt der Disziplinarvorgesetzte die disziplinare Erledigung aus, geht nicht nur die erzieherische Wirkung der Disziplinarmaßnahme weitgehend verloren; der Disziplinarvorgesetzte macht es sich dadurch zusätzlich wegen § 16 WDO häufig unmöglich, überhaupt noch disziplinar einzugreifen.

3.7
Ist gegen einen Soldaten eine einfache Disziplinarmaßnahme unanfechtbar verhängt worden und wird er *anschließend* wegen desselben Sachverhalts strafgerichtlich belangt oder wird gegen ihn eine Ordnungsmaßnahme ausgesprochen, ist auf seinen Antrag die Disziplinarmaßnahme aufzuheben, wenn sie nicht zusätzlich erforderlich ist, um die militärische Ordnung aufrechtzuerhalten oder wenn das Ansehen der Bundeswehr nicht ernsthaft beeinträchtigt ist (§ 43 Abs. 1 WDO).

3.7.1
Die geringe Wahrscheinlichkeit der Aufhebung der Disziplinarmaßnahme nach § 43 Abs. 1 WDO ist kein Anlaß, bei einem ahndungswürdigen Dienstvergehen von der Verhängung einer Disziplinarmaßnahme abzusehen.

3.7.2
Trotz des Vorliegens der Voraussetzungen des § 43 Abs. 1 WDO darf eine Disziplinarmaßnahme nicht aufgehoben werden, die im Straf- oder Bußgeldverfahren ausdrücklich angerechnet worden ist (§ 43 Abs. 3 WDO).

Beispiel:
- PzGren P war der Kompanie zwei Wochen eigenmächtig ferngeblieben. Der BtlKdr verhängt gegen ihn 16 Tage Disziplinararrest. Im sachgleichen Strafverfahren wird der Soldat nachträglich wegen eigenmächtiger Abwesenheit zu sechs Wochen Strafrecht, die in Höhe der 16 Tage Disziplinararrest als verbüßt gelten, verurteilt.
Die Aufhebung des Disziplinararrests ist nach § 43 Abs. 3 WDO unzulässig.

3.7.3
Um die Berücksichtigung der Disziplinarmaßnahme im Strafverfahren zu gewährleisten und um auf diese Weise der Gefahr der Aufhebung der Disziplinarmaßnahme nach § 43 Abs. 1 WDO entgegenzutreten, hat der Disziplinarvorgesetzte mit der Abgabe an die Staatsanwaltschaft die von ihm wegen derselben Tat verhängte Disziplinarmaßnahme mitzuteilen; die Mitteilungspflicht besteht auch dann, wenn der Disziplinarvorgesetzte wegen derselben Tat nach der Abgabe eine Disziplinarmaßnahme verhängt (vgl. ZDv 14/3 B 117 Nr. 6).

4. Verbot mehrfacher Ahndung

4.1
Ein Dienstvergehen darf nur einmal disziplinar geahndet werden (§ 18 Abs. 1 WDO).

4.2
Nebeneinander sind zwar Disziplinararrest und Ausgangsbeschränkung sowie *bei unerlaubter Abwesenheit des Soldaten von mehr als einem Tag* Ausgangsbeschränkung und Disziplinarbuße oder Disziplinararrest und Disziplinarbuße zulässig (§ 22 Abs. 2 WDO). Diese nebeneinander möglichen Disziplinarmaßnahmen dürfen aber *nur gleichzeitig verhängt werden* (§ 37 Abs. 4 WDO).

4.3
Eine Disziplinarmaßnahme ist aufzuheben, wenn gegen den Soldaten wegen desselben Dienstvergehens bereits eine Disziplinarmaßnahme verhängt worden ist (§ 46 Abs. 2 Nr. 3 WDO).

5. Gebot einheitlicher Ahndung

5.1
Mehrere Pflichtverletzungen eines Soldaten, *über die gleichzeitig entschieden werden kann*, sind als *ein* Dienstvergehen zu ahnden (§ 18 Abs. 2 WDO). Dieser verfahrensrechtliche Grundsatz der Einheitsmaßnahme beruht auf der Erwägung, daß die Disziplinarmaßnahme jeweils das Gesamtverhalten des Soldaten erfassen soll.

5.2
Solange über eine von mehreren Pflichtverletzungen noch nicht entschieden werden kann, darf die entscheidungsreife Dienstpflichtverletzung gesondert geahndet werden.
Entscheidungsreife ist bezüglich einer neuen Dienstpflichtverletzung nicht vorhanden, wenn

5.2.1
noch Ermittlungen erforderlich sind (§ 32 Abs. 1 WDO),

5.2.2
die Anhörung des Soldaten oder der Vertrauensperson zur neuen Tat noch aussteht (§ 27 Abs. 1 SBG),

5.2.3
seit Kenntnis von der neuen Tat noch nicht eine Nacht abgelaufen ist (§ 37 Abs. 1 Satz 1 WDO), soweit nicht die Ausnahmen der §§ 37 Abs. 1 Satz 2 und 40 Abs. 1 Satz 5 WDO vorliegen,

5.2.4
die Zustimmung des Truppendienstrichters zum Disziplinararrest aussteht (§ 40 Abs. 1 Satz 1 WDO),

5.2.5

der Disziplinarvorgesetzte wegen der neuen Tat die Einleitung eines gerichtlichen Disziplinarverfahrens für geboten hält (§ 41 WDO).

Beispiel:

- Der KpChef, Hptm H, beendet am 14.11. gegen PzGren P die Ermittlungen wegen dessen Dienstversäumnis am 11.11. - einschließlich der Anhörung des Soldaten und der Vertrauensperson -. Da erfährt er am 15.11., daß PzGren P einem Stubenkameraden 10,- DM entwendet hat.

Selbst wenn Hptm H am 15.11. die Ermittlungen zu der neuen Dienstpflichtverletzung völlig abschließt, ist diese Tat am 15.11. wegen § 37 Abs. 1 Satz 1 WDO noch nicht entscheidungsreif. Er kann also die Tat vom 11.11. am 15.11. und die Tat vom 15.11. am 16.11 ahnden. Ahndet er die Tat vom 11.11. noch nicht am 15.11., muß er beide Dienstpflichtverletzungen zusammenfassen, da ab 16.11. beide Taten entscheidungsreif sind.

5.3

Sind mehrere Dienstpflichtverletzungen entscheidungsreif, sind sie nach § 18 Abs. 2 WDO auch dann als ein Dienstvergehen zu ahnden, wenn für die einzelnen Dienstpflichtverletzungen verschiedene Disziplinarvorgesetzte zuständig sind.

Beispiel:

- PzGren P hatte am 02.07. seinem Gruppenführer einen Faustschlag ins Gesicht versetzt. Der KpChef, Hptm H, gab den Fall gem. § 30 Abs. 2 Nr. 1 WDO an den BtlKdr ab, weil er seine Disziplinarbefugnis nicht für ausreichend hielt. Der BtlKdr hatte wegen dieses Dienstvergehens die Zustimmung des Truppendienstrichters zu einem 16tägigen Disziplinararrest eingeholt. Inzwischen hatte PzGren P ein neues Dienstvergehen begangen, indem er seinen Zugführer »Kameradenschwein« genannt hatte. Hierzu hat Hptm H die Ermittlungen abgeschlossen. Er hält seine Disziplinarbefugnis für ausreichend.

Nunmehr sind beide Dienstpflichtverletzungen entscheidungsreif. Der KpChef ist zwar nicht nach § 30 Abs. 2 Nr. 1 und Abs. 3 WDO, wohl aber wegen des Gebots einheitlicher Ahndung nach § 18 Abs. 2 WDO verpflichtet, die Ahndung der neuen Tat dem BtlKdr zu überlassen.

5.4

Weitere Einzelheiten zu § 18 Abs. 2 WDO ergeben sich aus ZDv 14/3 B 126.

6. Zeitpunkt der Verhängung

6.1

Eine Disziplinarmaßnahme darf erst nach Ablauf einer Nacht verhängt werden, nachdem der Soldat abschließend vernommen wurde (§ 37 Abs. 1 Satz 1 WDO). Die Nacht rechnet von 2200 Uhr bis 0600 Uhr.

6.2
Ausnahmen:

6.2.1
Von dem Tag an, an dem ein Soldat zum Entlassungsort in Marsch gesetzt wird, kann die Disziplinarmaßnahme sofort verhängt werden (§ 37 Abs. 1 Satz 2 WDO).

6.2.2
Hat der Truppendienstrichter einem Disziplinararrest mit sofortiger Vollstreckbarkeit zugestimmt, kann der Disziplinararrest sofort verhängt werden (§ 40 Abs. 1 Satz 5 WDO).

6.3
Ist eine Disziplinarmaßnahme zu früh verhängt worden, ist dies kein Aufhebungsgrund nach § 46 WDO.

7. Anhörung

7.1
Vor der Entscheidung ist der Soldat - und zwar regelmäßig durch den verhängenden Disziplinarvorgesetzten - stets zu fragen, ob er etwas zu seiner Entlastung vorbringen will (§ 32 Abs. 5 WDO; im einzelnen vgl. »Die Ermittlungen des Disziplinarvorgesetzten« 6.1.7)

7.2
Vor der Entscheidung ist die Vertrauensperson zur Person des Soldaten, zum Sachverhalt und zum Disziplinarmaß zu hören, sofern der Soldat nicht widerspricht (§§ 4 Satz 1 WDO, 27 Abs. 1 SBG; im einzelnen vgl. »Die Ermittlungen des Disziplinarvorgesetzten« 7). Das Ergebnis der Anhörung der Vertrauensperson ist dem Soldaten vor dessen Anhörung nach § 32 Abs. 5 WDO bekannt zu geben (§ 4 Satz 2 WDO).

Fragen zum Kapitel »Die Verfahrensbestimmungen«

1 Am 02.11 erfährt der BttrChef davon, daß Kan K am 01.05. trotz vorheriger Belehrung an einer politischen Veranstaltung in Uniform teilgenommen hatte.
Darf er das Dienstvergehen ahnden?

2. Am 24.09. erfährt der KpChef davon, daß OGefr O den Gefr G am 25.03 bestohlen hatte.
Darf er das Dienstvergehen ahnden?

3. PzGren P war bereits zum dritten Male vorsätzlich mehrere Stunden zu spät aus dem Wochenende zur Kompanie zurückgekehrt. Der KpChef versagt dem Soldaten daraufhin zunächst für mehrere Tage den Nachtausgang und verhängt zwei Tage später gegen ihn 100,- DM Disziplinarbuße.
Zu Recht?

4. Gefr G hatte am 13.07. trotz zweifacher Wiederholung den Befehl des UvD, die Stube zu säubern, nicht befolgt; ferner war er am 16.07. den ganzen Tag dem Dienst unerlaubt ferngeblieben, und schließlich hatte er am 18.07. zehn Liter Bundeswehrkraftstoff entwendet. Zu allen drei Dienstvergehen schließt der KpChef am 21.07. die Ermittlungen ab. Er ist der Auffassung, die einzelnen Taten gesondert ahnden zu müssen, da sie nicht in innerem Zusammenhang miteinander stünden.
Ist diese Ansicht richtig?

5. Flg F stand im Verdacht, dem Gefr G am 13.10. aus dessen verschlossenem Wertfach die Geldbörse mit 800,- DM Inhalt entwendet zu haben. Da der Staffelkapitän dem Soldaten die Tat nicht eindeutig nachweisen konnte, eröffnete er ihm, er werde von einer Disziplinarmaßnahme absehen. Zugleich hatte der Gefr G gegen Flg F am 03.11. Strafanzeige wegen Diebstahls erhoben. Mit Urteil vom 23.04. – rechtskräftig seit demselben Tage – verurteilte da Amtsgericht F wegen eines besonders schweren Fallen des Diebstahls – § 243 Abs. 1 Nr. 2 StGB – zu drei Monaten Freiheitsstrafe, deren Vollstreckung auf zwei Jahre zur Bewährung ausgesetzt wurde. Das Gericht stützte seine Entscheidung im wesentlichen auf die dem Staffelkapitän bisher nicht bekannte Aussage des OGefr O, wonach er am 13.10. gesehen habe, wie Flg F die Geldbörse des Gefr G aus dessen Wertfach herausgenommen und in die Manteltasche gesteckt habe.
Darf der Staffelkapitän gegen Flg F noch eine Disziplinarmaßnahme verhängen?

6. Am Nachmittag des 05.02. erhält der KpChef eine Meldung, die besagt, daß Matr M sich nach dem Wecken mehrfach geweigert habe, dem Befehl des UvD zum Aufstehen nachzukommen. Der KpChef vernimmt den Soldaten, der den Vorwurf bestreitet, am folgenden Tag. Nach weiteren Ermittlungen am Morgen des 07.02. ist der Disziplinarvorgesetzte zu der Überzeugung gelangt, daß der Matrose ein Dienstvergehen begangen hat, und will gegen ihn eine Disziplinarmaßnahme verhängen.
a) Muß der KpChef den Soldaten nochmals hören?
b) Wann kann er frühestens eine Disziplinarmaßnahme gegen ihn verhängen, wenn er ihn am 08.02. anhört?

7. Der KpChef befragte OFw O am 17.12., ob er (noch) etwas zu seiner Entlastung vorbringen wolle. Am 19.12. beteiligte der Disziplinarvorgesetzte die Vertrauensperson gemäß § 27 Abs. 1 SBG und verhängte am 21.12. gegen O einen Verweis.
   Handelte der KpChef richtig?

Die Lösungen befinden sich auf Seite 158

VIII. Die Verhängung einfacher Disziplinarmaßnahmen

1. Zeitpunkt der Verhängung

1.1

Ist eine Disziplinarmaßnahme angebracht, ist sie der erzieherischen Wirkung wegen so schnell wie möglich zu verhängen (§ 17 Abs. 1 WDO).

1.2

Eine Disziplinarmaßnahme darf frühestens nach Ablauf einer Nacht verhängt werden, nachdem der Soldat abschießend gehört wurde (§ 37 Abs. 1 Satz 1 WDO). Damit soll sichergestellt werden, daß der Disziplinarvorgesetzte die Ermittlungen sorgfältig führt und nach ruhiger Überlegung eine gerechte Entscheidung trifft. Die Nacht rechnet von 2200 Uhr bis 0600 Uhr.

1.3

Ausnahmsweise kann eine Disziplinarmaßnahme sofort verhängt werden:

1.3.1

von dem Tage an, an dem ein Soldat zum Entlassungsort in Marsch gesetzt wird (§ 37 Abs. 1 Satz 2 WDO),

1.3.2

wenn der Truppendienstrichter dem Disziplinararrest mit sofortiger Vollstreckbarkeit zugestimmt hat (§ 40 Abs. 1 Satz 5 WDO).

1.4

Ist eine Disziplinarmaßnahme zu früh verhängt worden, ist dies kein Aufhebungsgrund nach § 46 WDO.

2. Akt der Verhängung

2.1

Die Disziplinarmaßnahme wird durch die dienstliche Bekanntgabe der Disziplinarverfügung an den Soldaten verhängt. Das Ehrgefühl des Soldaten ist zu schonen (§ 37 Abs. 2 WDO). Grundsätzlich soll der Disziplinarvorgesetzte dem Soldaten die Disziplinarmaßnahme mündlich und persönlich bekanntgeben (ZDv 14/3 B 138).

2.2
Die *Verhängung* einer Disziplinarmaßnahme ist ein *vertraulicher Vorgang* (vgl. auch § 9 WDO und ZDv 14/3 B 112). Es ist daher unzulässig, eine Disziplinarmaßnahme vor der Front auszusprechen. Die Disziplinarmaßnahme kann aber nach Unanfechtbarkeit zum Gegenstand einer allgemeinen Belehrung gemacht werden. Der Name des gemaßregelten Soldaten darf dabei nur dann genannt werden, wenn die Aufrechterhaltung der militärischen Ordnung eine Bekanntgabe des Namens gebietet und die anwesenden Soldaten mindestens den Dienstgrad des gemaßregelten Soldaten haben (vgl. ZDv 14/3 B 133).

2.3
Von der *Verhängung* der Disziplinarmaßnahme als vertraulicher Akt ist deren *Vollstreckung* scharf zu trennen. Dies gilt insbesondere für den strengen Verweis. Wie alle anderen einfachen Disziplinarmaßnahmen ist auch die Verhängung des strengen Verweises ein vertraulicher Vorgang. Aber der strenge Verweis wird als einzige einfache Disziplinarmaßnahme durch Bekanntmachung vor den Soldaten der Einheit oder des Truppenteils vom Dienstgrad des Soldaten an aufwärts vollstreckt (§ 50 Abs. 2 WDO).

2.4
Bei der Verhängung ist dem Soldaten eine Abschrift der Disziplinarverfügung auszuhändigen (§ 37 Abs. 3 Satz 3 WDO). Die Vordrucke für die einfachen Disziplinarmaßnahmen sehen vor, daß der Soldat den Empfang der ihm auszuhändigenden Ausfertigung der Disziplinarverfügung durch seine Unterschrift bestätigt. Verweigert der Soldat die Unterschrift, hat der Disziplinarvorgesetzte dies an der für die Unterschrift des Soldaten vorgesehenen Stelle zu vermerken und den Vermerk mit Datumsangabe zu unterschreiben (ZDv 14/3 B 134).

3. Die Disziplinarverfügung

3.1.
Die Disziplinarverfügung muß bei der Verhängung schriftlich festgelegt sein (§ 37 Abs. 3 Satz 1 WDO). Es sind die Vordrucke 2-12 im Anhang ZDv 14/3 zu verwenden. War die Disziplinarverfügung bei der Verhängung nicht schriftlich festgelegt, ist die Disziplinarmaßnahme aufzuheben (§ 46 Abs. 2 Nr. 8 WDO)

3.2
Die Disziplinarverfügung muß – § 37 Abs. 3 Satz 2 und 4 WDO –

3.2.1
Zeit des Dienstvergehens,

3.2.2
Ort des Dienstvergehens,

3.2.3
Sachverhalt des Dienstvergehens,

3.2.4
Art der Disziplinarmaßnahme,

3.2.5
Höhe der Disziplinarmaßnahme,

3.2.6
bei der verschärften Ausgangsbeschränkung die Verschärfung,

3.2.7
gegebenenfalls die Aussetzung der Vollstreckung zur Bewährung enthalten.

Beispiele:

- Er hat sich am 06.06.2001 in Altstadt, Kaserne, in hohem Maße disziplinlos verhalten und mehrere wichtige Befehle nicht befolgt. Dadurch hat er in Haltung und Pflichterfüllung ein schlechtes Beispiel gegeben.

Die Disziplinarformel ist *falsch,* da in ihr lediglich eine rechtliche Wertung des Verhaltens des gemaßregelten Soldaten, nicht aber eine Sachverhaltsdarstellung - also eine Wiedergabe dessen, was der Soldat tatsächlich getan oder unterlassen hat - enthalten ist.

Aus der Disziplinarformel selber müssen sich für den Soldaten sowie für die Überprüfung im Beschwerdeverfahren und im Wege der Dienstaufsicht eindeutig die als erwiesen erachteten, die Disziplinarmaßnahme begründeten Tatsachen ergeben. Es ist also unzulässig, wenn - wie im vorliegenden Fall - eine inhaltliche Wiedergabe der vom Soldaten verletzten Dienstpflichten in der Disziplinarformel erfolgt. Die Disziplinarformel ist nur dann korrekt, wenn der Leser der Disziplinarverfügung, der den Ermittlungsvorgang nicht kennt, eindeutig feststellen kann, was der gemaßregelte Soldat wo und wann getan oder unterlassen hat.

Der Sachverhalt muß also *richtigerweise* lauten:

Er hat am 06.06.2001 in Altstadt, Kaserne, als Gruppenführer den zweimal erteilten Befehl des KpChefs, den Formaldienst seiner Gruppe durchzuführen, mit den Worten »ich habe jetzt keine Lust, laß mich endlich in Ruhe« nicht befolgt und sich anschließend geweigert, auf das Dienstzimmer des KpChefs zu kommen.

- Er hat am 21.09.2001 in Altstadt, Kaserne, den UvD genötigt und beleidigt. Ferner hat er am 02.10.2001 in Altstadt, Kaserne, einen schweren Diebstahl begangen.

Die Disziplinarformel ist *falsch,* da auch hier kein Sachverhalt wiedergegeben wird, die Disziplinarformel statt dessen Rechtsbegriffe (genötigt - beleidigt - schwerer Diebstahl) enthält.

Der Sachverhalt muß *richtigerweise* lauten:
Er hat am 21.09.2001 in Altstadt, Kaserne, zum UvD gesagt: »Wenn Du Bulle mich wegen der Zapfenstreichüberschreitung meldest, verpasse ich Dir bei Gelegenheit eine gehörige Tracht Prügel.« Ferner hat er am 02.10.2001 in Altstadt, Kaserne, einem Stubenkameraden 50,- DM aus dessen Wertfach, das er mittels eines Nachschlüssels geöffnet hatte, entwendet.
- Er hat am 15.11.2001 auf einer PDS-Versammlung Uniform getragen, obwohl er am Tage vorher nochmals ausdrücklich über das Uniformverbot belehrt wurde. Ferner ist er mit seinem Pkw in Altstadt, Kaserne, auf dem Weg von Block 4 nach Block 9 statt der befohlenen Höchstgeschwindigkeit von 30 km/h mit einer Geschwindigkeit von 70 km/h gefahren.
Die Disziplinarformel ist *falsch*, da im ersten Teil die Ortsangabe und im zweiten Teil die Zeitangabe fehlt. Beide Angaben sind aber zur Identifizierung des geahndeten Dienstvergehens erforderlich.
Wenn - wie im vorliegenden Fall - gem. § 18 Abs. 2 WDO mehrere Pflichtverletzungen zu einem Dienstvergehen zusammengefaßt worden sind, muß *für jede Pflichtverletzung* Zeit, Ort und Sachverhalt angegeben werden.

3.3

Eine rechtliche Würdigung des Dienstvergehens wird in der Disziplinarverfügung nicht gefordert. Daher ist es unangebracht, die verletzte Dienstpflicht anzugeben.
Falsch: Er hat am 09.12.2000 in Altstadt, Kaserne, dadurch die Wahrheitspflicht, § 13 SG, verletzt, daß er beim KpChef mit der erlogenen Begründung, seine Großmutter sei gestorben, einen Tag Sonderurlaub beantragte.
Richtig: Er hat am 09.12.2000 in Altstadt, Kaserne, mit der wahrheitswidrigen Behauptung, seine Großmutter sei gestorben, beim KpChef einen Tag Sonderurlaub beantragt.

3.4

Fehlt die Angabe von Ort, Zeit oder Sachverhalt oder die Angabe über Art bzw. Höhe der Disziplinarmaßnahme in der Disziplinarverfügung, ist die Disziplinarmaßnahme nach § 46 Abs. 2 Nr. 8 WDO aufzuheben.

3.5

Der Disziplinarvorgesetzte kann eine von ihm verhängte Disziplinarmaßnahme nicht mehr aufheben oder abändern (§ 37 Abs. 5 Satz 1 WDO).

Beispiele:

- Der KpChef, Hptm H, hatte gegen PzGren P wegen eines Dienstvergehens 100,- DM Disziplinarbuße verhängt. Nach der Verhängung stellt er fest, daß er in der Disziplinarformel die Zeitangabe vergessen hat.
Hptm H darf die fehlende Angabe nicht nachholen. Er hat vielmehr einen Antrag auf Aufhebung der Disziplinarmaßnahme beim BtlKdr zu stellen (§ 46 Abs. 2 Nr. 8 und Abs. 5 WDO).

- Der KpChef, Hptm H, hatte gegen PzGren P wegen eines Dienstvergehens am 22.05. eine 21tägige verschärfte Ausgangsbeschränkung mit der Maßgabe verhängt, daß das Verbot, Gemeinschaftsräume zu betreten, für die Wochenenden gelten solle. Da am Mittwoch, dem 29.05., vom Fernsehen ein wichtiges Fußballspiel aus dem Europapokal übertragen wird, erweitert der KpChef am 28.05. das Verbot zum Betreten der Gemeinschaftsräume auf den 29.05.
Dies ist gem. § 37 Abs. 5 Satz 1 WDO nicht zulässig.

Fragen zum Kapitel »Die Verhängung einfacher Disziplinarmaßnahmen«

1. Der KpChef verhängt gegen Fw F wegen eines Dienstvergehens einen strengen Verweis in der Weise, daß er ihn vor allen Unteroffizieren der Einheit bekanntmacht.
   Handelte der KpChef richtig?

2. Weil PzGren P drei Tage unerlaubt abwesend war, verhängt der KpChef gegen ihn am 29.01. sieben Tage Ausgangsbeschränkung und am 30.01. 170,- DM Disziplinarbuße.
   Zu Recht?

3. Am 03.12. verhängt der KpChef gegen den Fu F wegen eines Dienstvergehens 100,- DM Disziplinarbuße. Da er feststellt, daß der Soldat sich nunmehr vorbildlich verhält, setzt er die Vollstreckung der Disziplinarbuße am 22.12. zur Bewährung aus.
   War dies zulässig?

4. Der KpChef verhängt gegen den HptGefr H 14 Tage verschärfte Ausgangsbeschränkung. In der Disziplinarverfügung heißt es:
   »Er hat am 21.10.2001 in Altstadt einen Unfall mit erheblichem Sachschaden verursacht. Ferner hat er am 02.11.2001 den KpFw bedroht. Schließlich ist er der Einheit in Altstadt vier Tage unerlaubt ferngeblieben und hat sich in dieser Zeit in Neustadt bei seiner Freundin aufgehalten.«
   Ist die Disziplinarverfügung richtig?

5. Weil Gefr G am 17.04.2001 nach Dienstschluß im Standort mit unkorrektem Dienstanzug gesehen wurde und bereits mehrfach vergeblich über die Anzugsordnung belehrt worden war, verhängt der KpChef gegen den Soldaten einen strengen Verweis. In der Disziplinarverfügung heißt es:
   »Er hat am 17.04.2001 in Neustadt, Marktplatz, das Ansehen der Bundeswehr in der Öffentlichkeit dadurch geschädigt, daß er keine Dienstmütze trug und Uniformjacke sowie Uniformhemd nicht geschlossen hatte.«
   Ist die Disziplinarverfügung richtig?

6. Der KpChef erfuhr am 26.08. davon, daß OGefr O am 25.08. ein Dienstvergehen begangen hat. Er schließt die Ermittlungen am 27.08. mit dem Schlußgehör ab.
   Wann darf der KpChef wegen des Dienstvergehens frühestens eine Disziplinarmaßnahme verhängen?

7. Am 26.09., dem Tage, an dem OGefr O zum Entlassungsort in Marsch gesetzt wird, begeht er ein Dienstvergehen. Der KpChef erfährt davon noch am selben Tage.
   Wann darf er frühestens eine Disziplinarmaßnahme verhängen?

8. Der BttrChef verhängt gegen Kan K – am 01.09. zum Grundwehrdienst einberufen – am 27.10. eine Disziplinarbuße in Höhe von 200,- DM. Der Sachverhalt der Disziplinarformel lautet: »Er konsumierte seit etwa einem Jahr regelmäßig in und außer Dienst Drogen.«
   Ist die Disziplinarformel korrekt?

9. Der Sachverhalt einer Disziplinarformel lautet:
   »Er hat am 13.12.2001 in der Kaserne seinem Gruppenführer mit der Faust ins Gesicht geschlagen.«
   Ist die Disziplinarformel in Ordnung?

Die Lösungen befinden sich auf Seite 159

IX. Die Vollstreckung einfacher Disziplinarmaßnahmen

1.

Disziplinarsachen sind beschleunigt zu behandeln (§ 17 Abs. 1 WDO). Für die *Vollstreckung* von Disziplinarmaßnahmen bedeutet dies, daß sie der erzieherischen Wirkung wegen *so schnell wie möglich nach Verhängung* zu erfolgen hat (vgl. auch § 49 Abs. 3 WDO).

2.

Eine Disziplinarmaßnahme ist erst dann zu vollstrecken, wenn der Soldat an dem auf die Verhängung folgenden Tag ausreichende Zeit und Gelegenheit zur Beschwerde hatte und davon keinen Gebrauch gemacht hat (§ 47 Abs. 1 Satz 1 WDO). Das heißt, daß die *Vollstreckung regelmäßig erst nach der Mittagspause des auf die Verhängung folgenden Tages* zulässig ist.

Beispiel:

- Am 29.10. erfährt der KpChef, Hptm H, von einem Dienstvergehen des PzGren P. Frühestens am 30.10. darf er eine Disziplinarmaßnahme verhängen (vgl. § 37 Abs. 1 Satz 1 WDO). Vollstreckt werden darf die am 30.10. verhängte Disziplinarmaßnahme erst nach Ablauf der Mittagspause am 31.10., wenn der Soldat bis dahin nicht Beschwerde erhoben hat.

Es ist aber auch möglich, dem Soldaten im Laufe des Morgens des 31.10. eine angemessene Zeit zur Beschwerde einzuräumen und die Disziplinarmaßnahme bereits morgens zu vollstrecken, wenn der Soldat diese Gelegenheit zur Beschwerde nicht genutzt hat.

3.

Hat der Soldat an dem auf die Verhängung folgenden Tag, solange nach § 47 Abs. 1 WDO die Vollstreckung noch nicht zulässig ist, Beschwerde eingelegt, so hat die Beschwerde *aufschiebende Wirkung;* die Disziplinarmaßnahme darf also noch nicht vollzogen werden (vgl. auch § 42 Nr. 1 Satz 1 WDO).

Ausnahmen: Bei Disziplinararrest mit sofortiger Vollstreckbarkeit kann die Vollstreckung unmittelbar nach der Verhängung erfolgen; eine weitere Beschwerde ist stets ohne aufschiebende Wirkung (§ 42 Nr. 1 Satz 3 WDO; zur sofortigen Vollstreckbarkeit im einzelnen vgl. »Die einfachen Disziplinarmaßnahmen« 6.7, 6.8).

4.

4.1

Die Beschwerde hemmt die Vollstreckung der Disziplinarmaßnahme, wenn der Soldat sie *vor Beginn der Vollstreckung* einlegt (§ 42 Nr. 1 Satz 1 WDO). Daraus folgt, daß die Beschwerde auch für den Fall aufschiebende Wirkung hat, daß der Disziplinarvorgesetzte die Vollstreckung der Disziplinarmaßnahme nicht zum frühestmöglichen Zeitpunkt gem. § 47 Abs. 1 Satz 1 WDO beginnt und sich der Soldat vor Beginn der Vollstreckung beschwert.

Beispiel:

- Der KpChef, Hptm H, verhängt am 05.03. gegen PzGren P einen strengen Verweis. Er gibt als Zeitpunkt der Vollstreckung in der Disziplinarverfügung den 10.03., 1315 Uhr, an.

Der Soldat hat also die Möglichkeit, nicht nur bis zum Ablauf der Mittagspause am 06.03., sondern bis zum beabsichtigten Beginn der Vollstreckung am 10.03., mit aufschiebender Wirkung Beschwerde zu erheben. Nimmt PzGren P diese Möglichkeit wahr, darf der strenge Verweis erst vollstreckt werden, wenn die Beschwerde zurückgewiesen ist. Legt der Soldat gegen die Beschwerdeentscheidung weitere Beschwerde ein, wird die Vollstreckung des strengen Verweises dadurch nicht gehemmt (§ 42 Nr. 1 Satz 3 WDO).

4.2

Der Zeitpunkt der beabsichtigten Vollstreckung ist dem Soldaten rechtzeitig, in der Regel beim Verhängen der Disziplinarmaßnahme zu eröffnen (§ 42 Nr. 1 Satz 2 WDO; vgl. Vorderseite der Vordrucke 3-12 der einfachen Disziplinarmaßnahmen: »Die Vollstreckung der Disziplinarmaßnahmen beginnt - frühestens - am...«).

5.

Hat sich ein Soldat gegen eine Disziplinarmaßnahme nicht mit aufschiebender Wirkung beschwert, bleibt ihm dennoch das Recht, innerhalb von zwei Wochen seit Verhängung der Disziplinarmaßnahme Beschwerde dagegen einzulegen, und zwar selbst dann, wenn die Vollstreckung schon abgeschlossen ist.

6.

Ist eine Disziplinarmaßnahme vollstreckbar (§§ 47 Abs. 1, 42 Nr. 1 WDO), ist sie der erzieherischen Wirkung wegen *schnellstens zu vollstrecken*. Nur aus dringenden Gründen - z.B. Krankheit, wichtiger Einsatz oder Vorliegen eines Aufhebungsgrundes im Sinne des § 46 Abs. 2 WDO - darf die Vollstreckung aufgeschoben oder unterbrochen werden (§ 49 Abs. 3 WDO).

Bei einer nach § 49 Abs. 3 WDO erfolgten Unterbrechung der Vollstreckung ist die Zeit der Unterbrechung grundsätzlich nicht auf die Vollstreckung anzurechnen;

d.h., daß sie *nachzuvollstrecken* ist (vgl. auch § 37 Abs. 5 WDO; Ausnahme: § 52 Abs. 4 WDO). Dies ist dem Soldaten vor der Unterbrechung des Vollzugs zu eröffnen, damit er über den Stand der Vollstreckung informiert ist.

7.
Einfache Disziplinarmaßnahmen vollstreckt grundsätzlich der nächste *Disziplinarvorgesetzte*, und zwar auch dann, wenn er die Disziplinarmaßnahme nicht selber verhängt hat (§ 48 WDO).

8.
Die Durchführung der Vollstreckung ist auf dem jeweiligen Vordruck der Disziplinarmaßnahme unter »Weitere Vermerke des nächsten Disziplinarvorgesetzten« festzuhalten.

9.
Der Disziplinarvorgesetzte ist verpflichtet, eine verhängte Disziplinarmaßnahme *in vollem Umfange zu vollstrecken* (§ 37 Abs. 5 Satz 1 WDO; Ausnahmen: § 37 Abs. 5 Satz 2 WDO).

10.
Einfache Disziplinarmaßnahmen dürfen *nach Ablauf von sechs Monaten nicht mehr vollstreckt werden*. Die Frist beginnt mit dem Tag, an dem die Disziplinarmaßnahme unanfechtbar geworden ist. Die Frist ist gewahrt, wenn vor ihrem Ablauf die Vollstreckung beginnt (§ 57 WDO).
Diese Bestimmung ist nicht zu verwechseln mit § 17 Abs. 2 WDO. Nach § 17 Abs. 2 WDO darf eine einfache Disziplinarmaßnahme nicht mehr verhängt werden, wenn seit dem Dienstvergehen sechs Monate verstrichen sind. Dagegen besagt § 57 WDO, daß eine verhängte Disziplinarmaßnahme nicht mehr vollstreckt werden darf, wenn seit Unanfechtbarkeit der Disziplinarmaßnahme sechs Monate vergangen sind.

Beispiel:

- Wegen eines am 22.02. begangenen Dienstvergehens verhängt der KpChef, Hptm H, am 10.03. gegen PzGren P eine 14tägige Ausgangsbeschränkung: Am 11.03. erleidet der Soldat einen schweren Verkehrsunfall und liegt bis zum 29.09. im Bundeswehrkrankenhaus.

Die Ausgangsbeschränkung kann nicht mehr vollzogen werden, da sie am 25.03. - der Soldat hatte keine Beschwerde eingelegt - unanfechtbar geworden ist und seitdem bis zur Genesung des Soldaten schon mehr als sechs Monate verstrichen sind.

11.
Die Vollstreckung der einfachen Disziplinarmaßnahmen im einzelnen:

11.1
Verweis

Der Verweis ist mit dem Verhängen vollstreckt (§ 50 Abs. 1 WDO).

11.2
Strenger Verweis

Der strenge Verweis wird durch Bekanntmachung vor den Soldaten der Einheit oder des Truppenteils vom Dienstgrad des Soldaten an aufwärts vollstreckt (§ 50 Abs. 2 Satz 1). Die Bekanntgabe ist darauf zu beschränken, daß gegen den Soldaten ein strenger Verweis verhängt worden ist (§ 50 Abs. 2 Satz 2 WDO).

11.3
Disziplinarbuße

Die Vollstreckung der Disziplinarbuße erfolgt durch Abzug (Einbehaltung oder Einzahlung) von den Dienstbezügen oder dem Wehrsold oder, wenn das Dienstverhältnis endet, durch Abzug vom Entlassungsgeld oder Ruhegehalt (§ 51 Abs. 1 WDO, ZDv 14/3 B 136); (im einzelnen vgl. »Die einfachen Disziplinarmaßnahmen« 4.6 bis 4.9).

11.4
Ausgangsbeschränkung

11.4.1
Die Ausgangsbeschränkung ist an *aufeinanderfolgenden* Tagen zu vollstrecken. Bei der verschärften Ausgangsbeschränkung muß der Befehl die zusätzliche Anweisung enthalten, daß der Soldat keine Gemeinschaftsräume betreten und/oder keinen Besuch empfangen darf (§§ 25 Abs. 1, 52 Abs. 1 WDO).

11.4.2
Die Ausgangsbeschränkung ist vom Beginn des ersten bis zum Ablauf des letzten Tages des befohlenen Zeitraumes zu vollstrecken (§ 52 Abs. 2 WDO). Daraus - in Verbindung mit § 47 Abs. 1 Satz 1 WDO - ergibt sich, daß die Ausgangsbeschränkung *frühestens mit Beginn des übernächsten Tages nach Verhängung vollstreckt werden darf.*

11.4.3
Zur Überwachung kann dem Soldaten befohlen werden, sich in *angemessenen* Zeitabständen bei Vorgesetzten zu melden (§ 52 Abs. 3 WDO).

11.4.4
Der Soldat kann aus dringenden Gründen an einem Tag oder mehreren Tagen für bestimmte Zeit von den befohlenen Beschränkungen befreit werden; die Zeit der

Befreiung ist auf die Vollstreckung anzurechnen, sie ist also nicht nachzuvollstrecken (§ 52 Abs. 4 WDO).

Beispiele:

- Gefr G verbüßt eine verschärfte Ausgangsbeschränkung, als seine Ehefrau sich in der Unterkunft zu Besuch anmeldet, um mit ihm dringende familiäre Probleme zu besprechen.
Der KpChef kann den Soldaten in diesem Fall von den Verboten befreien, Besuch zu empfangen und Gemeinschaftsräume zu betreten.
- Die Verbote, Gemeinschaftsräume zu betreten und Besuch zu empfangen, gelten nicht während der Teilnahme am Gottesdienst sowie für den Besuch durch einen Militärgeistlichen der Religionsgemeinschaft des Soldaten (vgl. ZDv 14/3 B 135).

11.5

Disziplinararrest

Der Soldat soll während des Vollzuges in seiner Ausbildung gefördert werden; *in der Regel soll er am Dienst teilnehmen* (§ 53 Abs. 3 WDO).
Die Vollstreckung des Disziplinararrests im einzelnen ist in der Bundeswehrvollzugsordnung sowie in den Ausführungsbestimmungen dazu geregelt (ZDv 14/10). Zur *sofortigen Vollstreckbarkeit* des Disziplinararrests vgl. »Die einfachen Disziplinarmaßnahmen« 6.7, 6.8!

12. Bewährung

12.1

Bei allen einfachen Disziplinarmaßnahmen - mit Ausnahme des Verweises - kann die Vollstreckung zur Bewährung ausgesetzt werden (§ 49 Abs. 1 WDO).

12.2

Die Bewährungsfrist beträgt stets fünf Monate (§ 49 Abs. 1 Satz 1 WDO).

12.3

Entscheidet sich der Disziplinarvorgesetzte für Bewährung, hat er auf der Vorderseite der Disziplinarverfügung das entsprechende Kästchen anzukreuzen.

12.4

Aussetzung der Vollstreckung zur Bewährung soll nur einmal gewährt werden, und zwar dann, wenn bisher gegen den Soldaten keine oder nur geringfügige Strafen oder Disziplinarmaßnahmen verhängt worden sind und von der Aussetzung ein günstiger erzieherischer Erfolg zu erwarten ist (§ 49 Abs. 1 Satz 2 WDO). Sie kann mit einer erzieherischen Maßnahme verbunden werden (§ 49 Abs. 1 Satz 3 WDO).

12.5

Die fünfmonatige *Bewährungsfrist beginnt mit dem Tag zu laufen, an dem die Disziplinarmaßnahme unanfechtbar* - d.h. nicht mehr mit Beschwerde angreifbar - geworden ist (§ 49 Abs. 2 Satz 1 WDO).

12.6

Wird gegen den Soldaten bis zum Ablauf der Bewährungsfrist wegen einer in dieser Zeit begangenen neuen Tat keine Strafe oder Disziplinarmaßnahme unanfechtbar verhängt, ist die Vollstreckung der Disziplinarmaßnahme erlassen (§ 49 Abs. 2 Satz 2 WDO). Es genügt also nicht, daß der Soldat in der Bewährungszeit ein neues Dienstvergehen begeht. Die Vollstreckung der zur Bewährung ausgesetzten Disziplinarmaßnahme erfordert, daß die neue Tat - innerhalb der Bewährungsfrist unanfechtbar - geahndet wird.
Da nach Bewährung nur die Vollstreckung der Disziplinarmaßnahme entfällt, bleibt die Disziplinarmaßnahme selber folglich bis zur Tilgung (§ 8 Abs. 2 WDO) bestehen.

Beispiel:

-PzGren P erhält von KpChef am 01.03. wegen eines Dienstvergehens 150,- DM Disziplinarbuße, deren Vollstreckung zur Bewährung ausgesetzt wird. Der Soldat legt keine Beschwerde ein.
Dann beginnt die Bewährungsfrist mit Unanfechtbarkeit der Disziplinarbuße, also nach Ablauf der Beschwerdefrist am 16.03.
Begeht PzGren P zwischen dem 01.03. und 15.03. ein neues Dienstvergehen, kann dies nicht zur Vollstreckung der Disziplinarbuße führen.
Begeht PzGren P am 01.07. ein neues Dienstvergehen, führt dies allein auch nicht zur Vollstreckung der Disziplinarbuße. Nur dann, wenn das neue Dienstvergehen geahndet und die neue Disziplinarmaßnahme bis zum 15.08., dem Ablauf der Bewährungsfrist, unanfechtbar wird, ist die Disziplinarbuße zu vollstrecken (§ 49 Abs. 2 Satz 2 und 3 WDO).

12.7

Ist eine zur Bewährung ausgesetzte Disziplinarmaßnahme zu vollstrecken, hat dies unverzüglich zu erfolgen (§§ 17 Abs. 1, 49 Abs. 3 WDO). Insbesondere ist zu beachten, daß nach Ablauf von sechs Monaten ab Unanfechtbarkeit der Disziplinarmaßnahme die Vollstreckung unzulässig ist (§ 57 WDO).

12.8

Wurde die Aussetzung zur Bewährung beim Disziplinararrest widerrufen, ist der Widerruf der Staatsanwaltschaft mitzuteilen, falls die Sache abgegeben wurde (Zdv 14/3 B 117 Nr. 6a).

12.9

Die Aussetzung der Vollstreckung zur Bewährung kann nur bei der Verhängung der Disziplinarmaßnahme, also nicht nachträglich, ausgesprochen werden (§ 37 Abs. 3 Satz 4 und § 49 Abs. 1 Satz 1 WDO).

12.10

Es ist unzulässig, die Vollstreckung einer Disziplinarmaßnahme teilweise zur Bewährung auszusetzen.

Fragen zum Kapitel »Die Vollstreckung einfacher Disziplinarmaßnahmen«

1. Am 10.12. verhängt der KpChef gegen den HptGefr H wegen eines schweren Dienstvergehens sieben Tage Disziplinararrest. Der Soldat beschwert sich nicht. Am 22.12. beginnt der KpChef mit der Vollstreckung des Arrests.
   Handelte der KpChef richtig?

2. Der KpChef erfährt am 17.11. von einem Dienstvergehen des PzGren P. Am Nachmittag des 18.11. schließt er die Ermittlungen ab. Er entschließt sich zu einer 14tägigen Ausgangsbeschränkung.
   a) Wann darf er die Disziplinarmaßnahme frühestens verhängen?
   b) Wann darf er die Disziplinarmaßnahme frühestens vollstrecken?

3. Wie Fall 2. Aber: Der KpChef entschließt sich zu einem strengen Verweis.
   a) Wann darf er den strengen Verweis frühestens verhängen?
   b) Wann darf er den strengen Verweis frühestens vollstrecken?

4. Gefr G war neun Tage unerlaubt abwesend gewesen. Er wurde der Einheit von den Feldjägern am 09.09. überstellt. Da der KpChef befürchtete, der Soldat werde sich so schnell wie möglich wieder unerlaubt von der Truppe entfernen, verhängte er gegen ihn 21 Tage verschärfte Ausgangsbeschränkung mit sofortiger Vollstreckbarkeit.
   Handelte der KpChef richtig?

5. a) Wann kommt sofortige Vollstreckbarkeit in Betracht?
   b) Welchen Sinn hat die sofortige Vollstreckbarkeit?

6. Gefr G hatte in betrunkenem Zustand mit einem Dienstkraftfahrzeug eine Schwarzfahrt gemacht. Der KpChef verhängte wegen des Dienstvergehens gegen den Soldaten am 28.03. 21 Tage verschärfte Ausgangsbeschränkung, gegen die Gefr G keine Beschwerde erhob. Am nächsten Tag verließ der Gefreite unerlaubt die Einheit und war bis zum 02.10. eigenmächtig abwesend. Am 03.10. beginnt der KpChef mit der Vollstreckung der verschärften Ausgangsbeschränkung.
   Handelte der KpChef richtig?

7. Uffz U erhielt wegen eines Dienstvergehens am 05.05. eine Disziplinarbuße von 200,- DM, deren Vollstreckung auf fünf Monate zur Bewährung ausgesetzt wurde. Die Disziplinarmaßnahme wurde am 20.05. unanfechtbar. Am 01.10. begeht Uffz U ein neues Dienstvergehen, für das der KpChef eine erzieherische Maßnahme ausspricht.
   Muß der KpChef die Disziplinarbuße nunmehr vollstrecken?

8. Wie Fall 7. Aber: Der KpChef ahndet das neue Dienstvergehen am 03.10. mit einem strengen Verweis.
   Muß er die Disziplinarbuße nunmehr vollstrecken?

9. Der KpChef verhängt gegen Maat M 800,- DM Disziplinarbuße. Als er die Disziplinarmaßnahme vollstrecken will, erfährt er, daß der Soldat plötzlich unverschuldet in eine schwierige finanzielle Lage geraten ist.
   Was kann er tun?

10. Flg F hat zwei Wochen Disziplinararrest zu verbüßen. Da im Standort kein Arrestraum verfügbar ist, läßt der Vollzugsleiter im Einvernehmen mit dem Staffelchef den Soldaten während des Vollzugs nicht am Dienst teilnehmen.
    Ist die Vollstreckung rechtens?

Die Lösungen befinden sich auf Seite 160

X. Die Unanfechtbarkeit

1. Bedeutung der Unanfechtbarkeit

Eine einfache Disziplinarmaßnahme ist unanfechtbar, wenn sie *endgültig* feststeht, sie also mittels Beschwerde nicht mehr aufgehoben oder abgeändert werden kann (vgl. aber »Die Überprüfung einfacher Disziplinarmaßnahmen« 1.2–1.5).

2. Zeitpunkt der Unanfechtbarkeit

Eine einfache Disziplinarmaßnahme ist unanfechtbar, wenn

2.1

die Beschwerdefrist abgelaufen und keine Beschwerde eingelegt ist;

Beispiele:

- Am Freitag, dem 06.02., hat der KpChef gegen PzGren P 100,- DM Disziplinarbuße verhängt. Wenn der Soldat bis zum Ablauf der Beschwerdefrist am 20.02. nicht Beschwerde erhoben hat, ist die Disziplinarmaßnahme seit dem 21.02. unanfechtbar.
- Am Sonnabend, dem 07.02., hat der KpChef gegen Gefr G sieben Tage Ausgangsbeschränkung verhängt. Hier endet die Beschwerdefrist erst am Montag, dem 23.02. Fällt nämlich der letzte Tag der Beschwerdefrist auf einen Sonntag, gesetzlich anerkannten Feiertag oder einen Sonnabend, tritt an die Stelle eines solchen Tages der nächste Werktag (§ 193 BGB). Die Ausgangsbeschränkung wird also am 24.02. unanfechtbar, wenn der Soldat sich bis zum 23.02. nicht beschwert hat.
- Am Donnerstag, dem 05.01., hat der KpChef gegen den OGefr O einen strengen Verweis verhängt. Dagegen hat sich der Soldat am 06.01. beschwert. Der BtlKdr hat mit am 17.01. dem Soldaten ausgehändigtem Bescheid die Beschwerde zurückgewiesen. Wenn OGefr O keine weitere Beschwerde innerhalb der Beschwerdefrist bis zum 31.01. erhebt, wird der strenge Verweis am 01.02. unanfechtbar.

2.2

der Soldat seine Beschwerde schriftlich oder mündlich zur Niederschrift zurückgenommen oder in gleicher Form auf sein Beschwerderecht verzichtet hat. Der Soldat kann erst dann auf sein Recht zur Beschwerde verzichten, wenn er zuvor ausreichende Zeit und Gelegenheit zur Beschwerde hatte (§ 47 Abs. 1 Satz 2 WDO);

Beispiele:

- Der KpChef verhängt am 04.02. gegen Fw F einen Verweis. Am 06.02. erklärt der Soldat schriftlich, er verzichte auf sein Recht zur Beschwerde.
Damit ist der Verweis unanfechtbar geworden.

- Der KpChef verhängt am 03.02. gegen Fw F einen strengen Verweis. Am 06.02. beschwert sich Fw F dagegen. Der BtlKdr weist die Beschwerde am 17.02. zurück. Am nächsten Tag verzichtet der Soldat schriftlich auf sein Recht zur weiteren Beschwerde.
Nunmehr ist der strenge Verweis unanfechtbar.

2.3
ein Wehrdienstgericht (Truppendienstgericht oder Bundesverwaltungsgericht - Wehrdienstsenate -) als letzte Rechtsmittelinstanz seine Entscheidung bekanntgibt (§ 125 Abs. 2 WDO).

Beispiel:
- Gegen die vom KpChef am 02.02. verhängte Disziplinarbuße von 150,- DM hat Uffz U am 13.02. Beschwerde erhoben. Der BtlKdr hat die Beschwerde am 26.02. zurückgewiesen. Am 28.02. hat der Soldat dagegen weitere Beschwerde eingelegt. Mit der Bekanntgabe des die weitere Beschwerde zurückweisenden Beschlusses des Truppendienstgerichts am 11.04. ist die Disziplinarmaßnahme unanfechtbar geworden.

3. Unanfechtbarkeit und Vollstreckbarkeit
Unanfechtbarkeit einer Disziplinarmaßnahme ist zu unterscheiden von deren Vollstreckbarkeit.
Eine Disziplinarmaßnahme, die ein Disziplinarvorgesetzter verhängt hat, ist bereits dann vollstreckbar, wenn der Soldat an dem auf die Verhängung folgenden Tag ausreichende Zeit und Gelegenheit zur Beschwerde hatte und davon keinen Gebrauch gemacht hat (§ 47 Abs. 1 Satz 1 WDO; im einzelnen vgl. »Die Vollstreckung einfacher Disziplinarmaßnahmen« 2-5).

Beispiel:
- Gegen Kan K verhängt der BttrChef am 04.02. einen strengen Verweis. Wenn sich der Soldat bis zum Beginn des Nachmittagsdienstes am 05.02. nicht beschwert hat, ist der strenge Verweis nunmehr zu vollstrecken. Unanfechtbar wird der strenge Verweis aber frühestens nach Ablauf der Beschwerdefrist, also am 19.02., es sei denn, Kan K hat zuvor auf sein Beschwerderecht verzichtet.

4. Maßnahmen nach Unanfechtbarkeit
Mit Unanfechtbarkeit ist

4.1
in dem Vordruck für die verhängte einfache Disziplinarmaßnahme unter »Weitere Vermerke des nächsten Disziplinarvorgesetzten« einzutragen, seit wann die Disziplinarmaßnahme unanfechtbar ist;

4.2
die Disziplinarmaßnahme in das Disziplinarbuch Teil I einzutragen und die Urschrift der Disziplinarverfügung zum Disziplinarbuch Teil III zu nehmen (§ 7 WDO; vgl. »Weitere Vermerke des nächsten Disziplinarvorgesetzten« in den Vordrucken für die einfachen Disziplinarmaßnahmen sowie »Einrichtung und Führung der Disziplinarbücher« in ZDv 14/3 B 170);

4.3
die Disziplinarmaßnahme in die Personalunterlagen aufzunehmen (vgl. § 8 Abs. 7 WDO). Je eine Ausfertigung der Disziplinarverfügung ist für die Klarsichthülle sowie für die Stammakten bestimmt (vgl. »Weitere Vermerke des nächsten Disziplinarvorgesetzten« in den Vordrucken für die einfachen Disziplinarmaßnahmen);

4.4
eine Ausfertigung der Disziplinarverfügung dem Rechtsberater zuzuleiten (vgl. »Weitere Vermerke des nächsten Disziplinarvorgesetzten« in den Vordrucken für die einfachen Disziplinarmaßnahmen).
So schnell wie möglich nach Unanfechtbarkeit der Disziplinarmaßnahme hat der Disziplinarvorgesetzte - schon in seinem eigenen Interesse - dem Rechtsberater dessen Ausfertigung vorzulegen. Denn stellen der Rechtsberater oder die höheren Disziplinarvorgesetzten bei der Überprüfung der Disziplinarmaßnahme einen Aufhebungsgrund im Sinne von § 46 Abs. 2 Nr. 1-9 WDO fest, kann der Fehler häufig noch nach Aufhebung durch Neuverhängung gem. § 46 Abs. 4 WDO korrigiert werden. Dies ist aber nicht mehr möglich, wenn der Disziplinarvorgesetzte dem Rechtsberater die Ausfertigung so spät vorlegt, daß inzwischen das Dienstvergehen verjährt ist.

Fragen zum Kapitel »Die Unanfechtbarkeit«

1. Was heißt Unanfechtbarkeit?

2. Am Samstag, den 03.03., verhängt der KpChef gegen StUffz S eine Disziplinarbuße in Höhe von 250,- DM. Der Soldat beschwert sich nicht.
   Seit wann ist die Disziplinarbuße unanfechtbar?

3. Wie Fall 1. Aber: StUffz S erklärte noch am 03.03. schriftlich, er verzichte auf sein Recht zur Beschwerde.
   Wann wird die Disziplinarmaßnahme unanfechtbar?

4 Am 05.11. verhängt der KpChef gegen Fw F einen strengen Verweis. Da der Soldat bis zum Nachmittagsappell am 06.11. keine Beschwerde erhebt, vollstreckt der KpChef die Disziplinarmaßnahme noch am 06.11. und trägt sie in das Disziplinarbuch ein. Fw F legt auch später keine Beschwerde ein.
   Handelte der KpChef richtig?

5. Der KpChef verhängt gegen PzGren P am 21.10. zehn Tage Ausgangsbeschränkung. Dagegen legt der Soldat am 22.10. Beschwerde ein. Der BtlKdr weist die Beschwerde am 05.11. zurück.
   Ist die Disziplinarmaßnahme nunmehr unanfechtbar?

6. Der KpChef verhängt am 12.06. gegen PzGren P fünf Tage Disziplinararrest. Dagegen legt der Soldat am nächsten Tag Beschwerde ein. Das Truppendienstgericht weist die Beschwerde am 02.07. zurück.
   Ist die Disziplinarmaßnahme unanfechtbar?

7. Was ist nach Unanfechtbarkeit der Disziplinarmaßnahme zu tun?

Die Lösungen befinden sich auf Seite 162

XI. Die Überprüfung einfacher Disziplinarmaßnahmen

1.
Vom Disziplinarvorgesetzten verhängte Disziplinarmaßnahmen sind

1.1
auf Beschwerde (§§ 1 WBO, 42 WDO),

1.2
im Wege der Dienstaufsicht gem. § 46 Abs. 2 WDO,

1.3
auf Antrag des Soldaten gem. § 43 Satz 1 WDO,

1.4
auf Antrag des Soldaten gem. § 44 Abs. 3 WDO,

1.5
auf Antrag eines Disziplinarvorgesetzten gem. § 44 Abs. 1 und 2 WDO,

1.6
im Gnadenverfahren (§ 19 WDO)

zu überprüfen.

Zu 1.1
Beschwerde

1.1.1
Der Soldat kann sich über eine gegen ihn verhängte einfache Disziplinarmaßnahme beschweren. Auf Beschwerden gegen Disziplinarmaßnahmen finden die Vorschriften der WBO Anwendung, soweit nicht in § 42 WDO Sonderregelungen getroffen sind (§ 42 Satz 1 WDO).

1.1.2
Erstbeschwerde

Über die Beschwerde gegen eine Disziplinarmaßnahme - ausgenommen die Beschwerde gegen Disziplinararrest - entscheidet der Disziplinarvorgesetzte, dem z.Z. der Entscheidung über die Beschwerde der verhängende Vorgesetzte oder dessen Nachfolger untersteht (§ 42 Nr. 2 WDO; vgl. im Anhang der ZDv 14/3 die auf den Vordrucken 2-8 enthaltenen Rechtsbehelfsbelehrungen). Über die Beschwerde gegen Disziplinararrest entscheidet das *Truppendienstgericht* endgültig (§ 42 Nr. 3 Satz 1 WDO; vgl. im Anhang der ZDv 14/3 die auf den Vordrucken 9 bis 12 enthaltenen Rechtsbehelfsbelehrungen).

Weitere Beschwerde
Hat der Soldat mit der Beschwerde keinen oder keinen vollen Erfolg gehabt, kann er weiter Beschwerde einlegen. *Über die weitere Beschwerde entscheidet das Truppendienstgericht* (§ 42 Nr. 6 Satz 1 WDO). Weitere Beschwerde gegen Disziplinararrest ist nicht zulässig (§ 42 Nr. 3 Satz 1 WDO).

1.1.3

Von der Beschwerde gegen eine Disziplinarmaßnahme ist scharf zu unterscheiden die Beschwerde gegen die Vollstreckung einer Disziplinarmaßnahme. Bei der Beschwerde, die sich gegen die Vollstreckung einer Disziplinarmaßnahme richtet, handelt es sich um eine truppendienstliche Beschwerde, auf die § 42 WDO keine Anwendung findet.

Beispiel:
- Gegen PzGren P, 2./PzGrenBtl 612, hatte der BtlKdr wegen eines schweren Dienstvergehens am 11.09. 18 Tage Disziplinararrest verhängt. Der Kasernenkommandant, Kdr PzBtl 614, beginnt am 12.09., 0700 Uhr, mit der Vollstreckung. Der Soldat beschwert sich, weil die Vollstreckung des Disziplinararrests entgegen dem Vollzugsersuchen zu früh begonnen habe.
Hier handelt es sich nicht um eine Disziplinarbeschwerde, weil der Soldat *nicht die Verhängung, sondern die Vollstreckung* des Disziplinararrests beanstandet. Daher ist § 42 WDO - hier insbesondere § 42 Nr. 3 Satz 1 WDO - nicht anwendbar. Über die Beschwerde des PzGren P entscheidet also nicht das Truppendienstgericht, sondern der dem Kasernenkommandanten in Vollzugsangelegenheiten vorgesetzte Standortälteste (§ 9 Abs. 1 WBO in Verbindung mit ZDv 14/10 Nr. 106, 107). Ferner hat der Soldat, wenn der Ernstbeschwerde nicht stattgegeben wird, auch die Möglichkeit zur weiteren Beschwerde (§ 16 Abs. 1 WBO im Gegensatz zu § 42 Nr. 3 Satz 1 WDO!).

1.1.4

Die Beschwerde hemmt die Vollstreckung der Disziplinarmaßnahme, wenn der Soldat sie vor Beginn der Vollstreckung eingelegt hat (§ 42 Nr. 1 Satz 1 WDO). Eine einfache Disziplinarmaßnahme darf - abgesehen von Disziplinararrest mit sofortiger Vollstreckbarkeit - frühestens vollstreckt werden, wenn der Soldat an dem auf die Verhängung folgenden Tag ausreichende Zeit und Gelegenheit zur Beschwerde hatte und davon keinen Gebrauch gemacht hat (§ 47 Abs. 1 Satz 1 WDO). Eine nach Beginn der Vollstreckung eingelegte Beschwerde und die weitere Beschwerde hemmen die Vollstreckung nicht (§ 42 Nr. 1 Satz 1 und 3 WDO; im einzelnen zur Vollstreckbarkeit einer Disziplinarmaßnahme vgl. »Die Vollstreckung einfacher Disziplinarmaßnahmen« 2-5).

1.1.5

Der Soldat kann mit der Beschwerde rügen

- er habe kein Dienstvergehen begangen,
- es liege zwar ein Dienstvergehen vor, eine Disziplinarmaßnahme sei aber dafür nicht angebracht,
- es liege zwar ein ahndungswürdiges Dienstvergehen vor, aber die Disziplinarmaßnahme sei zu hoch ausgefallen,
- die Disziplinarmaßnahme sei aus formellen Gründen fehlerhaft.

1.1.6

Die Beschwerde ist zunächst auf ihre Zulässigkeit hin zu überprüfen:

- ist die Beschwerde in eigener Sache erhoben (§ 1 Abs. 1 WBO)?
- ist die Beschwerde fristgerecht bei der zuständigen Stelle eingelegt (§§ 5, 6 Abs. 1, 7, 11a WBO, 193 BGB)?
- ist die Beschwerde formgerecht eingelegt (§ 6 Abs. 2 WBO)?

Ist die Beschwerde unzulässig, ist sie unter Hinweis auf diesen Mangel mit Rechtsbehelfsbelehrung (vgl. ZDv 14/3 C 231 Anlage C 3) zurückzuweisen (Ausnahme: Beschwerde gegen Disziplinararrest).

Dennoch ist dem Beschwerdevorbringen nachzugehen und soweit erforderlich, für Abhilfe zu sorgen (§ 12 Abs. 3 WBO in Verbindung mit den §§ 44 Abs. 1 und 2, 46 WDO, ZDv 14/3 C 215; bezüglich §§ 44 Abs. 1 und 2 , 46 WDO vgl. Ausführungen zu 1.2 und 1.5).

Beispiel für einen Beschwerdebescheid auf eine unzulässige Beschwerde

Panzerbataillon 664
- Kommandeur -
Az. 25-05

8083 Altstadt, 26. April 2001
Panzerkaserne

Herrn
Panzerschützen Josef Lobesam
4./Panzerbataillon 664
Panzerkaserne
8083 Altstadt

Gegen Empfangsschein

Beschwerdebescheid

ich weise Ihre Beschwerde vom 12. April 2001 zurück.

Gründe:

Ihr Kompaniechef verhängte gegen Sie am 26. März 2001 100,- DM Disziplinarbuße. Der Sachverhalt der Disziplinarformel lautet:

»Er hat am 24. März 2001 in Altstadt, Panzerkaserne, einem Stubenkameraden aus dessen Wertfach 10,- DM entwendet.«

Gegen diese Disziplinarmaßnahme haben Sie mit am 12. April 2001 bei der Kompanie eingegangenem Schreiben Beschwerde erhoben. Sie bringen darin vor, sich eines Dienstvergehens nicht schuldig gemacht zu haben, da Sie - wie von vornherein beabsichtigt - am übernächsten Tag dem Stubenkameraden den Geldbetrag zurückerstattet hätten.
Ihre Beschwerde ist unzulässig. Sie haben die Beschwerdefrist versäumt. Eine Beschwerde muß binnen zwei Wochen, nachdem der Beschwerdeführer von dem Beschwerdeanlaß Kenntnis erhalten hat, eingelegt werden (§ 6 Abs. 1 WBO). Darüber sind Sie in der Ihnen ausgehändigten Disziplinarverfügung belehrt worden. Sie hätten sich also spätestens am 9. April 2001 beschweren müssen. Dennoch habe ich die Disziplinarmaßnahme im Wege der Dienstaufsicht überprüft. Sie ist ohne Fehler.
Abschließend: Rechtsbehelfsbelehrung nach ZDv 14/3 C 231 Anlage C 3a.

Unterschrift, Dienstgrad

Zusatz

Sollte die Disziplinarmaßnahme einen Formfehler nach § 46 Abs. 2 Nr. 1-9 WDO aufweisen, ist statt des Erstellens eines Beschwerdebescheides gem. 1.2.6 zu verfahren.
Sollte der BtlKdr der Auffassung sein, daß die Voraussetzungen nach § 44 Abs. 1 WDO vorliegen, muß bzw. kann er einen Antrag auf Aufhebung der Disziplinarmaßnahme an das Truppendienstgericht stellen (vgl. 1.5) und hat dies gegebenenfalls dem Beschwerdeführer im Beschwerdebescheid mitzuteilen.

1.1.7

Ist die Beschwerde zulässig, ist nunmehr *zu untersuchen, ob sie begründet ist*. Begründet ist sie, wenn entweder

1.1.7.1

der festgelegte Sachverhalt kein Dienstvergehen darstellt

oder

1.1.7.2

ein Dienstvergehen nicht nachweisbar ist (vgl. »Die Ermittlungen des Disziplinarvorgesetzten« 8)

oder

1.1.7.3

für das festgestellte Dienstvergehen eine Disziplinarmaßnahme unangebracht ist (vgl. »Die disziplinare Entscheidung« 3.1) oder

1.1.7.4
die Disziplinarmaßnahme unangemessen hoch ist

oder

1.1.7.5
die Disziplinarmaßnahme einen *erheblichen* Formfehler aufweist.

Zu 1.1.7.1
Liegt kein Dienstvergehen vor, hebt der die Beschwerde entscheidende Disziplinarvorgesetzte die angefochtene Disziplinarmaßnahme ersatzlos auf.
Hat der Soldat die Disziplinarmaßnahme schon ganz oder teilweise *verbüßt,* ist zu beachten:
Die Aufhebung ist in derselben Weise bekanntzumachen, in der die Verhängung bekanntgemacht worden ist.

Beispiel:
- Der gegen Uffz U am 25.03. vom KpChef verhängte und am 27.03. vor allen Offizieren und Unteroffizieren der Kompanie bekanntgemachte strenge Verweis wurde auf Beschwerde des Soldaten vom 08.04. durch den BtlKdr am 15.04. aufgehoben.
Nach § 42 Nr. 8 WDO muß die Aufhebung vor allen Offizieren und Unteroffizieren der Einheit bekanntgegeben werden.

Eine bereits vollstreckte Disziplinarbuße ist zurückzuzahlen. Bei verbüßter Ausgangsbeschränkung erhält der Soldat für je einen dienstfreien Tag während des Vollzugs, im übrigen für je zwei Tage, die vollzogen worden sind, einen Tag Urlaub (§ 54 Abs. 2 WDO).
Wird Disziplinararrest nachträglich aufgehoben, erhält der Soldat einen Ausgleich (§ 54 Abs. 1 und Abs. 7 WDO). Der Ausgleich beträgt für jeden angefangenen Tag, der zu Unrecht vollzogen worden ist, einen Tag Urlaub oder, soweit Urlaub wegen Ende des Wehrdienstes nicht mehr gewährt werden kann, 20,- DM Entschädigung.

Beispiel für einen Beschwerdebescheid auf eine zulässige und begründete Beschwerde

Panzeraufklärungsbataillon 17
- Kommandeur -
Az 25-05

7077 Bergstadt, 17. Mai 2001
Stadtkaserne

Herrn
Gefreiten Franz Franzen
1./Panzeraufklärungsbataillon 17
Stadtkaserne
7077 Bergstadt

Gegen Empfangsschein

Beschwerdebescheid

1. Ich gebe Ihrer Beschwerde vom 5. Mai 2001 statt.
2. Ich hebe die vom Kompaniechef 1./Panzeraufklärungsbataillon 17 gegen Sie am 30. April 2001 verhängte fünftägige Ausgangsbeschränkung auf.

Gründe:

Ihr Kompaniechef verhängte gegen Sie am 30. April 2001 fünf Tage Ausgangsbeschränkung. Der Sachverhalt der Disziplinarformel lautet:
»Er hat am 23. April 2001 in Bergstadt, Stadtkaserne, den Zapfenstreich schuldhaft um ca. 20 Minuten überschritten.«
Gegen diese Disziplinarmaßnahme haben Sie mit am 5. Mai 2001 bei mir eingegangenem Schreiben Beschwerde erhoben. Sie tragen vor, Sie treffe an der Verspätung am 23. April 2001 kein Verschulden, da Sie alle Möglichkeiten zum Einhalten des Zapfenstreiches wahrgenommen hätten.
Ihre Beschwerde ist zulässig und begründet.
Meine Ermittlungen haben ergeben, daß Sie an der Zapfenstreichüberschreitung am 23. April 2001 schuldlos sind. Sie haben um 2210 Uhr an der Haltestelle »Karlsplatz« gestanden, um den lt. Fahrplan um 2215 Uhr dort abfahrenden und fahrplanmäßig um 2240 Uhr vor der Kaserne eintreffenden Bus zu erreichen. Nachdem bis 2220 Uhr kein Bus an der Haltestelle erschienen war - ich habe festgestellt, daß die Fahrt um 2215 Uhr ausgefallen ist - und die nächste Fahrt erst um 2310 Uhr von der Haltestelle »Karlsplatz« ging, haben Sie sich vergeblich bemüht, ein Taxi zu bekommen. Anschließend - gegen 2225 Uhr - haben Sie sich so schnell wie möglich, meistens im Laufschritt, zur Unterkunft begeben und sind gegen 2310 Uhr auf Ihrer Stube eingetroffen.
Sie haben demnach nach dem Ausfall des Busses um 2215 Uhr, mit dem Sie nicht rechnen konnten, alles in ihren Kräften stehende getan, den Zapfenstreich einzuhalten.

Unterschrift, Dienstgrad

Zu 1.1.7.2 und 1.1.7.3

Hier gilt das zu 1.1.7.1 Gesagte.

Zu 1.1.7.4

Ist nach Ansicht des Disziplinarvorgesetzten, der die Beschwerde zu entscheiden hat, die Disziplinarmaßnahme zu hoch ausgefallen, hebt er sie auf und verhängt statt dessen eine neue Disziplinarmaßnahme.
Ist die *aufgehobene Disziplinarmaßnahme bereits vollstreckt worden, ist dies bei der neuen Disziplinarmaßnahme zu berücksichtigen* (§ 42 Nr. 5 WDO).

Beispiele:

- Gegen den Gefr G verhängte der KpChef 21 Tage Ausgangsbeschränkung. Der BtlKdr hob diese Disziplinarmaßnahme im Beschwerdeverfahren auf und verhängte gegen den Soldaten vier Tage Ausgangsbeschränkung. Bis zum Zeitpunkt der Beschwerdeentscheidung hatte der Soldat bereits zehn Tage Ausgangsbeschränkung verbüßt.
Gem. § 42 Nr. 5 WDO ist die neue Ausgangsbeschränkung vom BtlKdr für vollstreckt zu erklären. Für die sechs Tage Ausgangsbeschränkung, die der Soldat zuviel verbüßt hat, erhält er einen Ausgleich (vgl. dazu 1.1.7.1).
- Der KpChef hatte gegen den Gefr G 18 Tage verschärfte Ausgangsbeschränkung verhängt. Auf die Beschwerde des Soldaten hob der BtlKdr die Disziplinarmaßnahme auf und verhängte 100,- DM Disziplinarbuße gegen ihn. Zur Zeit der Beschwerdeentscheidung hatte der Soldat bereits fünf Tage der verschärften Ausgangsbeschränkung verbüßt.
Die Disziplinarstrafe ist als vollstreckt zu erklären (§ 54 Abs. 3 WDO).
- Gegen den Gefr G verhängte der KpChef 200,- DM Disziplinarbuße. Der BtlKdr hob auf Beschwerde die Disziplinarmaßnahme auf und verhängte statt dessen einen strengen Verweis. Der Soldat hatte schon die Hälfte der Disziplinarbuße bezahlt. Die bereits vollstreckten 100,- DM sind dem Gefreiten zurückzuzahlen, und der strenge Verweis wird durch Bekanntmachung vor den Soldaten der Einheit vom Dienstgrad des Soldaten an aufwärts vollstreckt (§§ 42 Nr. 5 und § 54 Abs. 4 WDO).
- Gegen den Gefr G hatte der KpChef eine Disziplinarbuße von 200,- DM verhängt. Im Beschwerdeverfahren setzte der BtlKdr statt dieser eine Disziplinarbuße von 50,- DM fest. Die 200,- DM waren bereits von den Dienstbezügen des Soldaten einbehalten worden.
Dem Gefreiten werden 150,- DM zurückerstattet (§ 54 Abs. 4 WDO).

Beispiel für einen Beschwerdebescheid auf eine zu harte Disziplinarmaßnahme

Jägerbataillon 632
- Kommandeur -
Az.25-05

6062 Burgdorf, 28. Juni 2001
Verdun-Kaserne

Herrn
Obergefreiten Klaus Senkhammer
5./Jägerbataillon 632
Verdun-Kaserne
6062 Burgdorf

Gegen Empfangsschein

Beschwerdebescheid

1. Ich gebe Ihrer Beschwerde insoweit statt, als ich die gegen Sie am 30. Mai 2001 vom Kompaniechef 5./Jägerbataillon 632 verhängte 20tägige Ausgangsbeschränkung aufhebe und statt dessen gegen Sie eine Disziplinarbuße von 200,- DM verhänge.
   Sie haben am 24. Mai 2001 in Burgdorf, Verdun-Kaserne, das Transistorradiogerät eines Stubenkameraden gegen dessen Willen für die Zeit Ihrer stationären Behandlung im Sanitätsbereich bis zum 29. Mai 2001 in Gebrauch genommen.
2. Die Disziplinarbuße wird für vollzogen erklärt.
3. Im übrigen weise ich die Beschwerde zurück.

Gründe:

Am 30. Mai 2001 verhängte Ihre Kompaniechef gegen Sie 20 Tage Ausgangsbeschränkung . Der Sachverhalt der Disziplinarformel lautet:
»Er hat am 24. Mai 2001 einem Stubenkameraden dessen Transistorradiogerät gestohlen.«
Dagegen haben Sie sich mit am 1. Juni 2001 bei mir eingegangenem Schreiben beschwert. Sie bringen vor, Sie hätten zwar das Radiogerät des Gefr Maus ohne dessen Einverständnis mit in das Sanitätsrevier genommen, aber auf gar keinen Fall einen Diebstahl begangen; denn Sie hätten lediglich für die Zeit des Aufenthalts im Sanitätsbereich nicht ohne Radiomusik sein wollen. Ihr Verhalten sei zwar nicht ganz korrekt gewesen, rechtfertige aber niemals eine Disziplinarmaßnahme, schon gar nicht 20 Tage Ausgangsbeschränkung.
Die Beschwerde ist zulässig und teilweise begründet.
Meine Ermittlungen haben ergeben, daß Sie nicht die Absicht hatten, dem Gefr Maus das Radiogerät zu stehlen, daß Sie es vielmehr nur vorübergehend in Gebrauch nehmen wollten. Denn Sie haben, bevor Sie sich in den Sanitätsbereich begaben, den Gefr Maus im Beisein mehrerer Stubenkameraden gebeten, ob er Ihnen das Radio für die Zeit der stationären Behandlung ausleihen könne. Ferner haben Sie im Sanitätsbereich Ihrem dortigen Stubenkameraden, dem Gefr Fuß, als auch dieser den Apparat benutzen wollte, gesagt, er gehöre Ihnen nicht. Schließ-

lich haben Sie den Radioapparat unverzüglich nach Entlassung aus dem Krankenrevier dem Gefr Maus auf dessen Bett gelegt.
Nach diesem Sachverhalt ist die von Ihrem Kompaniechef verhängte Disziplinarmaßnahme zu hart. Das festgestellte Dienstvergehen wiegt dafür nicht schwer genug. Zu Ihren Gunsten kommt hinzu, daß Sie bisher lediglich eine geringfügige Disziplinarmaßnahme erhalten haben.
Andererseits haben Sie sich aber eines vorsätzlichen Verstoßes gegen die Pflicht zur Kameradschaft - §§ 12 Satz 2, 23 Abs. 1 SG - schuldig gemacht, indem Sie sich über den ausdrücklichen Willen des Gefr Maus hinwegsetzen und ihm fast sechs Tage lang sein Eigentum vorenthielten. Zur Ahndung dieser Tat erscheint eine Disziplinarbuße von 200,- DM erforderlich, aber auch ausreichend.
Gem. § 54 Abs. 3 WDO war die Disziplinarbuße für vollzogen zu erklären, da Sie die Ausgangsbeschränkung in Höhe von zehn Tagen bereits verbüßt haben.
Abschließend: Rechtsbehelfsbelehrung nach ZDv 14/3 C 231 Anlage C 3a.

Unterschrift, Dienstgrad

Noch zu 1.1.7.4

Im Beschwerdeverfahren ist es auch zulässig, die Vollstreckung einer Disziplinarmaßnahme gem. § 49 Abs. 1 WDO auf fünf Monate zur Bewährung auszusetzen.

Beispiel:

- Der KpChef hatte gegen PzGren P 200,- DM Disziplinarbuße verhängt. Der BltKdr setzt auf die Beschwerde des Soldaten die Vollstreckung der Disziplinarbuße zur Bewährung aus.

Wird eine Disziplinarmaßnahme im Beschwerdeverfahren geändert, ist dies auf der für das Disziplinarbuch bestimmten Verfügung sowie auf den Ausfertigungen für die Personalunterlagen und für den Rechtsberater unter genauer Bezeichnung der ändernden Entscheidung zu vermerken (ZDv 14/3 B 170 C X).

Zu 1.1.7.5

Soweit sich aufgrund der Beschwerde herausstellt, daß die Disziplinarmaßnahme einen *Formfehler im Sinne von § 46 Abs. 2 Nr. 1-9 WDO* enthält, ist die Disziplinarmaßnahme nach § 46 Abs. 2 WDO (zu § 42 Abs. 2 WDO im einzelnen vgl. 1.2) aufzuheben; die Beschwerde ist damit gegenstandslos geworden (vgl. ZDv 14/3 B 140 Nr. 1). Beinhaltet die angefochtene Disziplinarmaßnahme *einen nicht in § 46 Abs. 2 Nr. 1-9 WDO aufgeführten Formfehler,* hat der die Beschwerde entscheidende Disziplinarvorgesetzte zu prüfen, ob dieser Fehler nachteiligen Einfluß auf die verhängte Disziplinarmaßnahme gehabt hat. Nur dann führt die Beschwerde zur Aufhebung oder Abänderung der Disziplinarmaßnahme, andernfalls ist sie zurückzuweisen (vgl. ZDv 14/3 B 140 Nr. 2).

Beispiel:
Der KpChef hat gegen den OGefr O wegen eines Dienstvergehens 200,- DM Disziplinarbuße verhängt. Im Beschwerdeverfahren stellt der BtlKdr fest, daß der KpChef irrtümlich die Vertrauensperson nicht vor Verhängung gehört hatte. Hier liegt kein Aufhebungsgrund nach § 46 Abs. 2 WDO vor. Stellt sich heraus, daß die Vertrauensperson keine OGefr O entlastenden Aussagen beim KpChef hätte machen können und wird die Disziplinarbuße dem Dienstvergehen und der Person des Soldaten ansonsten gerecht, so bleibt die Disziplinarmaßnahme trotz des Formfehlers bestehen; die Beschwerde ist zurückzuweisen.
Stellt sich heraus, daß die Vertrauensperson erhebliche Aussagen zugunsten des Obergefreiten beim KpChef hätte machen können und ist der BtlKdr aufgrund dessen der Auffassung, die Disziplinarbuße von 200,- DM sei ungerecht, hat er entweder diese Disziplinarmaßnahme aufzuheben und eine geringere statt dessen zu verhängen oder, wenn keine Disziplinarmaßnahme nunmehr angebracht ist, die Disziplinarbuße ersatzlos aufzuheben.

1.1.8
Die Entscheidung über die Beschwerde darf die Disziplinarmaßnahme nicht verschärfen (§ 42 Nr. 4 WDO).

1.1.9
Erweist sich die beanstandete Disziplinarmaßnahme (Ausnahme: Disziplinararrest) im Beschwerdeverfahren als formal und inhaltlich *fehlerfrei*, ist die *Beschwerde mit Rechtsbehelfsbelehrung* (vgl. ZDv 14/3 C 231 Anlage C 3) *zurückzuweisen.*
Hinweis: Ein Schema zur Überprüfung einer Disziplinarbeschwerde befindet sich im Anhang Anlage 6.

Zu 1.2
Überprüfung der Disziplinarmaßnahmen nach § 46 Abs. 2 WDO

1.2.1
Unabhängig vom Vorliegen einer Beschwerde sind von Disziplinarvorgesetzten verhängte Disziplinarmaßnahmen im Wege der Dienstaufsicht aufzuheben, wenn sie Formfehler nach § 46 Abs. 2 Nr. 1-9 WDO (und § 43 Abs. 2 WDO) aufweisen. Nicht jeder formale Fehler führt hiernach zur Aufhebung einer Disziplinarmaßnahme, sondern lediglich ein in § 46 Abs. 2 Nr. 1-9 WDO genannter Grund. Wird ein solcher Mangel festgestellt, muß die Disziplinarmaßnahme aufgehoben werden, und zwar selbst dann, wenn ihr ein schweres Dienstvergehen zugrundeliegt.

Beispiele:
- Der KpChef, Hptm H, erfährt am 18.05. davon, daß PzGren P am Tage zuvor fünf Liter Bundeswehrkraftstoff entwendet hat. Noch am selben Tage verhängt er gegen den Soldaten, nachdem er ihn zuvor gehört, aber vergessen hatte, die Vertrauens-

person zu hören, 21 Tage verschärfte Ausgangsbeschränkung. Mit der Vollstreckung beginnt Hptm H am 19.05.
Weder die zu frühe Verhängung noch die zu frühe Vollstreckung der Disziplinarmaßnahme noch die unterbliebene Anhörung der Vertrauensperson führen zur Aufhebung der verschärften Ausgangsbeschränkung, da diese Fehler in § 46 Abs. 2 Nr. 1-9 WDO nicht aufgeführt sind.
- Der KpChef, Hptm H, verhängt gegen einen seiner Zugführer, den Lt L, 100,- DM Disziplinarbuße, da dieser ihn »Rindvieh« und »Untergebenenschinder« genannt hatte. In der Disziplinarformel heißt es:
»Er hat am 29. Mai 2001 in Neustadt, Gustav-Noske-Kaserne, seinen KpChef beleidigt.«
Diese Disziplinarmaßnahme ist nach § 46 Abs. 2 WDO aufzuheben, da Hptm H zur Verhängung nicht zuständig war (§§ 46 Abs. 2 Nr. 1, 30 Abs. 2 Nr. 2 WDO), seine Disziplinarbefugnis überschritten (§§ 46 Abs. 2 Nr. 4, 28 Abs. 1 Nr.1b WDO) und die Disziplinarformel mangels Sachverhaltsschilderung nicht den vorgeschriebenen Inhalt (§§ 46 Abs. 2 Nr. 8, 37 Abs. 3 Satz 2 WDO) hatte.

1.2.2

Für das Aufheben der Disziplinarmaßnahmen sind die höheren Disziplinarvorgesetzten zuständig (§ 46 Abs. 3 WDO).

1.2.3

Die Disziplinarvorgesetzten haben *Aufhebungsgründe*, die ihnen bekannt werden, der für das Aufheben zuständigen Stelle zu *melden* (§ 46 Abs. 5 WDO).

1.2.4

Der zuständige Disziplinarvorgesetzte prüft, *ob anstelle der aufgehobenen eine neue Disziplinarmaßnahme zulässig und angebracht ist* (§ 46 Abs. 4 WDO).

Beispiel:

- Der KpChef, Hptm H, hatte gegen den OGefr O zehn Tage Ausgangsbeschränkung verhängt, weil der Soldat am 21.07. zum wiederholten Male vorsätzlich mehrere Stunden zu spät zum Dienst erschienen war. Er hatte wegen der klaren Beweislage den Obergefreiten nicht angehört. Der Soldat legte keine Beschwerde ein. Als die Disziplinarmaßnahme bereits unanfechtbar war und OGefr O sie schon verbüßt hatte, wird Hptm H bewußt, daß er den Soldaten hätte anhören müssen. Er hat seinem BtlKdr jetzt den Aufhebungsgrund - §§ 46 Abs. 2 Nr. 7, 32 Abs. 5 WDO - zu melden (§ 46 Abs. 5 WDO). Der BtlKdr hebt die Ausgangsbeschränkung auf (§ 46 Abs. 3 WDO).
Hptm H kann gegen OGefr O erneut wegen dessen Dienstversäumnis am 21.07. zehn Tage Ausgangsbeschränkung verhängen, wenn er nach Anhörung des Soldaten diese Disziplinarmaßnahme für angemessen hält und das Dienstvergehen noch nicht verjährt ist (§ 46 Abs. 4 Satz 1). Die neue Ausgangsbeschränkung ist dann wegen der Vollstreckung der früheren für vollzogen zu erklären (§ 46 Abs. 4 Satz 2 WDO).

1.2.5
Wird eine Disziplinarmaßnahme nach § 46 Abs. 2 WDO aufgehoben, ist sie aus dem Disziplinarbuch und den Personalakten zu entfernen (vgl. ZDv 14/3 B 170 C X und D XVII). Ferner ist § 46 Abs. 4 Satz 2 WDO zu beachten.

1.2.6
Beispiel für eine Aufhebungsverfügung

Panzergrenadierbataillon 662
- Kommandeur -
Az. 25-01

9090 Neustadt, 12. April 2001
General-Schulz-Kaserne

Herrn
Gefreiten Gerd Gerdesen
1./Panzergrenadierbataillon 662
General-Schulze-Kaserne
9090 Neustadt

Gegen Empfangsschein

Aufhebungsverfügung
Ich hebe die vom Kompaniechef 1./Panzergrenadierbataillon 662 am 19. März 2001 gegen Sie verhängte 17tägige verschärfte Ausgangsbeschränkung nach § 46 Abs. 2 Nr. 7 WDO auf. Sie sind vor Verhängung der Disziplinarmaßnahme von Ihrem Kompaniechef nicht gefragt worden, ob Sie etwas zu Ihrer Entlastung vorbringen wollten.
Ihr Kompaniechef wird prüfen, ob er anstelle der aufgehobenen eine neue Disziplinarmaßnahme gegen Sie verhängen wird (§ 46 Abs. 4 WDO).

Unterschrift, Dienstgrad

Zusatz
Sollte der Soldat Beschwerde gegen die verschärfte Ausgangsbeschränkung erhoben haben, ist in die Aufhebungsverfügung noch abschließend folgender Satz aufzunehmen:
Ihre Beschwerde vom ... ist dadurch gegenstandslos geworden.

Zu 1.3
Antrag des Soldaten nach § 43 Abs. 1 WDO

1.3.1
Ist gegen einen Soldaten eine *einfache Disziplinarmaßnahme unanfechtbar verhängt* und wird er *anschließend wegen desselben Sachverhalts strafrechtlich belangt* oder wird gegen ihn eine Ordnungsmaßnahme ausgesprochen, ist auf Antrag des Soldaten die Disziplinarmaßnahme aufzuheben, wenn ihre Verhängung nach Abschluß des Straf- oder des Bußgeldverfahrens gegen § 16 Abs. 1 WDO verstoßen würde (§ 43

Abs. 1 Satz 1 WDO). Die Aufhebung eines Disziplinararrestes unterbleibt, wenn die Voraussetzungen für eine zusätzliche disziplinare Ahndung zum Zeitpunkt der Verhängung vorgelegen haben (§ 43 Abs. 1 Satz 2 WDO).

1.3.2
Trotz des Vorliegens der Voraussetzungen des § 43 Abs. 1 Satz 1 WDO *darf eine Disziplinarmaßnahme nicht aufgehoben werden, die im Strafverfahren ausdrücklich angerechnet worden ist* (§ 43 Abs. 3 WDO; vgl. »Die Verfahrensbestimmungen« Beispiel zu 3.7.2).

1.3.3
Über den Antrag auf Aufhebung einer Disziplinarmaßnahme entscheidet das Truppendienstgericht (§ 45 Abs. 1 WDO).

Beispiel:
- Der KpChef verhängte gegen den Gefr G 14 Tage verschärfte Ausgangsbeschränkung, weil der Soldat einem Kameraden 100,- DM entwendet hatte. Wegen derselben Sache wird Gefr G anschließend vom Amtsgericht zu einer Geldstrafe verurteilt. Er beantragt daraufhin die Aufhebung der Disziplinarmaßnahme. Über den Antrag entscheidet die zuständige Kammer des Truppendienstgerichts.

1.3.4
Wird die Disziplinarmaßnahme auf Antrag des Soldaten aufgehoben, ist sie aus dem Disziplinarbuch und aus den Personalunterlagen zu entfernen (vgl. ZDv 14/3 B 170 C X und D XVII). Gegebenenfalls ist ein Ausgleich zu gewähren (§ 54 WDO).

Zu 1.4
Antrag des Soldaten nach § 44 Abs. 3 WDO

1.4.1
Der Soldat kann die Aufhebung *einer nicht mehr anfechtbaren Disziplinarmaßnahme* beantragen, wenn neue Tatsachen oder Beweismittel beigebracht werden, die zur Aufhebung der Disziplinarmaßnahme führen können (§ 44 Abs. 3 WDO).

Beispiele:
- PzGren P erhält vom KpChef eine Disziplinarbuße in Höhe von 250,- DM. In der Disziplinarformel heißt es:
»Er ist vom 09.02. bis 16.02. 2001 seiner Einheit in Neustadt, General-Schulz-Kaserne, unerlaubt ferngeblieben. Er hielt sich in dieser Zeit zu Hause in Altstadt auf.«
Der Soldat hatte gegen die Disziplinarmaßnahme ohne Erfolg Beschwerde und weitere Beschwerde erhoben. Vier Wochen, nachdem das Truppendienstgericht die weitere Beschwerde zurückgewiesen hatte, die Disziplinarmaßnahme also unanfechtbar geworden war, legte PzGren P erstmals ein Attest seines Hausarztes vor, in dem der Arzt dem Soldaten bescheinigte, vom 09.02. bis 16.02.2001 aufgrund

einer Bronchitis nicht transportfähig gewesen zu sein. Mit dem Attest beantragt der Panzergrenadier die Aufhebung der Disziplinarbuße.
Der Antrag ist gemäß § 44 Abs. 3 Satz 1 WDO zulässig, da der Soldat die Aufhebung der Disziplinarmaßnahme unter Beibringung eines neuen Beweismittels fordert. Der Antrag ist begründet und die Disziplinarbuße folglich aufzuheben, wenn sich aufgrund des Attests die mangelnde Transportfähigkeit nicht widerlegen läßt.
- Wie im Beispiel zuvor verhängt der KpChef gegen PzGren P wegen unerlaubter Abwesenheit vom 09.02. bis zum 16.02.2001 eine Disziplinarbuße von 250,- DM. Gleichzeitig gibt er die Sache an die Staatsanwaltschaft ab. Nachdem die Disziplinarbuße unanfechtbar geworden war, wird der Soldat im Strafverfahren nach dem Grundsatz »im Zweifel zugunsten des Angeklagten« von dem Vorwurf der eigenmächtigen Abwesenheit rechtskräftig freigesprochen.
Aufgrund des Freispruchs kann der Soldat zulässigerweise die Aufhebung der Disziplinarbuße beantragen (§ 44 Abs. 3 Satz 2 WDO). Der Antrag ist auch begründet, die Disziplinarmaßnahme also aufzuheben, da der Freispruch im Strafverfahren gem. § 34 Abs. 1 WDO für den disziplinaren Bereich bindend ist (vgl. »Die Ermittlungen des Disziplinarvorgesetzten« 9).
Nach § 44 Abs. 1 Satz 1 WDO wäre im vorliegenden Fall jeder Disziplinarvorgesetzte verpflichtet, den Antrag auf Aufhebung der Disziplinarbuße zu stellen (vgl. 1.5.1).

1.4.2

Was die Zuständigkeit der Entscheidung über den Antrag des Soldaten nach § 44 Abs. 3 Satz 1 WDO betrifft, so gilt das zu 1.3.3 Gesagte.

1.4.3

Wird eine Disziplinarmaßnahme auf Antrag des Soldaten aufgehoben, ist sie aus dem Disziplinarbuch und den Personalunterlagen zu entfernen (vgl. ZDv 14/3 B 170 C X und D XVII). Gegebenenfalls ist ein Ausgleich zu gewähren (§ 54 WDO).

Zu 1.5

Antrag eines Disziplinarvorgesetzten nach § 44 Abs. 1 und 2 WDO

1.5.1

Jeder Disziplinarvorgesetzte muß beantragen, die Disziplinarmaßnahme aufzuheben, wenn er der Auffassung ist, daß gegen einen seiner Untergebenen eine Disziplinarmaßnahme verhängt worden ist,
- obwohl er unschuldig
oder
- obwohl er nicht nachweisbar schuldig war (§ 44 Abs. 1 Satz 1 Halbsatz 1 WDO).

1.5.2

Jeder Disziplinarvorgesetzte muß einen Antrag auf Herabsetzung der Disziplinarmaßnahme stellen, wenn von mehreren Pflichtverletzungen, die gem. *§ 18 Abs. 2*

WDO geahndet worden sind (vgl. »Die Verfahrensbestimmungen« 5), bei einer Pflichtverletzung der Soldat unschuldig oder nicht nachweisbar schuldig war (§ 44 Abs. 1 Satz 2 WDO).

Beispiel:
- Der KpChef verhängte gegen den Matr M wegen unerlaubter Abwesenheit von einem Tag und wegen Überschreitens des Zapfenstreichs 200,- DM Disziplinarbuße. Nachdem die Disziplinarmaßnahme bereits unanfechtbar geworden war, stellte sich heraus, daß den Soldaten an der Zapfenstreichüberschreitung keine Schuld trifft, da er auf der Fahrt zur Unterkunft ca. 10 km vor der Kaserne gegen 2125 Uhr einen Verkehrsunfall erlitten hatte.

Jeder Disziplinarvorgesetzte des Soldaten ist verpflichtet, die Herabsetzung der Disziplinarmaßnahme zu beantragen, da er bezüglich der zweiten ihm mit der Disziplinarbuße zur Last gelegten Pflichtverletzung unschuldig ist.

1.5.3
Der Disziplinarvorgesetzte, der die Disziplinarmaßnahme verhängt hat, oder sein Nachfolger, muß beantragen - § 44 Abs. 2 Satz 1 WDO -, die Disziplinarmaßnahme aufzuheben, wenn er der Auffassung ist, daß
- die Disziplinarmaßnahme nicht angebracht (vgl. »Die disziplinare Entscheidung« 3.1)

oder
- die Disziplinarmaßnahme nach § 16 Abs. 1 WDO nicht zulässig war (vgl. »Die Verfahrensbestimmungen«, 3.1-3.3).

1.5.4
Jeder Disziplinarvorgesetzte - außer dem Disziplinarvorgesetzten, der die Disziplinarmaßnahme verhängt hat, oder seinem Nachfolger (vgl. 1.5.3) - *kann* die Aufhebung einer Disziplinarmaßnahme beantragen - § 44 Abs. 1 Satz 1 Halbsatz 2 und Abs. 1 Satz 2 WDO -, wenn er der Auffassung ist, daß
- eine Disziplinarmaßnahme nicht angebracht

oder
- eine Disziplinarmaßnahme nach § 16 Abs. 1 WDO nicht zulässig

oder
- bei einer von mehreren Pflichtverletzungen, die als ein Dienstvergehen geahndet worden sind, eine Disziplinarmaßnahme nicht angebracht oder nach § 16 Abs. 1 WDO nicht zulässig war.

1.5.5
Nur der Disziplinarvorgesetzte, der die Disziplinarmaßnahme verhängt hat, oder sein Nachfolger, kann einen Antrag auf Herabsetzung der Disziplinarmaßnahme stellen, wenn sie ihm nachträglich zu hart erscheint (§ 44 Abs. 2 Satz 2 WDO).

1.5.6

Zur Frage der Zuständigkeit für die Entscheidung über einen Antrag auf Aufhebung oder Änderung einer Disziplinarmaßnahme nach § 44 Abs. 1 und 2 WDO vgl. die Ausführungen zu 1.3.3.

1.5.7

Was das Verfahren der Entscheidung über einen Antrag nach § 44 Abs. 1 und 2 WDO betrifft, wird auf die Ausführungen zu 1.3.4 verwiesen.

1.5.8

1.5.8.1

Wird eine Disziplinarmaßnahme auf Antrag nach § 44 Abs. 1 oder 2 WDO aufgehoben, ist sie aus dem Disziplinarbuch und den Personalakten zu entfernen (vgl. ZDv 14/3 B 170 C X und D XVII). Gegebenenfalls ist ein Ausgleich nach § 54 WDO zu gewähren.

1.5.8.2

Wird eine Disziplinarmaßnahme auf Antrag nach § 44 Abs. 1 oder 2 WDO herabgesetzt, ist dies auf der Disziplinarverfügung im Teil III des Disziplinarbuchs zu vermerken (ebenso auf den in den Personalunterlagen enthaltenen Ausfertigungen); die Eintragung in Teil I des Disziplinarbuchs ist zu berichtigen (vgl. ZDv 14/3 B 170 C X). Gegebenenfalls ist ein Ausgleich zu gewähren (§ 54 WDO).

Zu 1.6

Gnadenverfahren

1.6.1

Der Soldat oder jede andere Person kann gegen eine Disziplinarmaßnahme ein Gnadengesuch einreichen (§ 19 WDO).

1.6.2

Einzelheiten zum Verfahren in Disziplinargnadensachen von Soldaten in ZDv 14/3 B 104.

Fragen zum Kapitel »Die Überprüfung einfacher Disziplinarmaßnahmen«

1. Hptm H stellt nach Rückkehr aus dem Urlaub fest, daß OLt O in seiner Abwesenheit als KpChef gegen Fw F einen Verweis am selben Tage verhängt hat, an dem er von dem Dienstvergehen erfahren hatte. Hptm H ersucht den BtlKdr um die Aufhebung der Disziplinarmaßnahme nach § 46 Abs. 2 WDO.
   Handelte Hptm H richtig?

2. Hptm H stellt nach Rückkehr aus dem Urlaub ferner fest, daß OLt O in seiner Abwesenheit gegen PzGren P eine Disziplinarbuße verhängt hat, ohne daß der Soldat seiner Auffassung nach eines Dienstvergehens überführt war. PzGren P hatte sich nicht beschwert.
   OLt O ist der Auffassung, daß – selbst wenn dem Soldaten das Dienstvergehen nicht nachzuweisen wäre – nunmehr nach Ablauf der Beschwerdefrist die Disziplinarmaßnahme nicht mehr abgeändert werden könne, da sie unanfechtbar sei. Im übrigen könne die von ihm verhängte Disziplinarmaßnahme auch nicht fehlerhaft sein, da entscheidend sei, daß er von der Schuld des Soldaten überzeugt gewesen sei. Hptm H ist dagegen der Ansicht, es müsse dem zu Unrecht gemaßregelten Soldaten geholfen werden.
   Wer hat Recht?

3. Der KpChef stellt einen Formfehler im Sinne von § 46 Abs. 2 WDO bei einer Disziplinarmaßnahme eines Soldaten seiner Einheit fest.
   Was hat er zu tun und wie ist der Gang des Aufhebungsverfahrens?

4. Der KpChef verhängt gegen den Gefr G fünf Tage Disziplinararrest. Am nächsten Tag legt der Soldat gegen die Disziplinarmaßnahme Beschwerde beim KpChef ein.
   Was hat der KpChef zu tun?

5. Der zum 01.10. einberufene Kan K, der bisher weder positiv noch negativ aufgefallen war, überschritt am Sonntag, dem 09.10., den Zapfenstreich um ca. dreißig Minuten. Er war am 09.10. morgens zu seinen Eltern per Zug gefahren und hatte als Zug zurück zum Standort eine Verbindung um 2145 Uhr vom Heimatort gewählt. Mit diesem Zug wäre er um 2227 Uhr im Standort eingetroffen. Abends auf dem Bahnhof seines Heimatdorfes mußte der Soldat feststellen, daß dieser Zug nach dem Winterfahrplan nicht mehr verkehrte. Er nahm daher den nächsten Zug um 2222 Uhr, der um 2309 Uhr im Standort eintraf.
   Der BttrChef ahndet die Tat mit 100,- DM Disziplinarbuße. Der BtlKdr hat Bedenken an der Rechtmäßigkeit der Disziplinarmaßnahme und will wissen, ob er Möglichkeiten zu ihrer Aufhebung hat.

Die Lösungen befinden sich auf Seite 163

XII. Die Straftat und die Abgabe an die Staatsanwaltschaft

1. Die Straftat

Eine Straftat ist eine aufgrund eines Strafgesetzes (insbesondere WStG, StGB) unter Strafe gestellte rechtswidrige und schuldhafte Handlung (vgl. auch ZDv 14/2). Sie erfordert folglich die schuldhafte Erfüllung von Straftatbeständen, während beim Dienstvergehen ein schuldhafter Verstoß insbesondere gegen das Soldatengesetz (§§ 7, 8, 10-21, 23 Abs. 1 SG) vorliegen muß.

Beispiele:

- PzGren P bat den Gefr G, ihm 200,- DM bis zum Beginn der nächsten Woche zu borgen. PzGren P zahlte das Darlehen nicht zum vereinbarten Zeitpunkt zurück. Er hatte auch niemals die Absicht, dem Gefr G das Geld zurückzuerstatten.
PzGren P hat sich strafbar gemacht, weil er durch sein Verhalten schuldhaft den Betrugstatbestand (§ 263 StGB) erfüllt hat (zugleich hat er ein Dienstvergehen - §§ 12 Satz 2, 23 Abs. 1 SG - begangen).
- PzGren P hatte Urlaub bis zum 15.09., 0100 Uhr. Er verlängerte seinen Urlaub eigenmächtig und kehrte erst am 20.09. gegen 1230 Uhr zur Kompanie zurück. PzGren hat sich strafbar gemacht, da er durch sein Verhalten schuldhaft den Tatbestand der eigenmächtigen Abwesenheit (§ 15 WStG) verwirklicht hat (zugleich hat er ein Dienstvergehen - §§ 7, 23 Abs. 1 SG - begangen).
- PzGren P erhielt den Befehl, sich um 1630 Uhr zur Vernehmung bei seinem KpChef zu melden. Statt den Befehl zu befolgen, begab er sich in die Kantine. Hier hat der Soldat sich nicht strafbar gemacht. Die Straftatbestände der §§ 19, 21 WStG sind nicht erfüllt, weil durch das Nichtbefolgen des Befehls keine schwerwiegende Folge eingetreten ist; ferner ist eine Gehorsamsverweigerung nach § 20 Abs. 1 Nr. 1 und Nr. 2 WStG nicht gegeben, da PzGren P sich nicht auflehnte und der Befehl nicht wiederholt wurde (aber er hat ein Dienstvergehen - §§ 11, 23 Abs. 1 SG - begangen).
- Am Wochenende geriet PzGren P in seinem Heimatort mit seinem Vermieter, Herrn H, der den Mietzins erhöhen wollte, in Streit und nannte ihn einen Wucherer und Halsabschneider.
Hier hat sich PzGren P strafbar gemacht, da er durch sein Verhalten schuldhaft den Tatbestand der Beleidigung (§ 185 StGB) erfüllt hat (ein Dienstvergehen liegt nicht vor, da der Soldat keine Dienstpflicht, auch nicht die nach § 17 Abs. 2 Satz 2 SG, verletzt hat).
- Die 2. Kompanie hatte für das Bataillon aus Anlaß einer Gefechtsübung zehn Panzerfahrer zu benennen. Da der KpChef, Hptm H, derzeit wegen Krankheit und Lehrgang keine zehn Fahrer stellen konnte, meldete er auch den noch in der Fahrausbildung stehenden Gefr G. Infolge eines auf mangelnde Ausbildung zurück-

führbaren Fahrfehlers des Gefr G kam es zu einem Unfall, bei dem er und ein anderer Verkehrsteilnehmer schwer verletzt wurden.
Hptm H hat sich wegen unwahrer dienstlicher Meldung nach § 42 Abs. 1 WStG strafbar gemacht, da er durch seine vorsätzliche falsche Meldung fahrlässig eine schwerwiegende Folge – § 2 Nr. 3 WStG – verursacht hat (zugleich liegt ein Dienstvergehen – §§ 7, 10 Abs. 3, 12 Satz 2, 13 Abs. 1, 17 Abs. 2 Satz 1, 23 Abs. 1 SG – vor). Wäre Gefr G während der Übung korrekt verfahren, würde die Straftat des § 42 Abs. 1 WStG mangels einer schwerwiegenden Folge entfallen. Hptm H hätte dann lediglich ein Dienstvergehen begangen.
– Gefr X war als GvD eingeteilt. Als er den Gefr Y bei einem Stubendurchgang um 0630 Uhr noch im Bett liegend vorfand, sagte er zu ihm: »Ich weise Sie zurecht. Sie melden sich bei mir in zehn Minuten gewaschen, rasiert und angezogen!« Gefr X war nicht darüber belehrt worden, daß der GvD keine Vorgesetzteneigenschaften hat (vgl. ZDv 10/5 Nr. 225). Er hatte vergessen, die Dienstanweisung für den GvD zu lesen, in der ausdrücklich erwähnt war, daß der GvD nicht Vorgesetzter ist.
Gefr X hat sich nicht strafbar gemacht. Er hat sich zwar im Sinne des § 38 WStG Befehlsbefugnis angemaßt. Er tat dies jedoch nicht vorsätzlich, sondern fahrlässig (ein Dienstvergehen – §§ 11, 23 Abs. 1 SG – liegt aber vor). *Eine Straftat erfordert regelmäßig Vorsatz.* Fahrlässiges Handeln ist nur strafbar, wenn es ausdrücklich mit Strafe bedroht ist (§ 15 StGB). Für ein Dienstvergehen genügt grundsätzlich Fahrlässigkeit (zu den Begriffen »Vorsatz« und »Fahrlässigkeit« vgl. »Das Dienstvergehen« 3.2.1 und 3.2.2.).
– Gefr X fuhr den Gefr Y mit seinem Pkw zur Unterkunft. Infolge überhöhter Geschwindigkeit verursachte er kurz vor der Kaserne einen Unfall, bei dem Gefr Y erhebliche Verletzungen erlitt.
Gefr X hat die Verletzungen des Gefr Y fahrlässig herbeigeführt. Da fahrlässige Körperverletzung ausdrücklich unter Strafe gestellt ist (§ 230 StGB), ist Gefr X wegen fahrlässiger Körperverletzung strafbar (zugleich hat er ein Dienstvergehen – §§ 12 Satz 2, 23 Abs. 1 SG – begangen).
– Der schwächliche Gefr G wurde im Waschraum grundlos von dem ihm körperlich erheblich überlegenen OGefr O mit Fäusten angegriffen. Die einzige Möglichkeit, sich gegen die massiven Faustschläge zu wehren, bestand für den Gefr G darin, dem nächsten Schlag des OGefr O den im Waschraum hängenden Spiegel entgegenzuhalten. OGefr O schlug – wie vom Gefr G vorgesehen – infolgedessen gegen den Spiegel, der zerbrach, und zog sich Schnittverletzungen zu.
Gefr G hat sich nicht strafbar gemacht. Zwar hat er objektiv die Straftatbestände der Sachbeschädigung (§ 303 StGB) sowie der gefährlichen Körperverletzung (§ 224 StGB) erfüllt. Er handelte auch mit Vorsatz, da er die Körperverletzung und den Sachschaden in Kauf nahm. Der Soldat befand sich aber in einer Notwehr- und Notstandslage (aus denselben Gründen liegt kein Dienstvergehen vor; vgl. »Das Dienstvergehen« 3.2.3).

Merke :

Im Strafrecht kommen dieselben *Rechtfertigungen- und Schuldausschließungsgründe* wie im Disziplinarrecht in Betracht, also insbesondere:

- Notwehr (§ 32 StGB)
- Notstand (§§ 34, 35 StGB)
- Handeln auf Befehl (§ 5 WStG)
- Schuldunfähigkeit (§ 20 StGB)

(im einzelnen dazu »Das Dienstvergehen« 3.2.3.1-3.2.3.4).

2. Die wesentlichen Unterschiede zwischen Straftat und Dienstvergehen

Dienstvergehen (disziplinares Unrecht)	**Straftat** (kriminelles Unrecht)
1. Schuldhafter Verstoß gegen Dienstpflichten (insbesondere nach den §§ 7, 8, 10-21 SG).	1. Schuldhafte Verwirklichung eines Straftatbestandes (insbes. WStG, StGB).
2. Ein Dienstvergehen ist regelmäßig schon bei Fahrlässigkeit gegeben.	2. Eine Straftat erfordert Vorsatz, es sei denn, daß ausdrücklich Fahrlässigkeit mit Strafe bedroht ist (§ 15 StGB).
3. Das Dienstvergehen kann disziplinar geahndet werden (sog. Opportunitätsprinzip, vgl. § 15 Abs. 2 WDO sowie »Die disziplinare Entscheidung« 1).	3. Die Straftat ist grundsätzlich strafrechtlich zu ahnden (sog. Legalitätsprinzip; vgl. § 152 StPO).
4. Die Ahndung eines Dienstvergehens durch eine Disziplinarmaßnahme hat keinen Strafcharakter.	4. Die Ahndung einer Straftat erfolgt durch eine Strafe (Freiheitsstrafe, Jugendstrafe, Strafarrest, Geldstrafe).
5. Die Ahndung von Dienstvergehen erfolgt durch Disziplinarvorgesetzten (§§ 15, 27 Abs. 1 WDO) oder Wehrdienstgerichte (Truppendienstgericht, Bundesverwaltungsgericht - Wehrdienstsenate -; vgl. §§ 15 Abs. 1, 58, 68, 80 WDO).	5. Die Ahndung von Straftaten erfolgt durch Strafgerichte (z.B. Amtsgericht - Schöffengericht - oder Landgericht - Strafkammer -).
6. Das Dienstvergehen und die disziplinare Ahndung sind lediglich von Interesse für die Bundeswehr (vgl. §§ 9, 105 WDO).	6. Die Straftat und die Strafverfolgung sind von öffentlichem Interesse (vgl. §§ 152 StPO, 169 Gerichtsverfassungsgesetz - GVG -).

3. Verbrechen - Vergehen

Die Straftaten unterteilen sich in Verbrechen und Vergehen (nicht zu verwechseln mit Dienstvergehen!).
Verbrechen sind rechtswidrige Taten, die im Mindestmaß mit Freiheitsstrafe von einem Jahr oder darüber *bedroht* sind (also nicht maßgebend, wie die Tat bestraft wird), wie z.B. Landesverrat - § 94 StGB - oder Raub - § 249 StGB - (vgl. § 12 Abs. 1 StGB).
Vergehen sind rechtswidrige Taten, die im Mindestmaß mit einer geringeren Freiheitsstrafe als einem Jahr oder die mit Geldstrafe *bedroht* sind (also nicht maßgebend, wie die Tat bestraft wird), wie z.B. Fahnenflucht - § 16 WStG - oder tätlicher Angriff gegen einen Vorgesetzten - § 25 WStG - (vgl. § 12 Abs. 2 StGB).

4. Die Ordnungswidrigkeit

Von der Straftat (kriminelles Unrecht) zu unterscheiden ist die Ordnungswidrigkeit (Verwaltungsunrecht).
Eine Ordnungswidrigkeit ist ein schuldhafter Verstoß gegen ein Gesetz, das die Ahndung mit Geldbuße zuläßt (z.B. schuldhafter Verstoß gegen die StVO). Die Verfolgung einer Ordnungswidrigkeit erfolgt also nicht im Strafverfahren, sondern im Bußgeldverfahren. Die Ahndung der Ordnungswidrigkeit (= Ordnungsmaßnahme) hat keinen Strafcharakter.

5. Die Abgabe an die Staatsanwaltschaft

5.1

Ist das *Dienstvergehen zugleich eine Straftat*, gibt der Disziplinarvorgesetzte die Sache unabhängig von der disziplinaren Erledigung an die zuständige Staatsanwaltschaft ab, wenn dies
- zur Aufrechterhaltung der militärischen Ordnung (z.B. besonders schwerer Fall der Meuterei oder Wachverfehlung)

oder
- wegen der Art der Tat (z.B. Landesverrat)

oder
- wegen der Schwere des Unrechts (z.B. besonders schwerer Fall der Mißhandlung eines Untergebenen)

oder
- wegen der Schwere der Schuld (z.B. Straftat im Wiederholungsfall im Vergleich zu einer persönlichkeitsfremden Tat eines unbestraften Soldaten)

geboten ist (§ 33 Abs. 3 Satz 1 WDO).

5.2
Im *Abgabeerlaß* – ZDv 14/3 B 117 – ist anhand eines Kataloges von Straftaten generell geregelt, wann die Voraussetzungen für die Abgabe an die Staatsanwaltschaft nach § 33 Abs. 3 Satz 1 WDO gegeben sind.

5.2.1
Im einzelnen:

Bei den im Anhang 1 genannten Straftaten handelt es sich um besonders schwere Straftaten, die *stets* abzugeben sind.

5.2.2
Die im Anhang 2 genannten Straftaten *sind regelmäßig abgabepflichtig. Ausnahmsweise* – z.B. wenn es sich um eine leichtere Straftat nach Anhang 2 eines ansonsten untadeligen Soldaten handelt – kann von der Abgabe an die Staatsanwaltschaft abgesehen werden.
Die Entscheidung, nicht abzugeben, kann der Disziplinarvorgesetzte jedoch nicht allein treffen; er hat vielmehr zuvor die *Zustimmung des Rechtsberaters* einzuholen. Hält der Rechtsberater die Abgabe für erforderlich und teilt der Disziplinarvorgesetzte diese Auffassung nicht, hat der Disziplinarvorgesetzte die Entscheidung der Einleitungsbehörde herbeizuführen (ZDv 14/3 B 117 Nr. 5).

5.2.3
Bei allen weder in Anhang 1 noch Anhang 2 genannten Straftaten (z.B. Beleidigung, Nötigung) liegt es im pflichtgemäßen Ermessen des Disziplinarvorgesetzten, ob er die Sache an die Staatsanwaltschaft abgibt. Bei Bagatellsachen ist die Abgabe regelmäßig nicht angebracht (ZDv 14/3 B 117 Nr. 4).

Beispiele zu 5.2.1 - 5.2.3:
- PzGren P, bereits mehrfach negativ aufgefallen, lauerte nach Dienst seinem Gruppenführer auf und schlug ihn zusammen.
PzGren P hat sich wegen tätlichen Angriffs gegen einen Vorgesetzten – § 25 WStG – strafbar gemacht. Es handelt sich um eine schwere Straftat, die nur im Ausnahmefalle nicht abzugeben ist (Anhang 2). Da hier keine Ausnahme vorliegt, gibt der KpChef die Sache an die Staatsanwaltschaft ab. Der KpChef benötigt für diese Entscheidung nicht den Rechtsberater, da dieser nur zu befragen ist, wenn der Disziplinarvorgesetzte eine Straftat nach Anhang 2 nicht abgeben will.
- Gefr G, bisher als untadeliger Soldat in Erscheinung getreten, zerrte seinen Gruppenführer in seiner Erregung an dessen Uniformjacke, nachdem er vom Gruppenführer im Beisein der gesamten Gruppe schikaniert worden war. Gefr G hat sich des tätlichen Angriffs gegen einen Vorgesetzten schuldig gemacht. Will der KpChef die grundsätzlich nach Anhang 2 abgabepflichtige Tat hier ausnahmsweise (untadeliger Soldat, der durch vorschriftswidrige Behandlung eines Vorgesetzten in begreiflicher Erregung darüber zu seiner Tat – ein minder schwerer Fall

des § 25 WStG - hingerissen wurde) nicht abgeben, hat er die Zustimmung des Rechtsberaters einzuholen.

- OGefr O, bislang nicht negativ aufgefallen, bezeichnete seinen Zugführer als Schwachkopf und mieses Subjekt.

Der Soldat hat sich der Beleidigung - § 185 StGB - schuldig gemacht. Diese Straftat zählt weder zu den nach Anhang 1 noch den nach Anhang 2 abgabepflichtigen Straftaten. Es liegt also im pflichtgemäßen Ermessen des Disziplinarvorgesetzten, ob er die Sache abgeben will oder nicht. Er benötigt auch nicht die Zustimmung des Rechtsberaters, wenn er nicht abgeben will. Denn dessen Zustimmung bedarf er nur in Ausnahmefällen bei Straftaten nach Anhang 2.

- HptGefr H, ein bisher guter Soldat, blieb nach seinem Erholungsurlaub in der Absicht, nicht mehr zur Truppe zurückzukehren, zu Hause und wurde von den Feldjägern bereits nach drei Tagen zu seiner Kompanie gebracht.

Der Soldat hat Fahnenflucht - § 16 WStG - begangen. Da es sich um eine nach Anhang 1 abgabepflichtige Straftat handelt, muß der KpChef den Fall an die Staatsanwaltschaft abgeben. Er kann auch den Rechtsberater, wenn er einen milderen Fall der Fahnenflucht für gegeben ansieht, nicht um Zustimmung zur Nichtabgabe ersuchen; denn mit dessen Einwilligung kann nur bei Straftaten nach Anhang 2 von der Abgabe abgesehen werden.

5.3

Abgabesachen sind Eilsachen (ZDv 14/3 B 117 Nr. 5).

5.4

Für die Abgabe ist der Vordruck 17 im Anhang der ZDv 14/3 zu verwenden.

5.5

Bei gleichzeitiger disziplinarer Ahndung ist auf der Disziplinarverfügung unter »Weitere Vermerke des nächsten Disziplinarvorgesetzten« anzugeben, daß die Sache an die Staatsanwaltschaft abgegeben wurde.

5.6

Hat der Disziplinarvorgesetzte wegen derselben Tat eine *einfache Disziplinarmaßnahme verhängt*, hat er dies *der Staatsanwaltschaft mitzuteilen* (vgl. Vordruck 17). Beim Disziplinararrest ist zugleich der Stand der Vollstreckung anzugeben. Die Mitteilungspflicht obliegt dem Disziplinarvorgesetzten auch dann, wenn er *nach der Abgabe* eine einfache Disziplinarmaßnahme verhängt (ZDv 14/3 B 117 Nr. 6). Durch die Mitteilungspflicht wird das Gericht in die Lage versetzt, die Disziplinarmaßnahme bei der strafgerichtlichen Strafe nach § 51 StGB anzurechnen. Unterbleibt die Mitteilung, besteht die erhöhte Gefahr der Aufhebung der Disziplinarmaßnahme nach den §§ 43 Abs. 1, 45 WDO.

5.7

Eine Aussetzung der disziplinaren Erledigung bis zur Beendigung des Strafverfahrens ist gem. § 33 Abs. 3 Satz 2 WDO möglich. *Grundsätzlich* ist es jedoch *falsch, die disziplinare Entscheidung bis zum Abschluß des sachgleichen Strafverfahrens zurückzustellen.* Denn der erzieherischen Wirkung wegen ist es erforderlich, für ein ahndungswürdiges Dienstvergehen die Disziplinarmaßnahme schnellstens auf die Tat folgen zu lassen (§ 17 Abs. 1 WDO). Hinzu kommt, daß nach einer Strafe durch das Strafgericht der Disziplinarvorgesetzte in der Regel eine einfache Disziplinarmaßnahme nicht mehr verhängen darf (§ 16 WDO).
Eine Aussetzung der disziplinaren Erledigung empfiehlt sich aber immer dann, wenn die Ermittlungen für den Disziplinarvorgesetzten schwierig sind und er daher das strafrechtliche Ermittlungsergebnis abwartet (vgl. »Die Ermittlungen des Disziplinarvorgesetzten« Beispiel zu 9.3).

5.8

Die Abgabepflicht besteht unabhängig davon, ob die Staatsanwaltschaft oder Polizei bereits Kenntnis von der Straftat erlangt hat (ZDv 14/3 B 119).

5.9

Die Abgabe an die Staatsanwaltschaft schließt nicht aus, daß der Disziplinarvorgesetzte - z.B. wenn Fahndungsmaßnahmen zur Aufklärung einer Straftat nötig erscheinen - die Polizei unterrichtet. Die Polizei darf jedoch nur benachrichtigt werden, wenn die Voraussetzungen für eine Abgabe an die Staatsanwaltschaft vorliegen, weil die Benachrichtigung im Ergebnis einer Abgabe an die Staatsanwaltschaft gleichkommt (ZDv 14/3 B 119).

5.10

Wer als Disziplinarvorgesetzter vorsätzlich gegen den Abgabeerlaß verstößt, um den Untergebenen der Bestrafung zu entziehen, begeht nicht nur ein Dienstvergehen (§§ 11, 23 Abs. 1 SG), sondern macht sich auch wegen unterlassener Mitwirkung bei Strafverfahren - § 40 WStG - strafbar. Dasselbe gilt für einen Vorgesetzten, der es vorsätzlich pflichtwidrig unterläßt, den Verdacht einer Straftat eines Untergebenen zu melden oder zu untersuchen, um den Untergebenen der Bestrafung zu entziehen.

Fragen zum Kapitel »Die Straftat und die Abgabe an die Staatsanwaltschaft«

Prüfen Sie die Fälle zum Kapitel »Das Dienstvergehen« (S. 41 / 42) auf das Vorliegen von Straftaten!

Dazu:
a) Um welche Straftaten handelt es sich gegebenenfalls?
b) Besteht Abgabepflicht nach dem Abgabeerlaß?

Die Lösungen befinden sich auf Seite 164

XIII. Sonstige Folgen eines Dienstvergehens

Bei Vorliegen eines Dienstvergehens bzw. bei hinreichendem Verdacht eines Dienstvergehens sind oftmals neben der disziplinaren Würdigung und der Prüfung der Abgabe an die Staatsanwaltschaft weitere Maßnahmen zu erwägen.

Im einzelnen kommen insbesondere folgende Maßnahmen in Betracht:

1. Entlassung

1.1

Entlassung eines Soldaten, der aufgrund der Wehrpflicht Wehrdienst leistet (§ 29 Abs. 1 Nr. 6 WPflG)

1.1.1

Der Soldat muß durch sein Verhalten die militärische Ordnung oder die Sicherheit der Truppe *ernstlich* gefährden. Dies ist nicht schon dann der Fall, wenn der Soldat disziplinare Schwierigkeiten macht. Es ist grundsätzlich Sache der Bundeswehr, mit dem Wehrpflichtigen fertig zu werden. Die Bundeswehr darf sich nicht von unbequemen und disziplinlosen Soldaten befreien und sie auf diese Weise für ihr Fehlverhalten belohnen. Sie muß vielmehr bis zur äußersten Grenze Dienstpflichtverletzungen hinnehmen und versuchen, diesen mit allen verfügbaren disziplinaren Mitteln entgegenzutreten. Erst wenn auch dies erfolglos bleibt, ist eine ernstliche Gefährdung der Truppe gegeben und die Entlassung begründet (Bundesverwaltungsgericht - VIII C 116.70 - vom 28.2.1973).

Demnach besteht kein *Entlassungsgrund,* wenn
- ein Soldat zweimal unerlaubt über insgesamt 67 Tage abwesend gewesen ist (vielmehr hat er die Zeiten der Abwesenheit nachzudienen),
- ein Soldat Flugblätter verfaßt und verteilt hat, die in unsachlicher Weise mit unwahrem Inhalt die Bundeswehr angreifen und Vorgesetzte verunglimpfen.

Ein *Entlassungsgrund liegt* dagegen *vor,* wenn
- ein Soldat *wiederholt* Kameraden bestohlen oder Vorgesetzte in schwerwiegender Weise tätlich angegriffen hat,
- ein Soldat an massiven Gewaltakten einer linksextremen Organisation gegen Bundeswehrangehörige oder wichtige Wehrmittel mehrfach mitgewirkt hat.

1.1.2

Wird ein Soldat wegen schuldhafter Verletzung seiner Dienstpflichten nach § 29 Abs. 1 Nr. 6 WPflG entlassen, verliert er zugleich seinen Dienstgrad (§ 30 Abs. 1 Satz 2 WPflG).

1.1.3
Neben der Möglichkeit der Entlassung nach § 29 Abs. 1 Nr. 6 WPflG kommen bei rechtskräftiger Bestrafung eines aufgrund der Wehrpflicht leistenden Soldaten noch
- die Entlassung nach § 29 Abs. 4 Nr. 2 WPflG,
- der Ausschluß aus der Bundeswehr nach § 30 Abs. 1 WPflG

sowie
- der Verlust das Dienstgrades nach § 30 Abs. 2 WPflG in Betracht.

1.2
Entlassung eines Soldaten auf Zeit (§ 55 Abs. 5 SG)

1.2.1
Ein Soldat auf Zeit kann während der ersten vier Jahre seiner Dienstzeit fristlos entlassen werden, wenn er seine Dienstpflichten derart nachhaltig verletzt, daß sein Verbleiben in seinem Dienstverhältnis die militärische Ordnung oder das Ansehen der Bundeswehr ernsthaft gefährden würde.
Die Entlassung eines Zeitsoldaten in den ersten vier Dienstjahren nach § 55 Abs. 5 SG ist eher möglich als die Entlassung eines Soldaten nach § 29 Abs. 1 Nr. 6 WPflG. Das Dienstverhältnis eines Soldaten auf Zeit ist störempfindlicher als das auf der Wehrpflicht beruhende, da es Berufscharakter hat und bestimmt ist, der Bundeswehr einen Bestand längerdienender Soldaten zu sichern, aus denen sie Offiziere und Unteroffiziere heranbildet (Bundesverwaltungsgericht - VIII C 116.70 - vom 28.2.1973).
Die Entlassung kann entweder aufgrund einer besonders schwerwiegenden Verfehlung (z.B. Fahnenflucht, Tätlichkeit gegen einen Vorgesetzten, Entwendung von Bundeswehrkraftstoff) erfolgen oder nach mehreren kleineren Dienstvergehen, wenn die wegen der einzelnen Pflichtverletzungen vorangegangenen Disziplinarmaßnahmen ohne Erfolg geblieben sind und die Disziplinarbefugnis ausgeschöpft worden ist.

1.2.2
Wenn sich ein Zeitsoldat in den ersten vier Dienstjahren Dienstpflichtverletzungen schuldig macht, die eine Entlassung noch nicht rechtfertigen, und die Gefahr besteht, daß nach einem erneuten Dienstvergehen die fristlose Entlassung ausgesprochen werden muß, so kann der Soldat in einem »Ausdrücklichen Hinweis« auf die Folgen weiteren Fehlverhaltens hingewiesen werden.

1.2.3
Wegen der einfacheren Möglichkeit der Entlassung nach § 55 Abs. 5 SG ist gegen einen Soldaten auf Zeit in den ersten vier Dienstjahren, wenn er durch seine Pflichtverstöße untragbar geworden ist, von der Durchführung eines gerichtlichen Disziplinarverfahrens abzusehen (vgl. ZDv 14/3 B 165 sowie »Das gerichtlichen Disziplinarverfahren« 6). Ein Zeitsoldat mit mehr als vier Dienstjahren kann nur über ein gerichtliches Disziplinarverfahren aus der Bundeswehr entfernt werden.

1.2.4

Wird ein Soldat auf Zeit nach § 55 Abs. 5 SG entlassen, verliert er zugleich seinen Dienstgrad (§ 56 Abs. 2 SG). Soweit er noch nicht die Zeit des vollen Grundwehrdienstes abgeleistet hat, verbleibt er als Wehrdienst leistender Wehrpflichtiger in der Bundeswehr (§ 56 Abs. 1 Satz 2 SG).

1.2.5

Neben der Möglichkeit fristloser Entlassung nach § 55 Abs. 5 SG kommen bei Dienstvergehen und sonstigen Gesetzesverstößen von Zeitsoldaten noch

- die Entlassung nach den §§ 55 Abs. 1, 46 Abs. 2 Nr. 2, 3 SG und
- der Verlust der Rechtsstellung gem. den §§ 54 Abs. 2 Nr. 2, 48 SG nach rechtskräftiger Bestrafung

in Betracht.

2. Verbot der Ausübung des Dienstes (§ 22 SG)

Aus *zwingenden* dienstlichen Gründen - insbesondere bei schweren Dienstvergehen oder bei dem hinreichenden Verdacht, derartige Dienstvergehen begangen zu haben (z.B. ein Zugführer wird dringend verdächtigt, unter Mißbrauch seiner Vorgesetztenstellung an mehreren Untergebenen sexuelle Handlungen vorgenommen zu haben) - kann einem Soldaten als Sofortmaßnahme die Dienstausübung untersagt werden (im einzelnen ZDv 14/3 B 152).

3. Nachdienen (§ 5 Abs. 3 WPflG)

Tage, an denen ein Wehrpflichtiger während des Grundwehrdienstes infolge (u.a.)

- schuldhafter Abwesenheit von der Truppe,
- schuldhafter Dienstverweigerung,
- Verbüßung von Freiheitsstrafe, Strafarrest, Jugendstrafe, Jugendarrest oder Disziplinararrest

keinen Dienst geleistet hat, sind nachzudienen (§ 5 Abs. 3 Satz 1 WPflG). Tage, an denen der Soldat während des Vollzugs von Freiheitsentziehung am Dienst teilnimmt, sind nicht nachzudienen (im einzelnen § 5 Abs. 3 Satz 2 und 3 WPflG).

4. Haftung auf Schadenersatz (§ 24 SG)

4.1

Verletzt ein Soldat vorsätzlich oder grob fahrlässig seine Dienstpflichten, hat er dem Bund den daraus entstandenen Schaden zu ersetzen (§ 24 Abs. 1 Satz 1 SG). Handelt der Soldat nur leicht fahrlässig, kann er zwar disziplinarrechtlich, nicht aber schadensrechtlich zur Verantwortung gezogen werden.

4.2
Zu den Schadensbestimmungen im einzelnen vgl.:
- VMBl 1980 S. 546
- VMBl 1994 S. 98

4.3
Zur disziplinaren Würdigung von Schadensfällen vgl. ZDv 14/3 B 127.

5. Verlust der Bezüge (§§ 30 Abs. 3 SG, 73 Abs. 2 Bundesbeamtengesetz - BBG -, § 1 Abs. 5 Satz 1 Wehrsoldgesetz - WSG -)

5.1
Der Soldat, der schuldhaft unerlaubt dem Dienst fernbleibt, verliert für die Zeit des Fernbleibens den Anspruch auf Dienstbezüge bzw. Wehrsold (im einzelnen VMBl 1977 S. 332).

5.2
Bei dem zur Erfüllung der Wehrpflicht einberufenen Wehrpflichtigen ruhen ferner die Leistungen zur Unterhaltssicherung, wenn er länger als eine Woche unerlaubt abwesend ist oder eine Freiheitsstrafe von mindestens drei Monaten verbüßt (§ 14 Abs. 1 Unterhaltssicherungsgesetz - USG -).

6. Meldung eines Besonderen Vorkommnisses (ZDv 10/13); Meldung an den MAD (ZDv 14/3 B 118)

6.1
Verschiedene Straftaten nach dem StGB und dem WStG sind nach ZDv 10/13, Kapitel 3, als Besonderes Vorkommnis zu melden.

6.2
Ferner ist jeder nachrichtendienstliche Verdachtsfall innerhalb der Bundeswehr sofort dem MAD zu melden (ZDv 14/3 B 118).

7. Abberufung der Vertrauensperson (§ 11 Soldatenbeteiligungsgesetz)

Das Truppendienstgericht kann auf Antrag die Vertrauensperson wegen grober Vernachlässigung ihrer gesetzlichen Befugnisse oder Pflichten abberufen. Der Antrag auf Abberufung kann auch wegen eines sonstigen Verhaltens der Vertrauensperson gestellt werden, das geeignet ist, die verantwortungsvolle Zusammenarbeit zwischen Vorgesetzten und Untergebenen oder das kameradschaftliche Vertrauen ernsthaft zu beeinträchtigen (§ 11 SBG).

8. Entzug der Fahrerlaubnis (ZDv 43/1 Kapitel 6)

8.1

Einem Kraftfahrer der Bundeswehr, der sich durch eine Straftat, insbesondere eine Verkehrsstraftat, oder in anderer Weise als ungeeignet zum Führen von Kraftfahrzeugen erwiesen hat, ist die Fahrerlaubnis zu entziehen (ZDv 43/1 Nr. 607). Ungeeignet zum Führen eines Dienstkraftfahrzeuges ist auch derjenige, der beträchtliche charakterliche Mängel erkennen läßt; dabei ist unerheblich, ob die Mängel bei der Führung von Kraftfahrzeugen oder sonstwie zutage getreten sind.

8.2

Wird durch ein Gericht die Fahrerlaubnis rechtskräftig entzogen, wird dadurch auch der Führerschein der Bundeswehr ungültig (ZDv 43/1 Nr. 627, 632); eines Entziehungsverfahrens durch die Bundeswehr bedarf es also nicht mehr.

Fragen zum Kapitel »Sonstige Folgen eines Dienstvergehens«

1. Gefr G, W, war zum zweiten Mal über mehr als drei Wochen unerlaubt abwesend gewesen, hatte zehn Kanister Bundeswehrkraftstoff entwendet und in der Kantine unter Alkoholeinfluß Schäden in Höhe von ca. 2900,- DM angerichtet.
   Nunmehr beantragt der KpChef die Entlassung des Soldaten.
   Mit Erfolg?

2. StUffz S, SaZ 6, im 5. Dienstjahr, mißhandelte und schikanierte einen Untergebenen in schwerwiegender Weise. Der KpChef beantragt die Entlassung des Soldaten nach § 55 Abs. 5 SG.
   Zu Recht?

3. PzGren P weigerte sich, in der ersten Woche seiner Wehrdienstzeit Dienst zu tun. Der KpChef ahndet das Dienstvergehen mit 21 Tagen verschärfter Ausgangsbeschränkung.
   Was hat er darüber hinaus zu tun?

4. OGefr O, Vertrauensperson, legte sich während des Wachdienstes am 28.10. schlafen. Wegen dieses Dienstvergehens verhängte der BtlKdr gegen ihn 14 Tage Disziplinararrest. Der Soldat beschwerte sich nicht. Nach Verbüßung und Unanfechtbarkeit des Arrests hörte der KpChef den Obergefreiten in zwei Disziplinarangelegenheiten gegen andere Soldaten nach den §§ 4 Satz 1 WDO, 27 Abs. 1 SBG an.
   Zu Recht?

5. Gefr G hat den Kompaniefeldwebel, HptFw H, dienstlich nach Altstadt zu fahren. Auf der Rückfahrt zur Kaserne unterbrechen die Soldaten die Fahrt in Neustadt, kehren in das Lokal »Zur Linde« ein und sprechen dort erheblich dem Alkohol zu. Kurz nach Verlassen der Gaststätte verursacht Gefr G aufgrund seiner alkoholbedingten Fahruntüchtigkeit einen Unfall. Dabei entsteht an dem Dienstkfz Sachschaden von rund 2200,- DM.
   Was hat der KpChef neben der disziplinaren Würdigung und der Entscheidung über die Abgabe an die Staatsanwaltschaft weiterhin zu veranlassen?

Die Lösungen befinden sich auf Seite 167

XIV. Das gerichtliche Disziplinarverfahren

1.

Hat ein Soldat ein Dienstvergehen begangen oder ist er hinreichend verdächtig, ein *Dienstvergehen begangen zu haben, zu dessen Ahndung eine einfache Disziplinarmaßnahme nicht ausreicht, vielmehr eine gerichtliche Disziplinarmaßnahme erforderlich erscheint,* leitet die Einleitungsbehörde gegen den Soldaten ein gerichtliches Disziplinarverfahren ein. Zuvor ist die Vertrauensperson zur Person des Soldaten und zum Sachverhalt anzuhören, sofern der Soldat nicht widerspricht (§ 27 Abs. 2 SBG).

2.

Der zuständige Disziplinarvorgesetzte beantragt - unter Vorlage sämtlicher Ermittlungsvorgänge - die Einleitung eines gerichtlichen Disziplinarverfahrens (*falsch:* er leitet ein gerichtliches Disziplinarverfahren ein), wenn er wegen der Schwere des Dienstvergehens eine gerichtliche Disziplinarmaßnahme für geboten hält (§§ 33 Abs. 1 Satz 2, 41 WDO). Die Einleitungsbehörde kann ein gerichtliches Disziplinarverfahren auch ohne Antrag des Disziplinarvorgesetzten einleiten, und zwar selbst dann, wenn der zuständige Disziplinarvorgesetzte bereits eine einfache Disziplinarmaßnahme verhängt hat (vgl. »Die Verfahrensbestimmungen« 2.3). Ferner ist die Einleitung eines gerichtlichen Disziplinarverfahrens auf Veranlassung des Truppendienstrichters oder des Truppendienstgerichts (§ 40 Abs. 3 Satz 2 und Abs. 4 Satz 7, § 42 Nr. 3 Satz 4 und Nr. 6 Satz 2 WDO) sowie auf Antrag eines Soldaten, um sich von dem Verdacht eines Dienstvergehens zu reinigen (§ 95 WDO), möglich.

3.

Gerichtliche Disziplinarmaßnahmen sind - § 58 WDO -
- Gehaltskürzung (im einzelnen: § 59 WDO),
- Beförderungsverbot (im einzelnen: § 60 WDO),
- Dienstgradherabsetzung (im einzelnen: § 61 WDO),
- Herabsetzung in der Besoldungsgruppe (im einzelnen: § 61 WDO),
- Entfernung aus dem Dienstverhältnis (im einzelnen: § 63 WDO),
- Kürzung des Ruhegehalts (im einzelnen: § 64 WDO),
- Aberkennung des Ruhegehalts (im einzelnen: § 65 WDO),
- Aberkennung des Dienstgrades (im einzelnen: § 66 WDO).

4.

Wer Einleitungsbehörde ist, ergibt sich aus § 94 WDO in Verbindung mit ZDv 14/3 B 161.

5.

Begeht ein Offizier oder Unteroffizier ein schweres Dienstvergehen, ist stets zu prüfen, ob ein gerichtliches Disziplinarverfahren notwendig ist.

Beispiele:
- Gegen Berufssoldaten und Soldaten auf Zeit, die Offiziere oder Unteroffiziere sind, ist bei Trunkenheit am Steuer im Dienst stets ein gerichtliches Disziplinarverfahren einzuleiten (ZDv 14/3 B 162);
- von Offizieren und Unteroffizieren begangene Dienstvergehen, die zugleich nach ZDv 14/3 B 117 abgabepflichtige Straftaten sind, gebieten regelmäßig die Durchführung eines gerichtlichen Disziplinarverfahrens;
- Einbrüche in die Ehe eines Soldaten durch Offiziere oder Unteroffiziere machen grundsätzlich ein gerichtliches Disziplinarverfahren erforderlich.

6.

Von der Durchführung eines gerichtlichen Disziplinarverfahrens ist abzusehen, wenn der Soldat nach § 55 Abs. 5 SG durch eine Dienststelle der Bundeswehr auf einfachere und schnellere Weise entlassen werden kann (vgl. auch ZDv 14/3 B 165).

Beispiele:
- Uffz U, 2./PzBtl 644, SaZ 6 im 4. Dienstjahr, ist zum zweitenmal seiner Einheit über einen längeren Zeitraum vorsätzlich unerlaubt ferngeblieben.
Der Soldat wird nach § 55 Abs. 5 SG von der zuständigen Entlassungsdienststelle entlassen.
- Fall wie oben. Aber: Uffz U ist schon im 5. Dienstjahr. Hier sind die Voraussetzungen für eine Entlassung nach § 55 Abs. 5 SG nicht mehr gegeben. Es muß gegen Uffz U ein gerichtliches Disziplinarverfahren mit dem Ziel der Entfernung aus dem Dienstverhältnis eingeleitet werden.

7.

7.1
Das gerichtliche Disziplinarverfahren wird durch schriftliche Verfügung der Einleitungsbehörde eingeleitet. Die Einleitung wird mit Zustellung der Einleitungsverfügung an den Soldaten wirksam (§ 93 Abs. 1 WDO).

7.2
Wenn wegen desselben Sachverhalts ein Strafverfahren gegen den Soldaten anhängig ist, ist das gerichtliche Disziplinarverfahren zunächst auszusetzen; es ist jedoch fortzusetzen, wenn die Sachaufklärung gesichert ist (§ 83 Abs. 1 WDO).

7.3
Mit der Einleitung des gerichtlichen Disziplinarverfahrens oder auch später kann die Einleitungsbehörde einen Soldaten vorläufig des Dienstes entheben. Zugleich kann das Verbot, Uniform zu tragen, ausgesprochen werden (§ 126 Abs. 1 WDO). Dazu kann die Einleitungsbehörde anordnen, daß dem Soldaten ein Teil, höchstens die Hälfte der Dienstbezüge, einbehalten wird, falls er im gerichtlichen Disziplinarverfahren voraussichtlich aus dem Dienstverhältnis entfernt werden wird (§ 126 Abs. 2 Satz 1 WDO).

8.

Im gerichtlichen Disziplinarverfahren vertritt der *Wehrdisziplinaranwalt* die Einleitungsbehörde. Er führt die Ermittlungen durch, erhebt Anschuldigung beim Truppendienstgericht, tritt für die Einleitungsbehörde in der Hauptverhandlung auf und ist für die Vollstreckung der im gerichtlichen Disziplinarverfahren verhängten Disziplinarmaßnahmen verantwortlich (§ 81 WDO).

9.

Sobald es ohne Gefährdung des Ermittlungszwecks möglich ist, ist dem Soldaten Gelegenheit zu geben, sich zu äußern. Vor Beginn der ersten Vernehmung ist ihm zu eröffnen, welche Pflichtverletzungen ihm zur Last gelegt werden. Er ist gleichzeitig darauf hinzuweisen, daß es ihm freistehe, sich zur Sache zu äußern oder nicht auszusagen. In der ersten Ladung zur Vernehmung durch den Wehrdisziplinaranwalt ist der Soldat darüber zu belehren, daß er jederzeit, auch schon vor der ersten Vernehmung, einen Verteidiger befragen kann (§ 97 Abs. 2 WDO).
Nach Abschluß der Ermittlungen ist dem Soldaten das wesentliche Ergebnis bekanntzugeben; er ist abschließend zu hören. Der Soldat kann weitere Ermittlungen beantragen (§ 97 Abs. 3 WDO).

10.

Weitere Rechte des Soldaten:

10.1
Ihm ist grundsätzlich Akteneinsicht zu gewähren (§ 3 WDO).

10.2
Er kann sich in jeder Lage des Verfahrens des Beistandes eines *Verteidigers* bedienen (§ 90 Abs. 1 Satz 1 WDO).
Verteidiger vor dem Truppendienstgericht können alle bei einem Gericht im Geltungsbereich des Grundgesetzes zugelassenen Rechtsanwälte und andere Personen, die die Befähigung zum Richteramt haben, sowie Soldaten sein (§ 90 Abs. 2 Satz 1 WDO).

11.

11.1
Nach Abschluß der Ermittlungen hat die Einleitungsbehörde das gerichtliche Disziplinarverfahren einzustellen, wenn ein Verfahrenshindernis besteht, eine gerichtliche Disziplinarmaßnahme nicht zulässig ist oder ein Dienstvergehen nicht vorliegt oder nicht erwiesen ist (§ 98 Abs. 1 WDO). Die Einleitungsbehörde *kann* das Verfahren einstellen, wenn sie dies für angebracht hält (§ 98 Abs. 2 Satz 1 WDO).

11.2
Andernfalls legt der Wehrdisziplinaranwalt dem Truppendienstgericht eine *Anschuldigungsschrift* vor (§ 99 WDO).

12.

12.1
Der Vorsitzende der Truppendienstkammer stellt dem Soldaten eine Ausfertigung der Anschuldigungsschrift zu und bestimmt eine Frist, innerhalb der der Soldat sich schriftlich äußern kann (§ 100 Satz 1 WDO).

12.2
Nach Ablauf dieser Frist setzt der Vorsitzende den Termin zur Hauptverhandlung an und lädt hierzu den Wehrdisziplinaranwalt, den Soldaten, seinen Verteidiger sowie Zeugen und Sachverständige, deren Erscheinen er für erforderlich hält (§ 103 Abs. 1 WDO). Gemäß § 102 kann der Vorsitzende auch im schriftlichen Verfahren durch Disziplinargerichtsbescheid entscheiden.

13.

Die Hauptverhandlung ist nicht öffentlich. Auf Antrag des Soldaten hat jedoch regelmäßig eine öffentliche Verhandlung stattzufinden (§ 105 WDO).

14.

Die Truppendienstkammer entscheidet in der Hauptverhandlung regelmäßig mit einem Richter als Vorsitzendem und zwei ehrenamtlichen Richtern. Auch die ehrenamtlichen Richter sind unabhängige Richter (vgl. § 37 WStG). Sie haben gleiches Stimmrecht wie der Berufsrichter. Ein ehrenamtlicher Richter muß der Dienstgradgruppe des Soldaten angehören, der andere muß Stabsoffizier sein und im Dienstgrad über dem Soldaten stehen (§ 75 WDO).

15.

Das *Urteil des Truppendienstgerichts* kann lauten - § 108 WDO -
- auf eine Disziplinarmaßnahme,
- auf Freispruch, wenn ein Dienstvergehen nicht vorliegt oder nicht erwiesen ist,
- auf Einstellung, wenn ein Verfahrenshindernis besteht, eine Disziplinarmaßnahme nicht zulässig ist oder nach § 16 WDO nicht verhängt werden darf.

Das Truppendienstgericht kann in einem auf Entfernung aus dem Dienstverhältnis oder auf Aberkennung des Ruhegehaltes lautenden Urteil dem Soldaten bzw. früheren Soldaten einen Unterhaltsbeitrag bewilligen, wenn er nach seiner wirtschaftlichen Lage der Unterstützung bedürftig und ihrer nicht unwürdig erscheint (§§ 63 Abs. 2 und 3, 65 Abs. 2, 109 WDO).

16.

Gegen das Urteil des Truppendienstgerichts können der Soldat und der Wehrdisziplinaranwalt bis zum Ablauf eines Monats nach seiner Zustellung Berufung an das *Bundesverwaltungsgericht* - Wehrdienstsenate - einlegen (§§ 115, 116 WDO).

17.

Das Bundesverwaltungsgericht entscheidet in letzter Instanz (§ 125 Abs. 3 WDO).

18.

Ist die vom Truppendienstgericht oder vom Bundesverwaltungsgericht ausgesprochene *Disziplinarmaßnahme rechtskräftig* geworden, veranlaßt der Wehrdisziplinaranwalt ihre Vollstreckung (§§ 47 Abs. 2, 81 Abs. 2 Satz 4, 135 WDO).

Fragen zum Kapitel »Das gerichtliche Disziplinarverfahren«

1. Wann ist die Einleitung eines gerichtlichen Disziplinarverfahrens geboten?

2. Gefr G, SaZ 4, hat bereits wiederholt einem Kameraden Geld gestohlen. Der KpChef beantragt die Einleitung eines gerichtlichen Disziplinarverfahrens. Mit Recht?

3. Welche gerichtlichen Disziplinarmaßnahmen kann das Truppendienstgericht verhängen?

4. Wie ist der Gang des gerichtlichen Disziplinarverfahrens?

5. Für den 05.08. hat das Truppendienstgericht den Termin zur Hauptverhandlung gegen Uffz U festgesetzt. Uffz U ist angeschuldigt, Bundeswehrkraftstoff und Gelder aus der Kompaniekasse entwendet zu haben. Der KpChef möchte seinem Unteroffizierkorps die Gelegenheit geben, die Hauptverhandlung mitzuerleben.
   Ist dies möglich?

6. Uffz U ist durch Urteil des Truppendienstgerichts vom 17.05. in den Dienstgrad eines Gefreiten herabgesetzt worden. Am nächsten Tag nimmt sein KpChef ihm die Dienstgradabzeichen als Unteroffizier ab und läßt den Dienstgrad in den Personalunterlagen korrigieren.
   Mit Recht?

7. In dem gerichtlichen Disziplinarverfahren gegen OFw O wirken Fw F und OLt O als ehrenamtliche Richter mit. In der Beratung zur Urteilsfindung entscheiden sich die beiden ehrenamtlichen Richter für Dienstentfernung, während der Vorsitzende für Dienstgradherabsetzung ist.
   Auf welche Disziplinarmaßnahme muß das Truppendienstgericht erkennen?

Die Lösungen befinden sich auf Seite 167

XV. Die Ausübung der Disziplinarbefugnis bei Wehrübungen

1. Soldatenstatus

Ein Angehöriger der Reserve wird mit dem im Einberufungsbescheid für den Diensteintritt festgesetzten Zeitpunkt Soldat und bleibt Soldat bis zum Ablauf des Tages, an dem die Wehrübung endet (§ 2 SG). Für diese Zeit unterliegt er der Disziplinarbefugnis des zuständigen Disziplinarvorgesetzten (dazu ZDv 14/3 B 125 Nr. 2-4). Wird ein Angehöriger der Reserve zu einer dienstlichen Veranstaltung zugezogen, ist er Soldat erst ab tatsächlicher Teilnahme an der Veranstaltung und bleibt dann Soldat bis zu deren Ablauf (§ 1 Abs. 4 SG, ZDv 14/5 B 132).

Beispiele:

- Dem OGefr d.R. Otto wird am 12.07. ein Einberufungsbescheid zugestellt. In dem Bescheid heißt es u.a.: »Die Wehrübung dauert vom 17. bis 28. Oktober 2001. Ich bitte Sie, sich am 17. Oktober 2001 bis spätestens 1000 Uhr bei der 8./Nachschubbataillon 13 in Mitteldorf einzufinden und zum Dienstantritt zu stellen.« Ab 1000 Uhr des 17. bis 2400 Uhr des 28.10. ist Otto Soldat; dabei ist unerheblich, ob er den Dienst angetreten hat oder ob er vor Mitternacht des 28.10. bereits zum Entlassungsort in Marsch gesetzt worden ist.
- Der zum 17.10., 1000 Uhr, einberufene HGefr d.R. Gustav spricht auf der Bahnfahrt zur Einheit in Verärgerung über die Wehrübung erheblich dem Alkohol zu. Als er gegen 0945 Uhr in die Kaserne kommt, geht er auf den Torposten zu, nennt ihn Militaristenschwein« und schlägt ihn mit der Faust in das Gesicht. Aufgrund des genossenen Alkohols ist er erst am nächsten Tag dienstfähig. Am letzten Tag der Wehrübung wird er um 1530 Uhr zum Entlassungsort in Marsch gesetzt. Eine Viertelstunde später begibt er sich vor Verlassen der Unterkunft zum Wachhabenden, bezeichnet ihn als Mörder und schlägt auf ihn ein. Der OvWa nimmt Gustav vorläufig fest.

Da Gustav vor dem 17.10., 1000 Uhr, noch kein Soldat war, hat er gegenüber dem Torposten keine Dienstpflichten verletzt und folglich kein Dienstvergehen begangen (aus demselben Grund hat er sich auch nicht wegen eines tätlichen Angriffs gegen einen Vorgesetzten - § 25 WStG - strafbar gemacht). Ebenso kann ihm die Dienstunfähigkeit nicht als Dienstvergehen angelastet werden, da er sie vor Beginn des Wehrdienstverhältnisses herbeigeführt hat. Dagegen hat Gustav, da noch bis 28.10., 2400 Uhr, Soldat, dem Wachhabenden gegenüber ein Dienstvergehen (und ebenso die militärische Straftat des § 25 WStG) begangen. Wegen der um Mitternacht endenden Soldateneigenschaft ist die vorläufige Festnahme nach § 21 WDO spätestens mit Ablauf der Wehrübung aufzuheben.

2. Verhängung von Disziplinarmaßnahmen

2.1

Solange ein Angehöriger der Reserve Soldat ist, kann jede einfache Disziplinarmaßnahme gegen ihn verhängt werden. Regelmäßig darf eine Disziplinarmaßnahme erst nach Ablauf einer Nacht verhängt werden, nachdem der Soldat abschließend gehört wurde; von dem Tag an, an dem der Soldat zum Entlassungsort in Marsch gesetzt wird, kann die Disziplinarmaßnahme jedoch sofort verhängt werden (§ 37 Abs. 1 WDO).

2.2

Der Verhängung von Disziplinararrest muß die Zustimmung des zuständigen, notfalls des nächsterreichbaren Truppendienstrichters vorausgehen (§ 40 Abs. 1 Satz 1 WDO; vgl. »Die einfachen Disziplinarmaßnahmen« Nr. 6.3, 6.4). Der Disziplinarvorgesetzte kann den Disziplinararrest sofort verhängen, wenn dieser mit Rücksicht auf den Entlassungstag nicht mehr vollstreckt werden könnte und der Truppendienstrichter die sofortige Vollstreckbarkeit angeordnet hat (§ 36 Abs. 1 Satz 5 WDO, vgl. »Die einfachen Disziplinarmaßnahmen« Nr. 6.8).

2.3

Bei der Verhängung von Disziplinarbuße ist zu beachten, daß diese den Betrag nicht übersteigen darf, der dem Soldaten für die Dauer der Wehrübung zusteht (§§ 24 Abs. 1 Satz 2 WDO, 2 WSG).

2.4

Bei Dienstvergehen, die nach Auffassung des Disziplinarvorgesetzten statt einer einfachen eine gerichtliche Disziplinarmaßnahme notwendig machen - regelmäßig schwerwiegende Dienstvergehen von Unteroffizieren und Offizieren der Reserve –, ist die Entscheidung der Einleitungsbehörde herbeizuführen (§§ 41, 94 WDO; ZDv 14/3 B 161). Bei Angehörigen der Reserve sind als gerichtliche Disziplinarmaßnahmen nur die Dienstgradherabsetzung und die Aberkennung des Dienstgrades zulässig (§ 58 Abs. 3 WDO).

Beispiele zur Verhängung:

- OGefr d.R. Gustav weigert sich am achten Tag der zwölftägigen Wehrübung, Befehle auszuführen. Der Disziplinarvorgesetzte will gegen den Soldaten sieben Tage Disziplinararrest verhängen.
Da der beabsichtigte Disziplinararrest bis zum Ende der Wehrübung nicht mehr in vollem Umfang vollstreckt werden könnte, kann der Disziplinarvorgesetzte ihn am Tage des Dienstvergehens verhängen, nachdem der Truppendienstrichter ihm zugestimmt und die sofortige Vollstreckbarkeit angeordnet hat (§ 40 Abs. 1 Satz 5 WDO).
- Maat d.R. Maik tritt eine Mobilmachungsübung, zu der er ordnungsgemäß einberufen worden ist, unentschuldigt nicht an. Am achten Tag der Wehrübung wird er von einer Feldjägerstreife gestellt und zur Einheit gebracht.

Dieses Dienstvergehen wiegt so schwer, daß zur disziplinaren Würdigung eine Dienstgradherabsetzung geboten erscheint. Der zuständige Disziplinarvorgesetzte hat deshalb die Entscheidung der Einleitungsbehörde herbeizuführen (§§ 41, 94 WDO; ZDv 14/3 B 161).

3. Vollstreckung von Disziplinarmaßnahmen

3.1

Solange ein Angehöriger der Reserve Soldat ist, kann gegen ihn jede einfache Disziplinarmaßnahme vollstreckt werden (ausgenommen der Verweis, der mit der Verhängung vollstreckt ist; § 50 Abs. 1 WDO). Eine Disziplinarbuße ist jedoch auch noch nach der Wehrübung vollstreckbar (§ 56 Abs. 1 WDO), ebenso ein Disziplinararrest, wenn der Truppendienstrichter mit Rücksicht auf den Entlassungstag die sofortige Vollstreckbarkeit angeordnet hat (§ 56 Abs. 2 WDO). Von der Vollstreckung einer Disziplinarbuße oder eines Disziplinararrests nach dem Entlassungstag soll abgesehen werden, wenn hieraus kein Nachteil für die Disziplin zu besorgen ist (§ 56 Abs. 3 WDO; ZDv 14 B 137).

3.2

Regelmäßig ist eine einfache Disziplinarmaßnahme erst dann vollstreckbar, wenn der Soldat an dem auf die Verhängung folgenden Tag ausreichende Zeit und Gelegenheit zur Beschwerde hatte und davon keinen Gebrauch gemacht hat (§ 47 Abs. 1 Satz 1 WDO; vgl. »Die Vollstreckung einfacher Disziplinarmaßnahmen« 2). Hat der Truppendienstrichter aber die sofortige Vollstreckbarkeit mit Rücksicht auf den Entlassungstag (§ 56 Abs. 2 WDO) oder zur Aufrechterhaltung der militärischen Ordnung angeordnet (§ 40 Abs. 1 Satz 4 WDO; vgl. »Die einfachen Disziplinarmaßnahmen« 6.7), kann der Disziplinararrest sogleich nach Verhängung vollzogen werden (§§ 40 Abs. 1 Satz 5, 56 Abs. 2 Satz 1 WDO).

Beispiele zur Vollstreckung:

- HGefr d.R. Hinz ist vom 02. bis 13.09. zu einer Wehrübung einberufen worden. Am 07.09. verhängt der KpChef gegen ihn zehn Tage Ausgangsbeschränkung. Da Hinz keine Beschwerde einlegt, beginnt der Disziplinarvorgesetzte am 09.09. mit der Vollstreckung.
Er kann die Disziplinarmaßnahme nur bis zum 13.09. vollstrecken, da der Vollzug von Ausgangsbeschränkung über das Wehrdienstverhältnis hinaus nicht zulässig ist.
- OGefr d.R. Osbert ist vom 14. bis 25.03. zu einer Wehrübung einberufen worden. Am 24.03. greift er seinen Zugführer tätlich an. Am selben Tag verhängt der KpChef gegen ihn sieben Tage Disziplinararrest.
Hat der Truppendienstrichter mit Rücksicht auf den Entlassungstag die sofortige Vollstreckbarkeit angeordnet, kann der KpChef bereits am 24.03. mit der Vollstreckung beginnen und den gesamten Disziplinararrest vollstrecken. Osbert

bleibt bis zum 30.03. Soldat (§ 56 Abs. 2 Satz 3 WDO). Von der Vollstreckung soll nach dem 25.03. (ganz oder teilweise) abgesehen werden, wenn dies nicht nachteilig für die Disziplin ist (§ 56 Abs. 3 WDO).

XVI. Lösungen der Fragen zu den einzelnen Kapiteln

Lösungen der Fragen zum Kapitel »Die Disziplinarbefugnis« (Seite 15)

Zu 1:
Für die disziplinare Erledigung von Dienstvergehen der Vertrauensperson sowie für die Entscheidung über die Abgabe an die Staatsanwaltschaft bei Straftaten der Vertrauensperson ist der nächsthöhere Disziplinarvorgesetzte zuständig (§§ 29 Abs. 1 Satz 3, 30 Abs. 1 Nr. 3 WDO, 14 Abs. 2 SBG sowie ZDv 14/3 B 122).

Zu 2:
Der Inspektionschef hat seine Disziplinarbefugnis überschritten, da er lediglich die eines KpChefs hat (§ 28 Abs. 1 Nr. 1b WDO sowie ZDv 14/3 B 112).

Zu 3:
Nach § 30 Abs. 3 WDO ist der nächste Disziplinarvorgesetzte in dem vorliegenden Fall des § 30 Abs. 1 Nr. 3 WDO verpflichtet, das Dienstvergehen dem nächsthöheren Disziplinarvorgesetzten zu melden.

Zu 4:
Der BtlKdr war zur Verhängung der Disziplinarmaßnahme nicht berechtigt. Nach § 27 Abs. 3 Satz 1 und 2 WDO werden Verstöße der Sanitätsoffiziere gegen ihre ärztlichen Pflichten sowie damit zusammentreffende Verstöße gegen ihre sonstigen Dienstpflichten durch vorgesetzte Sanitätsoffiziere geahndet (vgl. auch ZDv 14/3 B 123).

Zu 5:
Da der KpChef sich nicht für befangen hielt, war er zur Ahndung des Dienstvergehens berechtigt (vgl. § 30 Abs. 2 Nr. 3 WDO).

Lösungen der Fragen zum Kapitel »Das Dienstvergehen« (Seite 41/42)

Zu 1:

1a) Die HptGefr X und Y haben ihre Pflicht zur Kameradschaft (§ 12 Satz 2 SG) verletzt.
1b) Sie haben vorsätzlich gehandelt.

Zu 2:

2a) Die Soldaten der Stube 110 haben gegen die Pflichten zum Gehorsam (§ 11 SG), Disziplin zu wahren (§ 17 Abs. 1 SG) und - soweit sie andere Soldaten in ihrer Nachtruhe störten - zur Kameradschaft (§ 12 Satz 2 SG) verstoßen. Uffz U hat gegen § 11 SG (UvD-Dienstanweisung) sowie § 10 Abs. 1 und 2 SG (eventuell auch gegen die §§ 10 Abs. 3, 12 Satz 2 SG, falls durch die Feier auf Stube 110 Soldaten in ihrer Nachtruhe gestört wurden) verstoßen.
2b) Die Dienstpflichten wurden vorsätzlich verletzt.

Zu 3:

3a) PzGren P hat gegen die Pflichten nach den §§ 11, 17 Abs. 1 SG verstoßen. Uffz U hat seine Pflicht, Befehle in der den Umständen angemessenen Weise durchzusetzen (§ 10 Abs. 5 Satz 2 SG), durch die unnötige Fesselung verletzt. Hinzu kommt ein Verstoß gegen § 10 Abs. 1 SG.
3b) PzGren P und Uffz U handelten mit Vorsatz.

Zu 4:

Gefr G hat kein Dienstvergehen (insbesondere verstößt er nicht gegen § 15 SG) begangen.

Zu 5:

Zwar wäre es eine moralische Pflicht gewesen, Kan K zu helfen; es kann jedoch keine Rechtspflicht - auch nicht aus § 12 SG - hergeleitet werden, finanzielle Hilfe zu erbringen.

Zu 6:

6a) Gefr G hat die Pflicht zum Gehorsam (§ 11 SG) verletzt.
6b) Er handelte fahrlässig.

Zu 7:

7a) OGefr O hat sich eines Verstoßes gegen § 8 SG schuldig gemacht.
7b) Es liegt Vorsatz vor.

Zu 8:

Soldatische Pflichten, insbesondere die Pflicht nach § 17 Abs. 2 Satz 2 SG, sind nicht verletzt.

Zu 9:

9a) Gefr G hat gegen die Pflicht nach § 7 SG und, soweit er einen Befehl bezüglich vorgeschriebener Höchstgeschwindigkeit mißachtet hat, gegen die Pflicht nach § 11 SG verstoßen. Ein Verstoß gegen § 17 Abs. 4 Satz 1 SG liegt nicht vor, da der Soldat seine Gesundheit zwar gefährdet, aber nicht verletzt hat.
9b) Die Pflicht zum treuen Dienen hat Gefr G fahrlässig, die Pflicht zum Gehorsam vorsätzlich verletzt.

Zu 10:

Da keine Grußpflicht besteht (vgl. ZDv 10/8 Kapitel 6), hat sich Gefr G keiner Dienstpflichtverletzung schuldig gemacht.

Zu 11:

11a) OFw O hat gegen die Dienstpflichten nach § 10 Abs. 1, 3, 6 sowie § 12 Satz 2 SG verstoßen.
11b) Er handelte vorsätzlich.

Zu 12:

12a) Uffz U hat gegen § 10 Abs. 1 und 4 SG verstoßen.
12b) Er handelte vorsätzlich.

Zu 13:

Es liegt kein Dienstvergehen vor. Zwar hat Gefr G einen rechtmäßigen Befehl nicht befolgt. Er handelte aber nicht schuldhaft, da er sich in einem Irrtum befand, an dem ihn keine Schuld trifft, nachdem er zuvor durch seine Gegenvorstellung vergeblich versucht hatte, von Hptm H die hier ausnahmsweise notwendige Begründung für diesen Befehl zu erhalten (vgl. § 11 Abs. 1 Satz 3 SG).
Auch Hptm H hat kein Dienstvergehen begangen, da er wegen des Notstandes (§ 34 StGB) einen rechtmäßigen Befehl erteilte.

Zu 14:

14a) Schtz S hat die Pflichten zum Gehorsam (§ 11 SG) und zur Kameradschaft (§ 12 Satz 2 SG) verletzt.
14b) Wenn sich der Soldat beim Anlegen, wovon normalerweise auszugehen ist, des Verbots bewußt war, liegt auch insoweit Vorsatz vor.

Zu 15:

15a) Beim Schtz S liegen Verstöße gegen die Pflichten zum Gehorsam (§ 11 SG) und zur Kameradschaft (§ 12 Satz 2 SG) vor.

15b) Der Verstoß gegen § 11 SG geschah vorsätzlich (vgl. Lösung zu Fall 14); die Pflicht zur Kameradschaft wurde bezüglich der Verletzung fahrlässig außer acht gelassen.

Zu 16:
16a) Es liegen Verstöße gegen die §§ 7, 11 SG vor.
16b) Der Soldat handelte vorsätzlich.

Zu 17:
Ein Dienstvergehen liegt nicht vor, da Fu F zur Tatzeit noch nicht Soldat war, also für ihn noch keine Dienstpflichten bestanden.

Zu 18:
18a) Uffz U hat die Pflicht zur Kameradschaft (§ 12 Satz 2 SG, ferner § 10 Abs. 1 SG) verletzt. Fw F hat ebenso gegen die Pflicht zur Kameradschaft (§ 12 Satz 2 SG, ferner gegen § 10 Abs. 1 SG) verstoßen.
18b) Sowohl Uffz U als auch Fw F haben mit Vorsatz gehandelt.

Zu 19:
19a) Kan K hat gegen die Kameradschaftspflicht (§ 12 Satz 2 SG) verstoßen.
19b) Es liegt Vorsatz vor.

Zu 20:
20a) OGefr O hat die Pflicht zur Kameradschaft (§ 12 Satz 2 SG) verletzt.
20b) Er handelte vorsätzlich.

Zu 21:
21a) Die Soldaten haben gegen die Pflicht verstoßen, das Ansehen der Bundeswehr nicht ernsthaft zu beeinträchtigen (§ 17 Abs. 2 Satz 2 SG):
21b) Sie handelten vorsätzlich. Obwohl sie angetrunken waren, wußten sie, was sie taten, und wollten dies auch.

Zu 22:
Jg J hat gegen keine Dienstpflicht, auch nicht gegen die Wohlverhaltenspflicht im außerdienstlichen Bereich nach § 17 Abs. 2 Satz SG, verstoßen.

Hinweis:
§ 10 Abs. 1 SG begründet keine selbständige Dienstpflicht, sondern enthält lediglich einen erschwerenden Zumessungsgrund (vgl. »Das Dienstvergehen« 3.1.3.1 und »Die disziplinare Entscheidung« 3.2.15). Die Angabe von § 10 Abs. 1 SG bedeutet daher, daß der betreffende Vorgesetzte die selbständigen Dienstpflichten unter den erschwerenden Bedingungen des § 10 Abs. 1 SG verletzt hat.

Lösungen der Fragen zum Kapitel »Die Ermittlungen des Disziplinarvorgesetzten« (Seite 54/55)

Zu 1:

Der KpChef handelte falsch, da PzGren P nicht im Verdacht stand, ein Dienstvergehen begangen zu haben (vgl. »Das Dienstvergehen« 3.1.10.2) und somit keine Ermittlungspflicht nach § 32 Abs. 1 WDO bestand. Da kein Dienstvergehen vorlag, durfte auch keine Disziplinarmaßnahme verhängt werden (vgl. die §§ 15 Abs. 1, 33 Abs. 1, 44 Abs. 1 und 2 WDO).

Zu 2:

Der KpChef handelte falsch, da eine dienstliche Meldung nur dann gefordert werden darf, wenn der Soldat zur Aussage verpflichtet werden kann. Ihm steht aber nach § 32 Abs. 4 Satz 3 WDO das Recht der Aussageverweigerung zu, das sonst unschwer durch den Befehl zur Meldung umgangen werden könnte (vgl. ZDv 14/3 B 116 Nr. 2).

Zu 3:

Der KpChef handelte richtig, da die Voraussetzungen des § 20 Abs. 2 Satz 1 WDO vorlagen.

Zu 4:

Der KpChef wird zusätzlich ermitteln,

- warum Gefr G die Meldung erst drei Tage nach der behaupteten Mißhandlung gemacht hat,
- ob der Soldat kurz nach der behaupteten Tat gegenüber Kameraden, Vorgesetzten oder anderen Personen den Vorfall erwähnt hat,
- ob sich der Gefreite am 1.10. in ärztliche Behandlung begeben hat,
- ob jetzt noch Spuren der behaupteten Mißhandlung feststellbar sind,
- in welchem Verhältnis Gefr G und Uffz U zueinander stehen (Motiv für Meldung, Motiv für behauptete Mißhandlung),
- wie glaubwürdig Gefreiter und Unteroffizier sind (dazu gegebenenfalls Vertrauenspersonen hören).

Zu 5:

Der BttrChef handelte falsch. Es ist nicht auszuschließen, daß der Soldat in seiner Vernehmungsfähigkeit beeinträchtigt wird, wenn er nicht rauchen darf (vgl. § 136a StPO).

Zu 6:

Der KpChef darf zwar selber keine Blutprobe anordnen (vgl. § 17 Abs. 4 Satz 3 SG). Er darf aber die Strafjustiz (Richter – Staatsanwaltschaft – Polizei) um Anordnung einer Blutprobe ersuchen, da es im vorliegenden Fall auch um die Aufklärung von Straftaten – §§ 315c StGB, 19 WStG – geht (vgl. auch ZDv 14/3 B 119 und 120).

Zu 7:

7a) Der Nachweis der unerlaubten Abwesenheit ist nicht erbracht. Nach dem Attest kann dem Soldaten die Erkrankung nicht mit an Sicherheit grenzender Wahrscheinlichkeit widerlegt werden.
7b) PzGren P hat aber schuldhaft die Pflicht zum Gehorsam verletzt, da er es unterlassen hat, seine Einheit unverzüglich von der - anzunehmenden - Erkrankung zu benachrichtigen und den nächsterreichbaren Truppen- oder Standortarzt aufzusuchen bzw. zu verständigen (ZDv 10/5 Nr. 412 und Anlage 11). Für diese Dienstvergehen ist, zumal der Soldat schon öfter negativ aufgefallen ist, eine Disziplinarmaßnahme angebracht.
7c) Nein, da nur die Vernehmung von Zeugen gem. § 32 Abs. 2 WDO dem KpFw übertragen werden darf.

Zu 8:

Da kein Motiv für eine falsche Anschuldigung ersichtlich ist, ein Irrtum nach menschlichem Ermessen auszuschließen ist und die Aussagen von Fw F schlüssig sind, steht fest, daß die Gefreiten im Kaufhof waren und gelogen haben.

Lösungen der Fragen zum Kapitel »Die einfachen Disziplinarmaßnahmen« (Seite 63)

Zu 1:

Diese Disziplinarmaßnahme durfte nicht verhängt werden, da sie nur bei unerlaubter Abwesenheit von mehr als einem Tag zulässig ist (§ 22 Abs. 2 Nr. 2 WDO).

Zu 2:

Die Belehrung war falsch, da Ausgangsbeschränkung in dem Verbot besteht, die dienstliche Unterkunft ohne Erlaubnis zu verlassen (§ 25 Abs. 1 Satz 1 WDO). Die Unterkunft umfaßt den gesamten Kasernenbereich.

Zu 3:

Die Disziplinarbuße ist rechtswidrig. Sie darf den einmonatigen Betrag des Wehrsoldes nicht übersteigen (§ 24 Abs. 1 Satz 1 WDO). Bei der Vollstreckung einer Disziplinarbuße kann der Betrag allerdings von dem Entlassungsgeld abgezogen werden (§ 51 Abs. 1 Satz 1 WDO).

Zu 4:

Die Ausgangsbeschränkung darf lediglich durch das Verbot, Besuch zu empfangen und Gemeinschaftsräume zu betreten, verschärft werden (§ 25 Abs. 1 Satz 2 WDO); hier hat der KpChef noch eine zusätzliche Verschärfung in Form einer in der WDO nicht vorgesehenen Soldverwaltung angeordnet.

Zu 5:

Neben den persönlichen und wirtschaftlichen Verhältnissen des Soldaten hat der KpChef zu berücksichtigen, daß die Disziplinarbuße den Betrag nicht übersteigen darf, der dem Wehrübenden für die Dauer der Wehrübung zusteht (§ 24 Abs. 1 Satz 2 WDO).

Zu 6:

21 Tage Disziplinararrest in Verbindung mit 21 Tagen verschärfter Ausgangsbeschränkung (vgl. die §§ 22 Abs. 2 Nr. 2, 25 Abs. 2 Satz 1, 26 Satz 2 WDO).

Zu 7:

Der Richter wird dem Antrag auf sofortige Vollstreckbarkeit nicht zustimmen. Sofortige Vollstreckbarkeit kann - auch wenn sie eigentlich zur Aufrechterhaltung der militärischen Ordnung geboten erscheint und der Soldat zu dem Antrag gehört wurde (§ 40 Abs. 1 Satz 4 und Abs. 2 Satz 4 WDO) - nur angeordnet werden, wenn umgehend nach dem Dienstvergehen disziplinar eingeschritten wird bzw. bei Verdacht eines Dienstvergehens unverzüglich die Ermittlungen durchgeführt werden. Im vorliegenden Fall hätte der KpChef den Soldaten viel früher vernehmen und die Sache danach gleich an den BtlKdr abgeben müssen. Dieser hätte anschließend so schnell wie möglich den Antrag beim Truppendienstrichter stellen müssen.

Lösungen der Fragen zum Kapitel »Die disziplinare Entscheidung« (Seite 77)

Zu 1:

Der Grundsatz der Verhältnismäßigkeit besagt, daß

- der Disziplinarvorgesetzte erst dann disziplinar einschreiten soll, wenn andere Maßnahmen erfolglos geblieben sind (§ 33 Abs. 2 Satz 1 WDO),
- in der Regel mit den milderen Disziplinarmaßnahmen zu beginnen und erst bei erneuten Dienstvergehen zu schwereren Disziplinarmaßnahmen überzugehen ist (§ 38 Abs. 2 WDO),
- Disziplinararrest regelmäßig erst dann verhängt werden soll, wenn vorausgegangene erzieherische Maßnahmen und Disziplinarmaßnahmen ihren Zweck nicht erreicht haben (§ 38 Abs. 3 WDO).

Zu 2:
Der zuständige Disziplinarvorgesetzte bestimmt nach pflichtgemäßem Ermessen, ob er wegen eines Dienstvergehens nach der WDO einschreitet (§ 15 Abs. 2 WDO). Der KpChef prüft daher pflichtgemäß (vgl. auch § 33 Abs. 2 Satz 1 WDO), ob er beide Taten, eine von beiden oder keine disziplinar ahnden soll.

Zu 3:
Eine gleiche Disziplinarmaßnahme gegen die drei Soldaten zu verhängen ist falsch. Dann wird außer acht gelassen, daß gem. § 10 Abs. 1 SG die Tat der Vorgesetzten schwerer wiegt und daß unter den Vorgesetzten den Zugführer als den höheren Vorgesetzten die größere Verantwortung trifft. Ferner ist § 24 Abs. 2 WDO für jeden Soldaten gesondert zu prüfen.

Zu 4:
Allein nach dem »Katalog« zu verfahren, ist schon deshalb falsch, weil dann für die Bemessung der Disziplinarmaßnahme gänzlich das Maß der Schuld, die Persönlichkeit, die bisherige Führung sowie die Beweggründe des Soldaten - § 38 Abs. 1 WDO - außer acht bleiben.

Zu 5:
Der KpChef handelte falsch, da die disziplinare Entscheidung unabhängig von der Abgabe an die Staatsanwaltschaft zu erfolgen hat (vgl. § 33 Abs. 3 Satz 1 und § 38 WDO).

Zu 6:
Die Überlegung ist falsch. Bei der Bemessung der Disziplinarmaßnahme ist auch die bisherige Führung zu berücksichtigen (§ 38 Abs. 1 WDO). Die Disziplinarbuße ist erst nach drei Jahren zu tilgen (§ 8 Abs. 2 Satz 1 WDO).

Zu 7:
Beide Disziplinarvorgesetzten haben das Beschleunigungsgebot des § 17 Abs. 1 WDO nicht beachtet. Der erzieherischen Wirkung und auch der Abschreckung wegen ist es erforderlich, die angebrachte Disziplinarmaßnahme so schnell wie möglich zu verhängen. Aufgrund der Schwere der Tat hätte der KpChef die Sache umgehend dem Kdr melden müssen, der dann zur unverzüglichen Stellung des Antrags beim Truppendienstrichter verpflichtet gewesen wäre.

Lösungen der Fragen zum Kapitel »Die Verfahrensbestimmungen « (Seite 88/89)

Zu 1:

Da seit dem Dienstvergehen (und nicht seit Kenntnis von dem Dienstvergehen) sechs Monate verstrichen sind, darf eine Disziplinarmaßnahme nicht mehr verhängt werden (§ 17 Abs. 2 WDO).

Zu 2:

Eine Disziplinarmaßnahme darf nicht mehr verhängt werden. Zwar ist die Tat am 24.09. noch nicht verjährt. Da der KpChef aber erst den Ablauf einer Nacht abwarten muß (§ 33 Abs. 1 Satz 1 WDO), ist am nächsten Tag wegen Zeitablaufs eine disziplinare Ahndung gem. § 17 Abs. 2 WDO nicht mehr zulässig.

Zu 3:

In § 18 Abs. 1 WDO ist lediglich untersagt, gegen einen Soldaten wegen desselben Dienstvergehens mehr als eine Disziplinarmaßnahme zu verhängen. Die erzieherische Maßnahme ist jedoch aufzuheben (ZDv 14/3 B 151 Nr. 310).

Zu 4:

Nach § 18 Abs. 2 WDO ist dem KpChef untersagt, die drei Pflichtverletzungen gesondert zu ahnden. Unerheblich ist für § 18 Abs. 2 WDO, daß die Taten nicht im Zusammenhang miteinander stehen.

Zu 5:

Zwar ist das Dienstvergehen nicht verjährt (§ 17 Abs. 5 WDO), und es liegen erhebliche neue Beweismittel vor, die den Disziplinarvorgesetzten berechtigen, den Fall erneut zu verfolgen (§ 36 Abs. 2 WDO). Aber eine zusätzliche disziplinare Ahndung ist nach der strafgerichtlichen Verurteilung des F nicht zulässig (§ 16 Abs. 1 WDO).

Zu 6:

6a) Es steht noch das Schlußgehör (§ 32 Abs. 5 WDO) aus, dessen Sinn es ist, dem Soldaten Gelegenheit zu geben, sich auch auf die ihn belastenden neuen Umstände zu verteidigen.
6b) Die beabsichtigte Disziplinarmaßnahme kann frühestens am 09.02. verhängt werden. Denn die Verhängungsfrist beginnt mit der abschließenden Anhörung des Soldaten (§ 37 Abs. 1 Satz 1 WDO).

Zu 7:

Die Befragung am 17.12. war die Schlußanhörung des Soldaten. Ihm ist beim letzten Wort Gelegenheit zu geben, sich auf alle entscheidungsrelevanten Umstände

- also auch auf die Stellungnahme der Vertrauensperson - zu verteidigen (§ 4 Satz 2 WDO). OFw O war folglich nicht korrekt rechtliches Gehör gewährt worden. Der Verweis ist aufzuheben (im Beschwerdeverfahren oder gemäß § 46 Abs. 2 Nr. 7 WDO).

Lösungen der Fragen zum Kapitel »Die Verhängung einfacher Disziplinarmaßnahmen« (Seite 95)

Zu 1:

Der KpChef handelte falsch. Die Verhängung einer einfachen Disziplinarmaßnahme ist ein vertraulicher Akt zwischen Disziplinarvorgesetztem und Soldaten. Die Vollstreckung des strengen Verweises, die frühestens am Tag nach der Verhängung zulässig ist, nachdem der Soldat ausreichende Zeit und Gelegenheit zur Beschwerde hatte und davon keinen Gebrauch gemacht hat, erfolgt dann durch Bekanntmachung vor den Soldaten der Einheit vom Dienstgrad des Soldaten an aufwärts - also vor allen Unteroffizieren mit Portepee der Kp - (§§ 37 Abs. 2, 47 Abs. 1, 50 Abs. 2 WDO).

Zu 2:

Der KpChef handelte falsch. Zwar ist zulässig, für unerlaubte Abwesenheit von mehr als einem Tag Ausgangsbeschränkung und Disziplinarbuße zu verhängen (§ 22 Abs. 2 Nr. 2 WDO). Die Verhängung beider Disziplinarmaßnahmen muß aber gleichzeitig erfolgen (§ 37 Abs. 4 WDO). Hier liegt ein Verstoß gegen § 18 Abs. 1 WDO vor, der zur Aufhebung der Disziplinarbuße nach § 46 Abs. 2 Nr. 3 WDO führt.

Zu 3:

Der KpChef war nicht befugt, im nachhinein die Disziplinarmaßnahme auf Bewährung auszusetzen (§§ 37 Abs. 5 Satz 1, 49 Abs. 1 Satz 1 WDO).

Zu 4:

Die Disziplinarverfügung ist nicht korrekt. Der erste Satz beinhaltet keine konkrete Schilderung des Sachverhalts; denn aus der Formulierung ist nicht ersichtlich, ob es im oder außer Dienst und wie es zu dem Unfall gekommen ist und insbesondere nicht, ob der Soldat den Unfall durch falsches Verhalten herbeigeführt und verschuldet hat. Im zweiten Satz fehlt die Ortsangabe und die Sachverhaltsdarstellung, in welcher Weise der KpFw bedroht wurde. Im dritten Satz fehlt die Zeitangabe (§ 37 Abs. 3 Satz 2 WDO).

Zu 5:

Die Disziplinarverfügung ist nicht korrekt. Sie beinhaltet zwar die Angabe von Zeit, Ort und Sachverhalt. In die Disziplinarverfügung gehört aber keine rechtliche Würdigung des Dienstvergehens. Hinzu kommt, daß die rechtliche Würdigung falsch ist. Der Soldat hat nicht gegen § 17 Abs. 2 Satz 1 SG verstoßen, wie ihm vorgeworfen wird. Es hätte in dem Zusammenhang geprüft werden können, ob der Soldat - da außer Dienst und außerhalb militärischer Anlagen und Unterkünfte - gegen § 17 Abs. 2 Satz 2 SG verstoßen hat. Dies ist aber zu verneinen, da sein Verhalten nicht geeignet ist, eine ernsthafte Ansehensschädigung zu bewirken. In Wirklichkeit hat er gegen die Pflicht zum Gehorsam verstoßen (Anzugsordnung).

Zu 6:

Der KpChef darf eine Disziplinarmaßnahme nicht vor dem 28.08. verhängen (§ 37 Abs. 1 Satz 1 WDO); denn für den Beginn der Nachtfrist ist der Abschluß der Ermittlungen und nicht die Kenntnisnahme vom Dienstvergehen maßgeblich.

Zu 7:

Der KpChef darf am 26.09. bereits eine Disziplinarmaßnahme verhängen (§ 37 Abs. 1 Satz 2 WDO).

Zu 8:

Die Disziplinarformel ist völlig unzureichend. Für ein Verhalten vor der Einberufung zur Bundeswehr kann der Soldat nicht disziplinar zur Verantwortung gezogen werden (§§ 15 Abs. 1 WDO, 23 Abs. 1 SG). Es fehlt die Angabe des Tatortes (§ 37 Abs. 3 Satz 2 WDO; z.B. in Neustadt und in Altdorf, Kaserne). Auch fehlt es an der Wiedergabe des Sachverhaltes (§ 37 Abs. 3 Satz 2 WDO). Dazu ist anzugeben, um was für (unerlaubte) Drogen es sich handelte, ferner in welchem Umfang und wann (Tatzeit gemäß § 37 Abs. 3 Satz 2 WDO) K konsumierte (z.B. Marihuana, etwa einmal pro Woche seit dem 01.09. durch Mitrauchen eines Joints); ist »regelmäßig« nicht präzisierbar, darf nur der exakt nachweisbare Verstoß gegen das Konsumverbot der ZDv 10/5 Nr. 404 aufgeführt werden).

Zu 9:

Die Disziplinarformel ist mit § 37 Abs. 3 Satz 2 WDO unvereinbar. Die Ortsbezeichnung reicht nicht aus, um das Dienstvergehen eindeutig zu identifizieren.

Lösungen der Fragen zum Kapitel »Die Vollstreckung einfacher Disziplinarmaßnahmen« (Seite 103/104)

Zu 1:

Der KpChef handelte falsch, da die Vollstreckung der erzieherischen Wirkung wegen so schnell wie möglich zu erfolgen hat (§§ 17 Abs. 1, 49 Abs. 3 WDO).

Zu 2:

2a) Am 19.11. (§ 37 Abs. 1 Satz 1 WDO).
2b) Am 21.11. (§ 47 Abs. 1 Satz 1, 52 Abs. 2 WDO).

Zu 3:

3a) Am 19.11. (§ 37 Abs. 1 Satz 1 WDO).
3b) Am 20.11., nachdem der Soldat ausreichende Zeit und Gelegenheit zur Beschwerde hatte und davon keinen Gebrauch gemacht hat (§ 47 Abs. 1 Satz 1 WDO).

Zu 4:

Sofortige Vollstreckbarkeit ist nur beim Disziplinararrest möglich (§§ 40 Abs. 1 Satz 4, 56 Abs. 2 WDO).

Zu 5:

5a) Sofortige Vollstreckbarkeit ist beim Disziplinararrest möglich,
- wenn sie zur Aufrechterhaltung der militärischen Ordnung geboten ist (§ 40 Abs. 1 Satz 4 WDO),
- an Bord von Schiffen gem. § 40 Abs. 5 WDO und
- wenn Disziplinararrest mit Rücksicht auf den Entlassungstag nicht mehr vollstreckt werden könnte (§ 56 Abs. 2 Satz 1 WDO).

5b) Im Falle der sofortigen Vollstreckbarkeit zur Aufrechterhaltung der militärischen Ordnung bedeutet sie, daß
- die Verhängung nicht erst eine Nacht nach dem Schlußgehör möglich ist,
- die Vollstreckung sofort auf die Verhängung erfolgen kann,
- eine Beschwerde ohne aufschiebende Wirkung ist (§ 40 Abs. 1 Satz 5 WDO),
- im Falle der Entlassung mit Rücksicht auf den Entlassungstag ferner, daß der Entlassungstag sich um die Dauer des noch nicht verbüßten Arrestes verschiebt (§ 56 Abs. 2 WDO).

Zu 6:

Die Vollstreckung war zulässig, da Vollstreckungsverjährung noch nicht eingetreten war. Gemäß § 57 Satz 2 WDO beginnt die Frist erst mit dem Tag der Unanfechtbarkeit, also dem 12.05.

Zu 7:

Der KpChef darf die Disziplinarbuße nicht vollstrecken. Nach § 49 Abs. 2 Satz 2 und 3 WDO ist die Disziplinarmaßnahme nur zu vollstrecken, wenn gegen den Soldaten wegen einer innerhalb der Bewährungsfrist begangenen Tat eine Strafe oder Disziplinarmaßnahme verhängt wird. Hier wurde wegen der neuen Tat lediglich eine erzieherische Maßnahme ausgesprochen.

Zu 8:

Nur wenn wegen einer während der Bewährungsfrist begangenen Tat eine Strafe oder Disziplinarmaßnahme unanfechtbar verhängt wird, ist die Disziplinarmaßnahme zu vollstrecken (§ 49 Abs. 2 Satz 2 und 3 WDO). Es kommt daher darauf an, ob der am 03.10. verhängte Verweis bis zum Ablauf der Bewährungsfrist am 19.10. (vgl. § 49 Abs. 2 Satz 1 WDO) unanfechtbar wird. Dies ist der Fall, wenn der Soldat gegen den strengen Verweis keine Beschwerde erhebt.

Zu 9:
Der KpChef kann Ratenzahlungen bewilligen (§ 51 Abs. 2 WDO). Er kann notfalls die Vollstreckung aufschieben (§§ 49 Abs. 3, 51 Abs. 4 WDO; beachte aber § 57 WDO).

Zu 10:
Die Vollstreckung ist rechtswidrig. Nicht vorhandener Arrestraum ist kein Grund, von dem Grundsatz der Teilnahme am Dienst abzuweichen (§§ 53 Abs. 2 WDO, 2 und 10 Bundeswehrvollzugsordnung, ZDv 14/10 Nr. 244).

Lösungen der Fragen zum Kapitel »Die Unanfechtbarkeit« (Seite 108)

Zu 1:
Die Disziplinarmaßnahme ist endgültig; sie kann mit Beschwerde nicht mehr angefochten werden.

Zu 2:
Die Disziplinarmaßnahme wird am Dienstag, 20.03., unanfechtbar. Bis Montag, 19.03., konnte sich der Soldat beschweren. Fällt der letzte Tag der Frist auf einen Sonnabend, Sonntag oder staatlich anerkannten Feiertag, tritt an die Stelle dieses Tages der nächste Werktag (§ 193 BGB). Unanfechtbarkeit tritt erst am Tag nach Ablauf der Beschwerdefrist ein.

Zu 3:
Auch hier tritt Unanfechtbarkeit erst am 20.03. ein, da die Verzichtserklärung unwirksam war (§ 47 Abs. 1 Satz 2 WDO).

Zu 4:
Die Disziplinarmaßnahme durfte vollstreckt werden, da Fw F bis zum Nachmittagsappell ausreichende Zeit und Gelegenheit zur Beschwerde hatte. Von der Vollstreckbarkeit ist aber die Unanfechtbarkeit der Disziplinarmaßnahme zu unterscheiden. Diese trat nach Ablauf der Beschwerdefrist am 20.11. ein. Dann erst durfte die Eintragung in das Disziplinarbuch erfolgen (§ 7 WDO).

Zu 5:
Die Ausgangsbeschränkung darf zwar nach der Beschwerdeentscheidung des BtlKdrs vollstreckt werden (§ 42 Nr. 1 Satz 3 WDO). Da PzGren P aber das Recht zur weiteren Beschwerde hat, ist Unanfechtbarkeit noch nicht eingetreten.

Zu 6:
Da gegen Disziplinararrest weitere Beschwerde nicht zulässig ist (§ 42 Nr. 3 Satz 1 WDO), ist die Disziplinarmaßnahme unanfechtbar geworden.

Zu 7:
7.1 Die Disziplinarmaßnahme ist in Teil I des Disziplinarbuchs einzutragen.
7.2 Die Urschrift ist in Teil III des Disziplinarbuchs aufzunehmen.
7.3 Je eine Ausfertigung der Disziplinarverfügung ist in die Klarsichthülle sowie in die Stammakte aufzunehmen.
7.4 Eine Ausfertigung ist dem Rechtsberater zuzuleiten.

Lösungen der Fragen zum Kapitel »Die Überprüfung einfacher Disziplinarmaßnahmen« (Seite 125)

Zu 1:
Die zu frühe Verhängung stellt keinen Aufhebungsgrund nach § 46 Abs. 2 WDO dar. Folglich bestand für Hptm H keine Meldepflicht nach § 46 Abs. 5 WDO (Hptm H wird aber OLt O über § 37 Abs. 1 Satz 1 WDO belehren).

Zu 2:
Die Ansicht von Hptm H ist zutreffend. Eine Disziplinarmaßnahme darf nur verhängt werden, wenn der Soldat nachweisbar schuldig ist; die subjektive Überzeugung von der Schuld allein genügt also nicht.
Wenn Hptm H der Meinung ist, PzGren P sei nicht nachweisbar schuldig, dann ist er verpflichtet, einen Antrag auf Aufhebung dieser Disziplinarmaßnahme an das Truppendienstgericht zu richten (§§ 44 Abs. 1 Satz 1, 45 Abs. 1 WDO). Gem. den §§ 44, 45 WDO können fehlerhafte Disziplinarmaßnahmen auch noch nach Unanfechtbarkeit aufgehoben werden.

Zu 3:
- Der KpChef hat den Aufhebungsgrund seinem BtlKdr zu melden (§ 46 Abs. 5 WDO),
- der BtlKdr hebt die Disziplinarmaßnahme auf (§ 46 Abs. 3 WDO),
- der KpChef prüft, ob anstelle der aufgehobenen Disziplinarmaßnahme eine neue zulässig und angebracht ist (§ 46 Abs. 4 WDO).

Zu 4:
Der KpChef hat die Beschwerde unverzüglich und unmittelbar dem Truppendienstgericht zuzuleiten (§§ 5 Abs. 3 WBO, 42 Nr. 3 Satz 1 WDO).

Zu 5:
Der BtlKdr kann einen Antrag auf Aufhebung der Disziplinarmaßnahme beim Truppendienstgericht stellen (§§ 44 Abs. 1 Satz 1, 45 Abs. 1 WDO). Zwar hat der Rekrut ein Dienstvergehen begangen (fahrlässiger Verstoß gegen die Pflicht zum Gehorsam). Aber eine Disziplinarmaßnahme war hier nicht angebracht (§ 33 Abs. 2 Satz 1 WDO).

Lösungen der Fragen zum Kapitel »Die Straftat und die Abgabe an die Staatsanwaltschaft« (Seite 133)

Zu 1:
1a) X und Y haben sich wegen unterlassener Hilfeleistung strafbar gemacht (§ 323c StGB).
1b) Abgabepflicht besteht nicht.

Zu 2:
Straftaten liegen nicht vor.

Zu 3:
3a) PzGren P hat sich der Gehorsamsverweigerung (§ 20 Abs. 1 Nr. 2 WStG) schuldig gemacht.
Uffz U hat sich nicht strafbar gemacht.
3b) Es besteht nach Anhang 2 das Abgabeerlasses Abgabepflicht.

Zu 4:
Gefr G hat keine Straftat begangen.

Zu 5:
Zwar wäre es eine moralische Pflicht gewesen, dem Kan K zu helfen; es besteht jedoch keine Rechtspflicht, finanzielle Hilfe zu erbringen.

Zu 6:
Eine Straftat ist nicht gegeben.

Zu 7:
Der Soldat hat sich nicht strafbar gemacht.

Zu 8:

8a) Gefr G hat sich des Diebstahls (§ 242 StGB) schuldig gemacht.
8b) Abgabepflicht besteht nicht. Zwar ist Diebstahl grundsätzlich abgabepflichtig, aber nur dann, wenn die Straftat zugleich ein Dienstvergehen ist (vgl. § 33 Abs. 3 Satz 1 WDO).

Zu 9:

9a) Gefr G hat sich wegen Ungehorsam (§ 19 Abs. 1 WStG) strafbar gemacht.
9b) Die Tat ist nach Anhang 2 des Abgabeerlasses abgabepflichtig.

Zu 10:

Gefr G hat sich keiner Straftat schuldig gemacht.

Zu 11:

11a) Das Verhalten des OFw O ist strafrechtlich als Beleidigung (§ 185 StGB) (noch nicht aber als entwürdigende Behandlung nach § 31 WStG) zu werten.
11b) Es besteht keine Abgabepflicht.

Zu 12:

12a) Uffz U hat sich des Mißbrauchs der Befehlsbefugnis zu unzulässigen Zwecken (§ 32 WStG) schuldig gemacht.
12b) Eine Abgabe ist nach Anhang 2 des Erlasses regelmäßig geboten.

Zu 13:

Es liegt keine Straftat vor, auch nicht bei Wiederholung des Befehls (vgl. § 22 Abs. 3 WStG).

Zu 14:

Das Verhalten ist nicht strafbar, auch nicht nach § 46 WStG, da noch kein Gebrauchmachen im Sinne dieser Strafvorschrift vorliegt.

Zu 15:

15a) Schtz S hat sich des Ungehorsams (§ 19 Abs. 3 WStG) sowie der fahrlässigen Körperverletzung (§ 230 StGB) schuldig gemacht.
15b) Es handelt sich bei § 19 Abs. 3 WStG um eine abgabepflichtige Straftat (Anhang 1 des Abgabeerlasses).

Zu 16:

16a) OGefr O hat sich bereits der vollendeten Fahnenflucht schuldig gemacht (§ 16 Abs. 1 WStG).
16b) Die Tat ist abgabepflichtig (Anhang 1 des Abgabeerlasses).

Zu 17:

17a) Fu F hat sich der Körperverletzung (§ 223 StGB) sowie der Sachbeschädigung (§ 303 StGB) und eventuell noch des Widerstandes gegen die Staatsgewalt nach § 113 StGB schuldig gemacht.
17b) Eine Abgabepflicht besteht schon deshalb nicht, weil eine Abgabe an die Staatsanwaltschaft nach § 33 Abs. 3 Satz 1 WDO und dem Abgabeerlaß voraussetzt, daß die Straftat zugleich ein Dienstvergehen darstellt.

Zu 18:

18a) Uffz U hat sich nicht strafbar gemacht.
Fw F hat eine Körperverletzung begangen (§ 223 StGB).
18b)Diese Straftat ist nicht abgabepflichtig.

Zu 19:

Die Tat ist nicht strafbar, da Diebstahl erfordert, daß der Täter die Sache nicht nur zum vorübergehenden Gebrauch wegnimmt.

Zu 20:

20a) Es liegen die Straftatbestände der Körperverletzung (§ 223 StGB) sowie der Beleidigung (§ 185 StGB) vor (§ 25 WStG ist nicht gegeben, da Gefr G zur Tatzeit nicht Vorgesetzter war. Auch § 29 WStG trifft nicht zu).
20b) Es besteht keine Abgabepflicht.

Zu 21:

21a) Die Soldaten haben sich wegen Beleidigung (§ 185 StGB), gefährlicher Körperverletzung (§ 224 StGB) sowie Sachbeschädigung (§ 303 StGB) strafbar gemacht.
21b) Gefährliche Körperverletzung ist nach dem Abgabeerlaß Anhang 2 regelmäßig abgabepflichtig.

Zu 22:

22a) Jg J hat seinen Nachbarn betrogen (§ 263 StGB).
22b) Abgabepflicht setzt voraus, daß es sich bei der Straftat um ein Dienstvergehen handelt (§ 33 Abs. 3 Satz 1 WDO). Der Soldat hat sich aber keiner Dienstpflichtverletzung schuldig gemacht, auch nicht einer Verletzung der Pflicht nach § 17 Abs. 2 Satz 2 SG.

Lösungen der Fragen zum Kapitel »Sonstige Folgen eines Dienstvergehens« (Seite 139)

Zu 1:

Die Voraussetzungen für eine Entlassung nach § 29 Abs. 1 Nr. 6 WPflG sind nicht gegeben, da der Soldat noch keine ernsthafte Gefahr für die militärische Ordnung darstellt. Er hat vielmehr die Zeit der schuldhaften Dienstversäumnis nachzudienen (§ 5 Abs. 3 Satz 1 WPflG).

Zu 2:

Eine Entlassung nach § 55 Abs. 5 SG ist nur in den ersten vier Dienstjahren eines Soldaten auf Zeit möglich. Hier hat der KpChef einen Antrag auf Einleitung eines gerichtlichen Disziplinarverfahrens zu stellen (§ 41 WDO).

Zu 3:

Er hat einen Antrag auf Neufestsetzung der Dienstzeit nach § 5 Abs. 3 Satz 1 WPflG zu stellen.

Zu 4:

Das Amt der Vertrauensperson endet vor Ablauf der Amtszeit u.a. durch Verlust der Wählbarkeit (§ 9 Abs. 2 SBG). Die Maßregelung mit Disziplinararrest berührt die Wählbarkeit jedoch nicht (§ 4 Abs. 2 SBG).

Zu 5:

Der KpChef wird ferner den Antrag auf Entzug der Fahrerlaubnis gegen den Gefr G (soweit sich dies durch ein laufendes Strafverfahren nicht erübrigt) und gegen den KpFw stellen (zuvor evtl. vorübergehende Abnahme des Bundeswehrführerscheins nach ZDv 43/1 Nr. 602). Darüber hinaus wird er gegen beide Soldaten die zur Schadensregulierung notwendigen Maßnahmen ergreifen (§ 24 Abs. 1 SG, VMBl 1980 S. 546).

Lösungen der Fragen zum Kapitel »Das gerichtliche Disziplinarverfahren« (Seite 145)

Zu 1:

Die Einleitung eines gerichtlichen Disziplinarverfahrens ist geboten, wenn eine gerichtliche Disziplinarmaßnahme zur Ahndung des Dienstvergehens erforderlich erscheint.

Zu 2:
Der KpChef hat einen Antrag auf Entlassung des Gefreiten nach § 55 Abs. 5 SG zu stellen (vgl. im einzelnen ZDv 14/3 B 165).

Zu 3:
Vgl. § 58 WDO!

Zu 4:
4.1 Herbeiführen der Entscheidung der Einleitungsbehörde oder Prüfung der Einleitung durch die Einleitungsbehörde von Amts wegen;
4.2 Einleitung eines gerichtlichen Disziplinarverfahrens durch die Einleitungsbehörde - evtl. mit vorläufiger Dienstenthebung und Einbehaltung eines Teils der Dienstbezüge (§ 126 WDO) - und gegebenenfalls Aussetzung des gerichtlichen Disziplinarverfahrens bis zum Abschluß des sachgleichen Strafverfahrens (§§ 93 Abs. 1, 83 Abs. 2 WDO);
4.3 Ermittlungen durch den Wehrdisziplinaranwalt (§ 97 WDO);
4.4 Vorlage der Anschuldigungsschrift durch den Wehrdisziplinaranwalt an das Truppendienstgericht (§ 99 Abs. 1 WDO);
4.5 Zustellung der Anschuldigungsschrift durch den Vorsitzenden des Truppendienstgerichts an den Soldaten (§100 WDO);
4.6 Ladung des Wehrdisziplinaranwalts, des Soldaten und ggf. des Verteidigers sowie der Zeugen und Sachverständigen zur Hauptverhandlung (§ 103 WDO);
4.7 Durchführung der Hauptverhandlung mit Entscheidung des Truppendienstgerichts (§§ 104-111 WDO);
4.8 Möglichkeit der Berufung gegen das Urteil des Truppendienstgerichts (§§ 115, 116 WDO);
4.9 Urteil des Berufungsgerichts (§ 121 WDO);
4.10 Vollstreckung der Disziplinarmaßnahme (§ 135 WDO).

Zu 5:
Die Hauptverhandlung ist grundsätzlich nicht öffentlich; auf Antrag des Uffz U kann allerdings die Öffentlichkeit hergestellt werden (§ 105 Abs. 1 und 2 WDO).

Zu 6:
Der KpChef handelte falsch, da die Dienstgradherabsetzung erst mit Rechtskraft des Urteils wirksam wird (§ 135 Abs. 4 Satz 1 WDO). Das Urteil wird rechtskräftig, wenn die Rechtsmittelfrist abgelaufen und keine Berufung eingelegt ist (§ 125 Abs. 1 Satz 1 WDO), mit dem Zeitpunkt der Erklärung des Verzichts auf das Rechtsmittel, mit der Rücknahme des Rechtsmittels (§ 125 Abs. 1 Satz 2 WDO) sowie mit der Urteilsverkündung durch den Wehrdienstsenat (§ 125 Abs. 3 WDO).

Zu 7:
Der Soldat wird aus dem Dienst entfernt. Die Wehrdienstgerichte entscheiden mit einfacher Stimmenmehrheit (§ 91 Abs. 2 WDO).

Anhang

Anlage 1

Beispiele für die Führung des Disziplinarbuchs:

1. Gefr Meier, W, erhält am 10. September 2001 zehn Tage Ausgangsbeschränkung. Da sich der Soldat am nächsten Tag nicht beschwert, beginnt der KpChef am 12. September 2001 mit der Vollstreckung und trägt die Disziplinarmaßnahme in das Disziplinarbuch ein.
Falsch, da nur unanfechtbare Disziplinarmaßnahmen in das Disziplinarbuch einzutragen sind (§ 7 WDO; ZDv 14/3 B 170 Erlaß »Einrichtung und Führung des Disziplinarbuchs« B IV).
Ebenso ist eine strafgerichtliche Strafe erst, wenn sie rechtskräftig geworden ist, einzutragen (Erlaß B IV). Wann eine Strafe rechtskräftig ist, ist aus dem auf dem Urteil bzw. Strafbefehl vorhandenen Rechtskraftvermerk zu ersehen.

2. Gefr Meier, SaZ, erhält am 21. August 2001 100,- DM Disziplinarbuße. Am 2. Oktober 2001 wird gegen ihn ein strenger Verweis verhängt. Am 5. März 2002 wird gegen ihn eine zehntägige Ausgangsbeschränkung ausgesprochen.

Lfd. Nr.	Art und Höhe der Disziplinarmaßnahme oder der strafgerichtl. Strafe	verhängt/ verkündet am	Tilgungsfrist Ende	Tilgungsfrist Ende nach Unterbrechung	Datum Unterschrift, Dienstgrad, Dienststellung
1	100,- DM Disziplinarbuße	21.8.2001	~~20.8.2004~~[1]		
2	strenger Verweis	2.10.2001	~~1.10.2004~~		
zu 1				~~1.10.2004~~[2]	
3	10 Tage Ausgangsbeschränkung	5.3.2002	4.3.2005		
zu 1				4.3.2005[3]	
zu 2				4.3.2005[4]	

1) Infolge der Unterbrechung der Tilgungsfrist überholte Eintragungen sind durch einen roten Schrägstrich, der die Lesbarkeit der Eintragung nicht beeinträchtigen darf, kenntlich zu machen.
2) 3) 4) Infolge neuer Disziplinarmaßnahmen beginnt die Tilgungsfrist für die früheren Disziplinarmaßnahmen von neuem zu laufen, und zwar jeweils ab Verhängung der neuen Disziplinarmaßnahmen (§ 8 Abs. 2 Satz 3 und 4 WDO; Erlaß C XIV). Die Tilgungsfrist beträgt drei Jahre (§ 8 Abs. 2 Satz 1 WDO; Erlaß D XIII).

3. Wie Beispiel 2, aber beim Gefr Meier handelt es sich um einen Soldaten, der aufgrund der Wehrpflicht Wehrdienst leistet.
Kein Unterschied zu Beispiel 2, da die Tilgungsfrist für alle Soldaten gleich ist (§ 8 Abs. 2 Satz 1 WDO).

4. Gegen den Gefr Meier, W, wird am 5. Februar 2001 ein 15tägiger Disziplinararrest verhängt. Am 8. Mai 2001 wird er wegen eines Diebstahls, begangen am 20. März 2001, zu 500,- DM Geldstrafe verurteilt. Am 17. August 2001 wird gegen ihn eine 21tägige verschärfte Ausgangsbeschränkung ausgesprochen.

Lfd. Nr.	Art und Höhe der Disziplinarmaßnahme oder der strafgerichtl. Strafe	verhängt/ verkündet am	Tilgungsfrist Ende	Tilgungsfrist Ende nach Unterbrechung	Datum Unterschrift, Dienstgrad, Dienststellung
1	15 Tage Disziplinararrest	5.2.2001	~~4.2.2004~~		
2	500,- DM Geldstrafe	8.5.2001	7.5.2004[1]		
zu 1				~~7.5.2004~~[2]	
3	21 Tage verschärfte Ausgangsbeschränkung	17.8.2001	16.8.2004		
zu 1				16.8.2004[3]	

1) Die Tilgungsfrist für die Geldstrafe beträgt drei Jahre; sie beginnt mit der Verkündung des Urteils (§ 8 Abs. 4 WDO; Erlaß D XVI).

2) Wegen der Geldstrafe beginnt die Tilgungsfrist für die erste Disziplinarmaßnahme neu zu laufen, und zwar ab Verkündung des Urteils (§ 8 Abs. 2 Satz 3 WDO; Erlaß D XIV).

3) Durch die zweite Disziplinarmaßnahme ändert sich lediglich die Tilgungsfrist für die erste Disziplinarmaßnahme; die Tilgungsfrist von strafgerichtlichen Strafen wird durch die Eintragung neuer Disziplinarmaßnahmen oder strafgerichtlicher Strafen nicht berührt (§ 8 Abs. 4 Satz 1 WDO; Erlaß D XVI).

5. Wie Beispiel 4, aber die am 8. Mai 2001 verhängte Geldstrafe wurde wegen eines Diebstahls verhängt, den Gefr Meier vor Einberufung zur Bundeswehr begangen hatte.
Eingetragen werden lediglich die beiden Disziplinarmaßnahmen, da nur solche strafrechtlichen Strafen einzutragen sind, die für Straftaten ausgesprochen werden, die während des Wehrdienstverhältnisses begangen worden sind (Erlaß B IV).

6. Am 11. April 2001 erhält Gefr Meier, W, 15 Tage Disziplinararrest, weil er einem Kameraden 200,- DM entwendet hatte. Am 20. Juni 2001 wird er wegen derselben Tat zu sechs Wochen Strafarrest (unter Anrechnung des Disziplinararrests) verurteilt.

Lfd. Nr.	Art und Höhe der Disziplinarmaßnahme oder der strafgerichtl. Strafe	verhängt/ verkündet am	Tilgungsfrist Ende	Tilgungsfrist Ende nach Unterbrechung	Datum Unterschrift, Dienstgrad, Dienststellung
1	15 Tage Disziplinararrest	11.4.2001	10.4.2004[1]		
2	6 Wochen Strafarrest	20.6.2001	19.6.2004		

1) Die Tilgungsfrist für den Disziplinararrest beginnt wegen der verhängten Strafe nicht neu zu laufen, da der Gefreite nicht wegen einer anderen Tat nach dem Disziplinararrest bestraft wurde (§ 8 Abs. 2 Satz 3 WDO; Erlaß D XIV).

7. Gefr Meier, W, erhält für eine während seiner Dienstzeit begangene Ordnungswidrigkeit 100,- DM Geldbuße. Ferner wird er wegen einer gefährlichen Körperverletzung, begangen als Soldat, zu zwei Wochen Jugendarrest verurteilt.
Es erfolgt keine Eintragung in das Disziplinarbuch, da lediglich förmliche Anerkennungen, Disziplinarmaßnahmen sowie strafgerichtliche Strafen einzutragen sind (§ 7 WDO; Erlaß B IV).

Strafen sind:

- Freiheitsstrafe,
- Strafarrest,
- Geldstrafe,
- Jugendstrafe,

Keine Strafen sind:

- gebührenpflichtige Verwarnung,
- Geldbuße,
- Zuchtmittel wie Verwarnung und Jugendarrest.

8. Gegen OFw Schulz, Berufssoldat, werden am 19. November 2001 400,- DM Disziplinarbuße verhängt. Am 23. April 2002 wird er vom Truppendienstgericht in den Dienstgrad eines Feldwebels herabgesetzt. Am 9. September 2002 werden gegen ihn 16 Tage Disziplinararrest ausgesprochen.

Lfd. Nr.	Art und Höhe der Disziplinarmaßnahme oder der strafgerichtl. Strafe	verhängt/ verkündet am	Tilgungsfrist Ende	Tilgungsfrist Ende nach Unterbrechung	Datum Unterschrift, Dienstgrad, Dienststellung
1	400,- DM Disziplinarbuße	19.11.2001	~~18.11.2004~~		
2	Herabsetzung in den Dienstgrad eines Feldwebels	23.4.2000	entfällt1)		
zu 1				~~22.4.2003~~2)	
3	16 Tage Disziplinararrest	9.9.2002	8.9.2005		
zu 1				8.9.2005	

1) Der Tilgung unterliegt von den gerichtlichen Disziplinarmaßnahmen lediglich die Gehaltskürzung und das Beförderungsverbot (§ 8 Abs. 2 Satz 1 WDO). Die Dienstgradherabsetzung ist also untilgbar.
2) Wegen der Degradierung beginnt ab Verkündung dieser gerichtlichen Disziplinarmaßnahme durch das Truppendienstgericht die Tilgungsfrist für die erste Disziplinarmaßnahme neu zu laufen (§ 8 Abs. 2 Satz 3 WDO; Erlaß D XIV).

9. Am 25. April 2001 wird OLt Müller, Berufssoldat, vom Truppendienstgericht zu einer Kürzung seiner Dienstbezüge um ein Zehntel auf die Dauer von 15 Monaten verurteilt. Am 2. März 2006 wird gegen ihn eine Disziplinarbuße von 200,- DM ausgesprochen.

Lfd. Nr.	Art und Höhe der Disziplinarmaßnahme oder der strafgerichtl. Strafe	verhängt/ verkündet am	Tilgungsfrist Ende	Tilgungsfrist Ende nach Unterbrechung	Datum Unterschrift, Dienstgrad, Dienststellung
1	Kürzung von einem Zehntel der Dienstbezüge auf die Dauer von 15 Monaten	25.4.2001	~~24.4.2006~~[1]		
2	200,- DM Disziplinarbuße	2.3.2006			
zu 1				1.3.2011[2]	
zu 2			1.3.2011[3]		

1) Die Kürzung der Dienstbezüge ist fünf Jahre nach Urteilsverkündung zu tilgen (§ 8 Abs. 2 Satz 1 WDO; Erlaß D XIII).
2) Wegen der zweiten Disziplinarmaßnahme beginnt die fünfjährige Tilgungsfrist für die Kürzung der Dienstbezüge neu zu laufen (§ 8 Abs. 2 Satz 3 WDO; Erlaß D XIV).
3) Die Disziplinarbuße darf nicht vor der Kürzung der Dienstbezüge getilgt werden (§ 8 Abs. 6 WDO; Erlaß D XV).

10. Wie Beispiel 9, aber OLt Müller wird in erster Instanz vom Truppendienstgericht zum Leutnant degradiert und auf seine Berufung hin vom Wehrdienstsenat zu der Kürzung von einem Zehntel der Dienstbezüge auf die Dauer von 15 Monaten verurteilt.
Die Eintragungen sind dieselben wie im Beispiel 9, da eine Eintragung erst ab Rechtskraft erfolgen darf (vgl. erstes Beispiel) und die Tilgungsfrist für die Kürzung der Dienstbezüge mit Verkündung des ersten Urteils beginnt (§ 8 Abs. 2 Satz 2 WDO; Erlaß D XIII).

11. Gefr Meier, W, erhält am 2. Mai 2001 eine 15tägige Ausgangsbeschränkung. Am 20. Juni 2001, nachdem diese Disziplinarmaßnahme unanfechtbar geworden ist, wird sie in das Disziplinarbuch eingetragen. Am 21. August 2001 wird die Disziplinarmaßnahme aufgehoben, weil der Soldat vor Verhängung nicht gehört worden war (§ 46 Abs. 2 Nr. 7 WDO). Wegen desselben Dienstvergehens verhängt der KpChef am 12. September 2001 gegen den Gefr Meier nunmehr 100,- DM Disziplinarbuße (§ 46 Abs. 4 WDO).
Die am 21. August 2001 aufgehobene Disziplinarmaßnahme ist zu tilgen (Erlaß C X). Die neue Disziplinarmaßnahme ist nach Unanfechtbarkeit mit dem Datum der ersten Verhängung - 2. Mai 2001 - einzutragen (Erlaß D XIII).

12. Wie Beispiel 11; zusätzlich war Gefr Meier am 3. Juli 2001 mit einem strengen Verweis gemaßregelt worden.
Die Eintragungen vor Aufhebung der Ausgangsbeschränkung:

Lfd. Nr.	Art und Höhe der Disziplinarmaßnahme oder der strafgerichtl. Strafe	verhängt/ verkündet am	Tilgungsfrist Ende	Ende nach Unterbrechung	Datum Unterschrift, Dienstgrad, Dienststellung
1	15 Tage Ausgangsbeschränkung	2.5.2001	~~1.5.2004~~		
2	strenger Verweis	3.7.2001	2.7.2004		
zu 1				2.7.2004	

Die Eintragungen nach Aufhebung und Neuverhängung sind bezüglich der Tilgungsfristen dieselben, da für die aufgehobene und neue verhängte Disziplinarmaßnahme die Frist vom Tage der ersten Verhängung an rechnet (Erlaß D XIII).

13. HGefr Meier, SaZ, wird am 5. Oktober 2001 mit einem Verweis gemaßregelt. Am 12. November 2001 erhält er eine Disziplinarbuße in Höhe von 250,- DM und am 3. Januar 2002 vier Tage Disziplinararrest und vier Tage Ausgangsbeschränkung. Am 15. Februar 2002 hebt der BtlKdr die letzte Disziplinarmaßnahme auf, weil das zugrundeliegende Dienstvergehen verjährt war (§ 46 Abs. 2 Nr. 6 WDO).

Die Eintragung vor der Aufhebung:

Lfd. Nr.	Art und Höhe der Disziplinarmaßnahme oder der strafgerichtl. Strafe	verhängt/ verkündet am	Tilgungsfrist Ende	Ende nach Unterbrechung	Datum Unterschrift, Dienstgrad, Dienststellung
1	Verweis	5.10.2001	~~4.10.2004~~		
2	250,- DM Disziplinarbuße	12.11.2001	~~11.11.2004~~		
zu 1				~~11.11.2004~~	
3	4 Tage Disziplinararrest und 4 Tage Ausgangsbeschränkung	3.1.2002	2.1.2005		
zu 1				2.1.2005	
zu 2				2.1.2005	

Die Eintragungen nach Aufhebung:

Lfd. Nr.	Art und Höhe der Disziplinarmaßnahme oder der strafgerichtl. Strafe	verhängt/ verkündet am	Tilgungsfrist Ende	Ende nach Unterbrechung	Datum Unterschrift, Dienstgrad, Dienststellung
1	Verweis	5.10.2001	~~4.10.2004~~		
2	250,- DM Disziplinarbuße	12.11.2001	11.11.2004		
zu 1				11.11.2004[1)]	

1) Infolge der Aufhebung der dritten Disziplinarmaßnahme waren die Tilgungsfristen für die beiden vorherigen Disziplinarmaßnahmen so zu berechnen, als wäre die letzte Disziplinarmaßnahme nicht verhängt worden (§ 8 Abs. 3 Satz 2 WDO; Erlaß D XIV).

14. Gegen den Gefr Meier, SaZ, verhängt der KpChef am 2. Dezember 2001 21 Tage verschärfte Ausgangsbeschränkung. Am 4. Januar 2002 hebt der BtlKdr auf Beschwerde die Disziplinarmaßnahme auf und verhängt statt dessen gegen den Soldaten 200,- DM Disziplinarbuße. Als Datum der Verhängung ist der 2. Dezember 2001 in das Disziplinarbuch einzutragen (§ 8 Abs. 3 Satz 2 WDO; Erlaß D XIII).

15. HGefr Meier, SaZ, erhält am 3. November 1999 einen strengen Verweis. Am 12. Oktober 2002 wird er mit einer Disziplinarbuße von 300,- DM gemaßregelt. Diese Disziplinarmaßnahme wird am 14. November 2002 unanfechtbar.
Im Disziplinarbuch steht jetzt lediglich die Disziplinarbuße, da der strenge Verweis vor Eintragung der Disziplinarbuße zu tilgen war (Erlaß D XIII) und gegen den Soldaten nicht während der Tilgungsfrist für die erste Disziplinarmaßnahme die zweite Disziplinarmaßnahme unanfechtbar verhängt wurde (§ 8 Abs. 2 Satz 3 WDO; Erlaß D XIV).

16. Matr Meier, W seit 1. Januar 2000, wird am 20. März 2000 mit zehn Tagen Disziplinararrest gemaßregelt. Am 7. Mai 2000 geht bei der Kp ein Strafbefehl mit Datum vom 7. März 2000, rechtskräftig seit 15. März 2000, ein, wonach der Soldat wegen eines Diebstahls, begangen am 10. Januar 2000, zu 500,- DM Geldstrafe verurteilt ist.

Lfd. Nr.	Art und Höhe der Disziplinarmaßnahme oder der strafgerichtl. Strafe	verhängt/ verkündet am	Tilgungsfrist Ende	Tilgungsfrist Ende nach Unterbrechung	Datum Unterschrift, Dienstgrad, Dienststellung
1	10 Tage Disziplinararrest	20.3.2000	19.3.2003 1)		
2	500,- DM Geldstrafe	7.3.2000	6.3.2003 2)		

1) Durch die Eintragung der Geldstrafe wird die Tilgungsfrist des Disziplinararrests nicht berührt, da der Soldat nicht während dieser Tilgungsfrist wegen des Diebstahls rechtskräftig bestraft wurde (§ 8 Abs. 2 Satz 3 WDO; Erlaß D XIV).
2) Die Tilgungsfrist für die Geldstrafe beginnt beim Strafbefehl mit dem Tag der Unterzeichnung durch den Richter (§ 8 Abs. 4 Satz 2 WDO; Erlaß D XVI).

17. Gefr Meier wird am 5. April 2000 wegen Trunkenheit im Verkehr zu vier Monaten Freiheitsstrafe verurteilt. Dagegen legt er Berufung ein. In zweiter Instanz wird dieses Urteil aufgehoben und der Soldat zu 2000,- DM Geldstrafe verurteilt. Das Urteil wird am 5. Dezember 2000 rechtskräftig.
Die Tilgungsfrist für die Geldstrafe beginnt am 5. April 2000 und endet am 4. April 2003 (§ 8 Abs. 4 WDO).

Anlage 2

Prüfschema für den Disziplinarvorgesetzten zur Ausübung der Disziplinarbefugnis

Bei Verdacht eines Dienstvergehens hat der nächste Disziplinarvorgesetzte folgende Fragen zu prüfen:

1. Was ist tatsächlich geschehen? Ermittlung des Sachverhalts (§ 32 Abs. 1-4 WDO).

2. Enthält der festgestellte Sachverhalt ein Dienstvergehen (§§ 32 WDO, 23 SG)?

3. Wenn ein Dienstvergehen vorliegt: Welche Maßnahme ist notwendig zur Ahndung des Dienstvergehens (§§ 15, 33, 38 WDO)?
- erzieherische Maßnahme?
- einfache Disziplinarmaßnahme (§ 22 WDO)?
- Aussetzung zur Bewährung (§ 49 Abs. 1 WDO)?
- sofortige Vollstreckbarkeit (§§ 40 Abs. 1 Satz 4 und Abs. 5, 56 Abs. 2 WDO)?
- gerichtliche Disziplinarmaßnahme (§ 58 WDO)?
Dann Antrag auf Einleitung eines gerichtlichen Disziplinarverfahrens (§ 41 WDO).

4. Habe ich die Disziplinarbefugnis zur Verhängung der beabsichtigten Disziplinarmaßnahme, und bin ich zuständig (§§ 28-31 WDO)?

5. Vor Verhängung der Disziplinarmaßnahme prüfe ich:
- ist eine Disziplinarmaßnahme nach vorausgegangener strafgerichtlicher Strafe, Auflage/Weisung oder Ordnungsmaßnahme noch zulässig (§ 16 WDO)?
- ist Zeitablauf eingetreten (§ 17 Abs. 2 WDO)?
Ausnahmen: § 17 Abs. 5 WDO.
- habe ich bereits von der Verhängung einer Disziplinarmaßnahme abgesehen, ohne daß neue erhebliche Tatsachen oder Beweismittel bekannt wurden (§ 36 WDO)?
- liegen noch andere, zugleich entscheidungsreife und ahndungswürdige Pflichtverletzungen vor (§ 18 Abs. 2 WDO)?
- liegt zwischen Schlußanhörung und beabsichtigtem Zeitpunkt der Verhängung eine Nacht (§ 37 Abs. 1 Satz 1 WDO)?
Ausnahmen: §§ 37 Abs. 1 Satz 2 und 40 Abs. 1 Satz 5 WDO.
- wurde die Vertrauensperson gehört (§§ 4 Satz 1 WDO, 27 Abs. 1 SBG)?
- wurde der Soldat dazu gehört, ob er etwas zu seiner Entlastung vorbringen will (§ 32 Abs. 5 WDO)?
- ist in der Disziplinarverfügung Zeit und Ort der Tat angegeben und der Sachverhalt des Dienstvergehens konkret dargestellt (§ 37 Abs. 3 Satz 2 WDO)?

6. Nach Verhängung einer Disziplinarmaßnahme:
- ist die Disziplinarmaßnahme vollstreckbar (§§ 40 Abs. 1 Satz 4 und 5, 42 Nr. 1, 47, 56 Abs. 2 und 3, 57 WDO)?
- sind die Bestimmungen zur Vollstreckung (§§ 39, 49 Abs. 2, 50-58 WDO) beachtet?

7. Nach Unanfechtbarkeit der Disziplinarmaßnahme:
- ist die Disziplinarmaßnahme in das Disziplinarbuch eingetragen?
- ist die Disziplinarmaßnahme in die Personalunterlagen aufgenommen?
- ist eine Ausfertigung dem Rechtsberater unverzüglich zugeleitet worden?

8. Sonstige Folgen des Dienstvergehens wie:
- vorläufige Festnahme (§ 21 WDO)?
- Abgabe an die Staatsanwaltschaft (ZDv 14/3 B 117)?
- Verbot der Dienstausübung (§ 22 SG, ZDv 14/3 B 152)?
- Entlassung (z.B. nach den §§ 55 Abs. 5 SG, 29 Abs. 1 Nr. 6 WPflG)?
- vorübergehende Abnahme des Führerscheins, Entzug der Fahrerlaubnis (ZDv 43/1 Nr. 602 ff.)?
- Entzug der Erlaubnis zum Führen von Flugzeugen (ZDv 19/11 Nr. 124)?
- Inanspruchnahme auf Schadenersatz (§ 24 SG; VMBl 1980 S. 546)?
- Einbehaltung der Dienstbezüge/des Wehrsoldes (VMBl 1977 S. 332)?
- Nachdienen (§ 5 Abs. 3 WPflG)?
- Meldung eines BV (ZDv 10/13)?
- Meldung an den MAD (ZDv 14/3 B 118)?
- Abberufung als Vertrauensperson (§ 11 SBG)?
- Ruhen des Amtes der Vertrauensperson (§ 12 SBG)?

Anlage 3

Fristenübersicht für einfache Disziplinarmaßnahmen

1. Verhängung:

1.1. frühestens nach Ablauf einer Nacht seit Gewährung des Schlußgehörs (§ 37 Abs. 1 Satz 1 WDO)
Ausnahmen:
- § 37 Abs. 1 Satz 2 WDO
- § 40 Abs. 1 Satz 5 WDO.

1.2. spätestens am letzten Tag des sechsten Monats nach Begehen des Dienstvergehens (§ 17 Abs. 2 WDO)
Ausnahmen:
- § 17 Abs. 5 WDO

2. Vollstreckung:

2.1. frühestens am Tag nach Verhängung, wenn der Soldat ausreichende Zeit und Gelegenheit zur Beschwerde hatte, ohne davon Gebrauch gemacht zu haben (§ 47 Abs. 1 Satz 1 WDO)
Ausnahmen:
- bei sofortiger Vollstreckbarkeit nach § 40 Abs. 1 Satz 4 und 5 sowie Abs. 5 und § 56 Abs. 2 Satz 1 WDO.

2.2. spätestens am letzten Tag des sechsten Monats seit Unanfechtbarkeit der Disziplinarmaßnahme (§ 57 WDO).

3. Beschwerde:

3.1. frühestens nach Ablauf einer Nacht nach Verhängung (§ 6 Abs. 1 WBO)
3.2. spätestens zwei Wochen nach Verhängung (§ 6 Abs. 1 WBO)
Ausnahme:
- Fällt der letzte Tag der Beschwerdefrist auf einen Sonntag, gesetzlichen Feiertag oder einen Sonnabend, tritt an die Stelle eines solchen Tages der nächste Werktag (§ 193 BGB).

4. Bewährungsfrist:

Dauer: fünf Monate, beginnend ab Unanfechtbarkeit der Disziplinarmaßnahme (§ 49 Abs. 2 WDO).

5. Tilgungsfrist:

Nach drei Jahren ab Verhängung (§ 8 Abs. 2 Satz 1 und 2 WDO)
Ausnahme:
- Die Frist beginnt erneut zu laufen, wenn der Soldat während der Frist wegen einer anderen Tat rechtskräftig bestraft oder gegen ihn eine Disziplinarmaßnahme unanfechtbar verhängt wird (§ 8 Abs. 2 Satz 3 WDO).

Anlage 4

Antrag auf richterliche Zustimmung zum Disziplinararrest

Dem Antrag auf Rechtsmäßigkeitserklärung eines Disziplinararrests durch den Truppendienstrichter (Vordruck 13) sind beizufügen:

1. sämtliche Ermittlungsvorgänge wie Meldungen, Niederschriften über die Vernehmung des Soldaten und von Zeugen oder Aktenvermerke darüber (§ 32 Abs. 1 WDO),

2. Vernehmungsniederschrift des Soldaten nach § 32 Abs. 5 Satz 2 WDO,

3. Disziplinarbuchauszug (Vordruck 18),

4. Niederschrift über die Anhörung der Vertrauensperson (§ 27 Abs. 4 SBG),

5. Meldung an den nächsthöheren Disziplinarvorgesetzten mangels eigener Zuständigkeit (§ 30 Abs. 3 WDO),

6. Angabe sonstiger beabsichtigter bzw. erfolgter Maßnahmen (z.B. Antrag auf Entlassung, Abgabe an die Staatsanwaltschaft, Strafurteil),

7. bei Bruch der Ausgangsbeschränkung sämtliche Vorgänge zur Ausgangsbeschränkung,

8. bei vorläufiger Festnahme Grund und Dauer (vgl. § 21 Abs. 5 Satz 1 WDO),

9. bei gleichzeitigem Antrag auf sofortige Vollstreckbarkeit Begründung dieses Antrags.

10. Ist beabsichtigt, neben dem Disziplinararrest Ausgangsbeschränkung oder Disziplinarbuße (§ 22 Abs. 2 Nr. 1 und 2 WDO) zu verhängen, ist dem Truppendienstrichter gegenüber auch anzuzeigen, in welcher Höhe Ausgangsbeschränkung bzw. Disziplinarbuße vorgesehen ist (§ 40 Abs. 2 Satz 2 WDO).

Anlage 5

Maßnahmen bei unerlaubter Abwesenheit von Soldaten

1. Ist der Aufenthalt des Soldaten bekannt, hat der Disziplinarvorgesetzte ihm fernmündlich oder telegraphisch die sofortige Rückkehr zu befehlen, wobei Weg, Transportmittel und nach Möglichkeit die Abfahrtszeit anzugeben sind (ZDv 14/3 B 153 Nr. 1).

2. Ist der Aufenthalt des Soldaten unbekannt oder wird der Befehl zur Rückkehr nicht befolgt, hat der Disziplinarvorgesetzte nach Ablauf von drei vollen Kalendertagen das für den Standort seines Truppenteils/seiner Dienststelle zuständige Wehrbereichskommando, in dringenden Fällen das nächsterreichbare Feldjägerdienstkommando zu benachrichtigen (ZDv 14/3 B 153 Nr. 2).

3.1. Bei begründetem Verdacht auf Fahnenflucht (§ 16 WStG) ist der Vorgang stets unverzüglich an die zuständige Staatsanwaltschaft abzugeben (ZDv 14/3 B 117 Anhang 1).
3.2. Bei begründetem Verdacht der eigenmächtigen Abwesenheit ist im Wiederholungsfall der Vorgang ebenfalls stets unverzüglich an die Staatsanwaltschaft abzugeben (ZDv 14/3 B 117 Anhang 1).

3.3. In Eilfällen kann zugleich mit der Abgabe an die Staatsanwaltschaft die Kriminalpolizei benachrichtigt werden (ZDv 14/3 B 119 und B 153 Nr. 3).
3.4. Bei Vorliegen der Voraussetzungen eines Haftbefehls ist es zweckmäßig, zugleich mit der Abgabe an die Staatsanwaltschaft um den Erlaß eines Haftbefehls zu ersuchen.
Untersuchungshaft darf nur angeordnet werden, wenn dringender Tatverdacht und ein Haftgrund bestehen (§ 112 StPO). Ein Haftgrund liegt bei Flucht oder Fluchtgefahr oder bei Verdunkelungsgefahr vor. Flucht bedeutet, daß der Täter flüchtig ist oder sich verborgen hält, um sich dem Strafverfahren zu entziehen (also nicht, um sich seiner Verpflichtung zum Wehrdienst zu entziehen!).
3.5 Bei Anstiftung oder Beihilfe zu eigenmächtiger Abwesenheit, Fahnenflucht oder Dienstentziehung durch Täuschung durch Nichtsoldaten (vgl. § 1 Abs. 4 WStG) empfiehlt es sich grundsätzlich, Strafanzeige gegen diese Personen zu erstatten.

4. Bei Soldaten, die den Dienst in der Bundeswehr zu dem im Einberufungsbescheid bestimmten Zeitpunkt nicht antreten (also auch bei Einberufung zu einer Wehrübung), ist vor Abgabe an die Staatsanwaltschaft und vor Einleitung sonstiger Maßnahmen durch Anfrage beim zuständigen KWEA festzustellen, ob - ZDv 14/3 B 153 Nr. 12 -
4.1. der Einberufungsbescheid dem Wehrpflichtigen wirksam zugestellt worden ist,
4.2. ein eingelegter Widerspruch ausnahmsweise aufschiebbare Wirkung hat,
4.3. sonstige Gründe vorliegen, die der Einberufung entgegenstehen.

5. Ergibt sich aus den Mitteilungen des Kreiswehrersatzamts, daß der Einberufungsbescheid wirksam ist, kann der Disziplinarvorgesetzte die Polizei des jeweiligen Wohnsitzes des Soldaten im Wege der Amtshilfe ersuchen, den Soldaten dem nächsten Feldjägerdienstkommando zuzuführen.
Dieses Ersuchen empfiehlt sich deswegen, weil die Polizei nach § 44 Abs. 3 und 4 WPflG in solchen Fällen im Gegensatz zu den Feldjägern berechtigt ist, die Wohnung und andere Räume des Wehrpflichtigen sowie evtl. auch Wohnungen und Räume Dritter zum Zwecke der Fahndung zu betreten.

6.1. Wird ein gesuchter Soldat, gegen den kein Haftbefehl vorliegt, aufgegriffen, läßt der Disziplinarvorgesetzte ihn unverzüglich abholen (ZDv 14/3 B 153 Nr. 10).
6.2. Liegt gegen den zurückgekehrten Soldaten ein Haftbefehl vor, teilt der Disziplinarvorgesetzte auch dem Gericht, das den Haftbefehl erlassen hat, die Rückkehr des Soldaten mit. Bleibt der Haftbefehl bestehen, veranlaßt der Disziplinarvorgesetzte, daß der Soldat dem nächsten Amtsrichter vorgeführt wird (ZDv 14/3 B 153 Nr. 7).

6.3. Liegt gegen den zurückgekehrten Soldaten kein Haftbefehl vor, besteht aber der begründete Verdacht, daß sich der Soldat strafbar gemacht hat und sich erneut unerlaubt entfernen will, teilt der Disziplinarvorgesetzte dies der Polizei mit (ZDv 14/3 B 153 Nr. 8).

7. Wird ein Soldat, der den Wehrdienst nicht angetreten hat, aufgegriffen oder stellt er sich freiwillig der Truppe, ist das zuständige Kreiswehrersatzamt unverzüglich zu unterrichten. Der Soldat hat sofort am Dienst teilzunehmen (ZDv 14/3 B 153 Nr. 12).

8.1. Bleibt der zur Erfüllung der Wehrpflicht einberufene Soldat länger als eine Woche der Truppe eigenmächtig fern, ruhen die Leistungen zur Unterhaltssicherung. In solchen Fällen ist daher unverzüglich die Unterhaltssicherungsbehörde von der Abwesenheit des Soldaten in Kenntnis zu setzen (§ 14 Abs. 1 USG; VMBl 1976 S. 340).
8.2. Für die Zeit des schuldhaften unerlaubten Fernbleibens ist der Verlust der Bezüge festzustellen (§§ 30 Abs. 3 SG, 73 Abs. 2 BBG - Bundesbeamtengesetz - 1 Abs. 4 Satz 1 WSG; VMBl 1977 S. 332).
8.3. Die einem Zeitsoldaten zustehenden Versorgungsbezüge (Übergangsgebührnisse, Übergangsbeihilfe) sind für die Zeit des unerlaubten schuldhaften Fernbleibens vom Dienst zu kürzen (§ 13 b SVG).

9. Grundwehrdienstleistende haben die Zeit der schuldhaften Abwesenheit, wenn sie mindestens einen vollen Kalendertag beträgt, nachzudienen (§ 5 Abs. 3 Satz 1 WPflG).

10. Bei Soldaten auf Zeit ist stets zu prüfen, ob eine Entlassung nach § 55 Abs. 5 SG oder zumindest ein »Ausdrücklicher Hinweis« in Betracht kommt.

11.1. Bei schuldhafter unerlaubter Abwesenheit von Berufssoldaten und Soldaten auf Zeit mit mehr als vier Dienstjahren, die Offiziere und Unteroffiziere sind, wird vielfach die Einleitung eines gerichtlichen Disziplinarverfahren geboten sein. Dasselbe gilt für Offiziere und Unteroffiziere der Reserve, die der Einberufung zu einer Wehrübung schuldhaft nicht nachkommen.
11.2. Bei unerlaubter Abwesenheit eines Soldaten von mehr als einem vollen Kalendertag können als einfache Disziplinarmaßnahme
- Ausgangsbeschränkung und Disziplinarbuße,
- Disziplinararrest und Disziplinarbuße

nebeneinander verhängt werden (§ 22 Abs. 2 Nr. 2 WDO).

12. Eigenmächtige Abwesenheit (§ 15 WStG) sowie Fahnenflucht (§ 16 WStG) sind als Besondere Vorkommnisse zu melden (ZDv 10/13 Nr. 303).

Anlage 6

Schema für den Disziplinarvorgesetzten zur Prüfung von Disziplinarbeschwerden

1. Handelt es sich um eine Beschwerde gegen die Verhängung einer Disziplinarmaßnahme (und nicht um eine Beschwerde gegen die Vollstreckung einer Disziplinarmaßnahme; vgl. »Die Überprüfung einfacher Disziplinarmaßnahmen« 1.1.3)?

Wenn *nein:*
Beschwerde ist als truppendienstliche Beschwerde ausschließlich nach der WBO zu bearbeiten.

Wenn *ja:*
2. Bin ich zur Entscheidung über die Beschwerde zuständig (§ 42 Nr. 2, 3 und 6 WDO)?

Wenn *nein:*
Beschwerde unverzüglich und unmittelbar der zur Entscheidung zuständigen Stelle zuleiten (§ 5 Abs. 3 WBO).

Wenn *ja*:
3. Ist die Beschwerde zulässig?

Dazu:
3.1. Erhebt der Beschwerdeführer die Beschwerde in eigener Sache (§ 1 Abs. 1 WBO)?

3.2. Ist die Beschwerde fristgerecht (§§ 6 Abs. 1, 7 WBO)?
Beachte: Fällt der letzte Tag der Beschwerde auf einen Sonnabend, Sonntag oder staatlich anerkannten Feiertag, tritt an die Stelle dieses Tages der nächste Werktag (§ 193 BGB).

3.3. Ist die Beschwerde formgerecht (§ 6 Abs. 2 WBO)?

Ist eine der Fragen 3.1 bis 3.3. zu verneinen, ist die Beschwerde als unzulässig zurückzuweisen. Dennoch ist die beanstandete Disziplinarmaßnahme nach § 44 Abs. 1 und 2 und § 46 Abs. 2 WDO zu überprüfen (vgl. »Die Überprüfung einfacher Disziplinarmaßnahmen« 1.1.6).
Ist die Beschwerde zulässig (sind also die Fragen 3.1 bis 3.3 zu bejahen), ist zu prüfen:

4. Ist die Beschwerde begründet?

Dazu:
4.1. Liegt ein Verfahrensfehler nach § 46 Abs. 2 Nr. 1-9 WDO vor?

Wenn *ja:*
- die Disziplinarmaßnahme aufheben,
- die Sache dem nächsten Disziplinar vorgesetzten zur erneuten disziplinaren Würdigung zuleiten

(vgl. »Die Überprüfung einfacher Disziplinarmaßnahmen« 1.1.7.5, 1.2.4-1.2.6).

Wenn *nein:*
Weitere Prüfung der Beschwerde:

4.2. Liegt ein sonstiger Formfehler vor?

Wenn *ja:*
4.2.1 Hat der Fehler Einfluß auf die Disziplinarmaßnahme gehabt, ist sie aufzuheben und, falls eine mildere Disziplinarmaßnahme angebracht ist, eine neue zu verhängen (vgl. »Die Überprüfung einfacher Disziplinarmaßnahmen« 1.1.7.5).

4.2.2 Hat der Fehler keinen Einfluß auf die Disziplinarmaßnahme gehabt, ist die Beschwerde trotz des Fehlers zurückzuweisen, soweit die Disziplinarmaßnahme keinen Mangel im Sinne von 4.3-4.5 des Prüfschemas aufweist (vgl. »Die Überprüfung einfacher Disziplinarmaßnahmen« 1.1.7.5).

Wenn *nein*:
Weitere Prüfung der Beschwerde:

4.3. Liegt ein Dienstvergehen vor?

Wenn *nein:*
- der Beschwerde stattgeben
- die Disziplinarmaßnahme aufheben (vgl. »Die Überprüfung einfacher Disziplinarmaßnahmen« 1.1.7.1, 1.1.7.2).

Wenn *ja:*
Weitere Überprüfung der Beschwerde:

4.4. Ist für das Dienstvergehen eine Disziplinarmaßnahme angebracht?

Wenn *nein*:
- der Beschwerde stattgeben
- die Disziplinarmaßnahme aufheben
- gegebenenfalls Aussprechen einer erzieherischen Maßnahme

(vgl. »Die Überprüfung einfacher Disziplinarmaßnahmen« 1.1.7.3 in Verbindung mit 1.1.7.1).

Wenn *ja:*
Weitere Prüfung der Beschwerde:

4.5. Ist die Disziplinarmaßnahme zu hart?

Wenn *ja:*
- der Beschwerde teilweise stattgeben,
- die Disziplinarmaßnahme aufheben,
- Verhängung einer neuen Disziplinarmaßnahme,
- § 42 Nr. 5 WDO beachten
(vgl. »Die Überprüfung einfacher Disziplinarmaßnahmen« Nr. 1.1.7.4).

Wenn *nein:*
- die Beschwerde zurückweisen.

Anlage 7

Mitteilungen in Strafsachen (MiStra)

1. Die Justizbehörden unterrichten die Bundeswehr über anhängige Strafverfahren gegen Soldaten. Auf diese Weise erhalten die nächsten Disziplinarvorgesetzten Anklageschriften, Urteile, Strafbefehle und Einstellungsverfügungen in Strafverfahren gegen die ihnen unterstehenden Soldaten.

2. *Auswertung:*
2.1. Die nächsten Disziplinarvorgesetzten haben diese Mitteilungen in Strafsachen - MiStra - nach § 32 Abs. 1 WDO auf Dienstvergehen zu überprüfen und bei Vorliegen eines Dienstvergehens eine disziplinare Entscheidung zu treffen (§ 33 Abs. 1 WDO).
2.2. Ferner ist insbesondere zu prüfen, ob Entlassung (§ 29 Abs. 1 Nr. 6 oder Abs. 4 Nr. 2 WPflG, § 55 Abs. 5 SG) zu erfolgen hat oder der Ausschluß aus der Bundeswehr (§§ 30 Abs. 1 WPflG, 48, 54 Abs. 2 Nr. 2 SG) oder der Verlust des Dienstgrades (§§ 30 Abs. 2 WPflG, 53 SG) festzustellen ist.

3. Die Mitteilung in Strafsachen ist *zu den Personalunterlagen* zu nehmen. *Ausnahme*: freisprechende Urteile, Einstellungsverfügungen und Einstellungsbeschlüsse, die nach Eingang bei den personalbearbeitenden Stellen mit den einschlägigen, bereits in den Personalunterlagen befindlichen Vorgängen (z.B. Anklageschrift) zu vernichten sind, wenn der Soldat dem nicht widerspricht (PersKM 1/91 Nr. 7.3).

4. *In das Disziplinarbuch* sind nur die strafgerichtlichen *Strafen* einzutragen.
- die rechtskräftig geworden sind
und
- die wegen Straftaten erfolgten, die nach Beginn des Wehrdienstverhältnisses

begangen worden sind (vgl. ZDv 14/3 B 170 Nr. 4 B IV).
Strafen sind:
- Freiheitsstrafe,
- Strafarrest,
- Geldstrafe,
- Jugendstrafe.

Keine Strafen sind:
- Geldbuße,
- Jugendarrest,
- gebührenpflichtige Verwarnung,
- Verwarnung mit Strafvorbehalt.

Anlage 8

Straftaten bei falscher Handhabung der Disziplinarbefugnis

1. Anmaßen von Befehlsbefugnissen (§ 38 WStG):

Wer sich Befehlsbefugnis oder Disziplinarbefugnis anmaßt oder seine Befehlsbefugnis oder Disziplinarbefugnis überschreitet, wird mit Freiheitsstrafe bis zu zwei Jahren bestraft, wenn die Tat nicht in § 39 mit Strafe bedroht ist.

2. Mißbrauch der Disziplinarbefugnis (§ 39 WStG):

Ein Disziplinarvorgesetzter, der absichtlich oder wissentlich
1. einen Untergebenen, der nach dem Gesetz nicht disziplinarrechtlich verfolgt werden darf, disziplinarrechtlich verfolgt oder auf eine solche Verfolgung hinwirkt,
2. zum Nachteil des Untergebenen eine Disziplinarmaßnahme verhängt, die nach Art oder Höhe im Gesetz nicht vorgesehen ist oder die er nicht verhängen darf, oder
3. ein Dienstvergehen mit unerlaubten Mitteln ahndet,
wird mit Freiheitsstrafe bis zu fünf Jahren bestraft.

3. Unterlassene Mitwirkung bei Strafverfahren (§ 40 WStG):

Wer es seiner Pflicht als Vorgesetzter zuwider unterläßt,
1. den Verdacht zu melden oder zu untersuchen, daß ein Untergebener eine rechtswidrige Tat begangen hat, die den Tatbestand eines Strafgesetzes verwirklicht, oder
2. eine solche Sache an die Strafverfolgungsbehörde abzugeben, um den Untergebenen der im Gesetz vorgesehenen Strafe oder Maßnahme (§ 11 Abs. 1 Nr. 8 StGB) zu entziehen, wird mit Freiheitsstrafe bis zu drei Jahren bestraft.

4. Aussageerpressung (§§ 48 WStG, 343 StGB):
Wer als Amtsträger, der zur Mitwirkung an ...

3. einem Disziplinarverfahren … berufen ist, einen anderen körperlich mißhandelt, gegen ihn sonst Gewalt anwendet, ihm Gewalt androht oder ihn seelisch quält, um ihn zu nötigen, in dem Verfahren etwas auszusagen oder zu erklären oder dies zu unterlassen, wird mit Freiheitsstrafe von einem Jahr bis zu zehn Jahren bestraft.

5. Vollstreckung gegen Unschuldige (§§ 48 WStG, 345 Abs. 3 Satz 2 StGB):

Ebenso (d.h. mit Freiheitsstrafe von drei Monaten bis zu fünf Jahren) wird bestraft, wer als Amtsträger, der zur Mitwirkung bei der Vollstreckung …
4. einer Disziplinarmaßnahme … berufen ist, eine solche Rechtsfolge vollstreckt, obwohl sie nach dem Gesetz nicht vollstreckt werden darf. Der Versuch ist strafbar.

Anlage 9

Literaturhinweise

Böttcher/Dau, Kommentar zur Wehrbeschwerdeordnung, München 1997.
Bornemann, Rechte und Pflichten des Soldaten, Leitfaden zum materiellen Disziplinarrecht, Heidelberg 1989.
Dau, Kommentar zur Wehrdisziplinarordnung, München 1998.
Gronimus, Die Beteiligungsrechte der Vertrauenspersonen in der Bundeswehr, Regensburg/Berlin 2000
Lingens, Disziplinarvorgesetzter und Beschwerdeführer, Grundriß zum Beschwerderecht, Regensburg 2001.
Lingens, Die Beweiserhebung und Beweiswürdigung, Truppenpraxis 1981, 271, 357.
Lingens, Die Vernehmung, Truppenpraxis 1981, 444, 528, 608, 691.
Lingens, Anleitung zur Überprüfung einfacher Disziplinarmaßnahmen, Truppenpraxis 1990, 92.
Lingens, Zum Antrag auf Zustimmung zum Disziplinararrest, Truppenpraxis/Wehrausbildung 1995, 205.
Lingens, Der Inhalt der Disziplinarverfügung, Truppenpraxis/Wehrausbildung 1995, 276.
Lingens, Die Beteiligung der Vertrauensperson bei der Ahndung von Dienstvergehen, Truppenpraxis/Wehrausbildung 1997, 574.
Lingens/Marignoni, Vorgesetzter und Untergebener, Grundriß zum Befehlsrecht, Herford 1987.
Poretschkin, Das Arrestverfahren gegen Soldaten, Regensburg/Bonn 1996.
Scherer/Alff, Kommentar zum Soldatengesetz, München 1988.
Schölz/Lingens, Kommentar zum Wehrstrafgesetz, München 2000.
Stauf, Taschenkommentar zum Soldatengesetz, Baden-Baden 1998
Stauf, Taschenkommentar zum Soldatenbeteiligungsgesetz, Baden-Baden 2000.
Stauf, Taschenkommentar zur Wehrdisziplinarordnung, Baden-Baden 1990.

Stichwortverzeichnis

Die Zahlen verweisen auf die jeweilige Seite.